本书出版获得国家社会科学基金重点项目（15AGL024）的资助

京津冀产业集群转型升级
全球价值链视角下的集群成长

傅利平　何兰萍◎著

BEIJING TIANJIN HEBEI
INDUSTRIAL CLUSTER
TRANSFORMATION AND UPGRADING

中国社会科学出版社

图书在版编目（CIP）数据

京津冀产业集群转型升级：全球价值链视角下的集群成长／傅利平等著. —北京：中国社会科学出版社，2021.1

ISBN 978-7-5203-7575-7

Ⅰ.①京… Ⅱ.①傅… Ⅲ.①产业集群—产业结构升级—研究—华北地区 Ⅳ.①F269.272

中国版本图书馆 CIP 数据核字（2020）第 244131 号

出 版 人	赵剑英
责任编辑	张　林
特约编辑	宋英杰
责任校对	周　昊
责任印制	戴　宽

出　　版	中国社会科学出版社
社　　址	北京鼓楼西大街甲 158 号
邮　　编	100720
网　　址	http://www.csspw.cn
发 行 部	010-84083685
门 市 部	010-84029450
经　　销	新华书店及其他书店

印刷装订	三河弘翰印务有限公司
版　　次	2021 年 1 月第 1 版
印　　次	2021 年 1 月第 1 次印刷

开　　本	710×1000　1/16
印　　张	19.75
插　　页	2
字　　数	315 千字
定　　价	118.00 元

凡购买中国社会科学出版社图书，如有质量问题请与本社营销中心联系调换
电话：010-84083683
版权所有　侵权必究

目 录

前 言 …………………………………………………………… (1)
导 论 …………………………………………………………… (1)
 第一节 研究背景及意义 ……………………………………… (1)
  一 研究背景 ……………………………………………… (1)
  二 研究意义 ……………………………………………… (4)
  三 研究创新点 …………………………………………… (7)
 第二节 国内外研究现状 ……………………………………… (8)
  一 产业转型升级 ………………………………………… (8)
  二 全球价值链视角下产业集群转型升级 ……………… (10)
  三 区域协同与发展 ……………………………………… (13)
  四 研究述评与研究空间 ………………………………… (17)
 第三节 研究内容、方法和技术路线 ………………………… (19)
  一 研究内容 ……………………………………………… (19)
  二 研究方法 ……………………………………………… (21)
  三 内容安排 ……………………………………………… (23)

第一章 相关理论基础 ………………………………………… (25)
 第一节 产业集群理论 ………………………………………… (25)
  一 产业集群理论的起源 ………………………………… (25)
  二 产业集群的概念 ……………………………………… (30)
  三 产业集群理论的发展 ………………………………… (34)
 第二节 创新理论 ……………………………………………… (39)
  一 创新理论的发展 ……………………………………… (39)

  二　创新系统理论的发展 ………………………………………… (44)
  三　区域创新系统与产业集群 …………………………………… (48)
 第三节　全球价值链理论 ……………………………………………… (49)
  一　全球价值链的理论基础 ……………………………………… (49)
  二　全球价值链的理论内涵 ……………………………………… (53)
 第四节　从全球价值链的角度转变和升级产业集群 ………………… (61)
  一　产业集群创新系统 …………………………………………… (61)
  二　全球价值链下的产业集群及其升级 ………………………… (73)

第二章　国内外产业集群转型升级发展实践 …………………………… (78)
 第一节　产业集群转型升级发展案例选择及分析思路 ……………… (78)
  一　产业集群转型升级发展案例选择 …………………………… (78)
  二　国内外产业集群转型升级发展实践分析思路 ……………… (81)
 第二节　国外产业集群转型升级发展典型案例 ……………………… (81)
  一　美国东北部大西洋沿岸产业集群的形成与发展 …………… (81)
  二　日本太平洋沿岸产业集群的形成与发展 …………………… (92)
  三　韩国首尔都市圈产业集群的形成与发展 ………………… (104)
 第三节　国内产业集群转型升级发展典型案例 …………………… (114)
  一　长江三角洲产业集群转型升级发展 ……………………… (114)
  二　珠江三角洲产业集群转型升级发展 ……………………… (121)
 第四节　国内外典型产业集群转型升级要素提炼 ………………… (131)

第三章　全球价值链中的京津冀产业集群发展定位 ………………… (134)
 第一节　京津冀产业集群集聚水平的演化 ………………………… (135)
  一　京津冀产业集群集聚水平的测度方法 …………………… (135)
  二　京津冀产业集群集聚水平的演化分析 …………………… (136)
 第二节　京津冀产业集群全球价值链分工地位 …………………… (156)
  一　京津冀产业集群在全球价值链中分工地位的测度方法 … (156)
  二　京津冀产业集群在全球价值链中分工地位的演变分析 … (162)
  三　京津冀产业集群与长三角、珠三角地区
    产业集群的比较 …………………………………………… (202)

第四章 全球价值链视角下京津冀产业集群转型升级演化规律 …(205)

第一节 全球价值链中的京津冀典型产业集群发展演化历程 …(206)
一 京津冀产业集群演化的生命周期 …………………………(209)
二 京津冀产业集群演化不同阶段的特征 ……………………(217)
三 京津冀产业集群转型升级中存在的问题 …………………(221)

第二节 京津冀产业集群转型升级机制构建 ……………………(227)
一 区域创新网络视角的产业集群转型升级驱动机制 ………(228)
二 全球价值链视角下的产业集群转型升级机制 ……………(234)
三 京津冀产业集群转型升级机制模型 ………………………(240)

第五章 京津冀产业集群转型升级实证分析 ……………………(242)

第一节 区域产业集群转型升级的有效性探究 …………………(242)
一 问题与假设提出 ……………………………………………(242)
二 其他变量设计与样本选择 …………………………………(246)
三 研究结果分析 ………………………………………………(249)
四 讨论与启示 …………………………………………………(251)

第二节 全球价值链视角下京津冀产业集群转型升级路径机制研究 …………………………………………………(252)
一 问题的提出 …………………………………………………(252)
二 研究假设与构架 ……………………………………………(253)
三 研究方法变量设计 …………………………………………(256)
四 结果与讨论 …………………………………………………(259)

第三节 京津冀高技术产业转型升级：多元主体创新视角 ……(261)
一 三螺旋理论与假设提出 ……………………………………(261)
二 研究方法 ……………………………………………………(264)
三 样本选择与变量设计 ………………………………………(265)
四 研究结果 ……………………………………………………(268)
五 政策启示 ……………………………………………………(272)

第六章 促进京津冀产业集群转型升级战略选择及对策建议 …… (274)
第一节 京津冀地区产业集群转型升级战略选择 ………… (275)
  一　自主创新战略 ………………………………………… (275)
  二　人才领先战略 ………………………………………… (276)
  三　精益化转型战略 ……………………………………… (277)
  四　孵化器助力战略 ……………………………………… (278)
第二节 促进京津冀地区产业集群转型升级政策建议 ………… (280)
  一　积极促进创新环境发展 ……………………………… (280)
  二　加快人力资本培育与引进 …………………………… (284)
  三　积极参与国际分工 …………………………………… (286)
  四　加快推进企业孵化器发展 …………………………… (287)

参考文献 ……………………………………………………………… (290)

附　录 ………………………………………………………………… (298)

后　记 ………………………………………………………………… (302)

图 目 录

图 0—1　研究思路图⋯⋯⋯⋯⋯⋯⋯⋯⋯⋯⋯⋯⋯⋯⋯⋯⋯（24）
图 1—1　波特钻石模型图⋯⋯⋯⋯⋯⋯⋯⋯⋯⋯⋯⋯⋯⋯⋯（38）
图 1—2　现代企业生产经营中的劳动组合⋯⋯⋯⋯⋯⋯⋯⋯（46）
图 1—3　企业技术创新系统框架图⋯⋯⋯⋯⋯⋯⋯⋯⋯⋯⋯（47）
图 1—4　生产者驱动的全球价值链⋯⋯⋯⋯⋯⋯⋯⋯⋯⋯⋯（56）
图 1—5　购买者驱动的全球价值链⋯⋯⋯⋯⋯⋯⋯⋯⋯⋯⋯（57）
图 2—1　国外典型产业集群发展水平图⋯⋯⋯⋯⋯⋯⋯⋯⋯（80）
图 2—2　美国大西洋沿岸产业集群重点城市布局结构和功能图⋯⋯（83）
图 2—3　美国东北部大西洋沿岸产业集群转型升级关键要素及
　　　　　作用机制⋯⋯⋯⋯⋯⋯⋯⋯⋯⋯⋯⋯⋯⋯⋯⋯⋯（92）
图 2—4　日本太平洋沿岸经济带产业集群转型升级关键要素及
　　　　　发展模式⋯⋯⋯⋯⋯⋯⋯⋯⋯⋯⋯⋯⋯⋯⋯⋯⋯（103）
组图 3—1　传统资源型产业集聚水平分布情况⋯⋯⋯⋯⋯⋯（140）
组图 3—2　传统资源型产业集聚水平演化情况⋯⋯⋯⋯⋯⋯（142）
组图 3—3　一般制造业产业集聚水平分布情况⋯⋯⋯⋯⋯⋯（147）
组图 3—4　一般制造业产业集聚水平演化情况⋯⋯⋯⋯⋯⋯（148）
组图 3—5　高技术产业集聚水平分布情况⋯⋯⋯⋯⋯⋯⋯⋯（152）
组图 3—6　高技术产业集聚水平演化情况⋯⋯⋯⋯⋯⋯⋯⋯（153）
图 3—7　采矿和采石业全球价值链位置情况⋯⋯⋯⋯⋯⋯⋯（163）
图 3—8　采矿和采石业全球价值链排名⋯⋯⋯⋯⋯⋯⋯⋯⋯（164）
图 3—9　京津冀采矿和采石业全球价值链位置变化⋯⋯⋯⋯（165）
图 3—10　食品、饮料和烟草制品制造业全球价值链位置情况⋯⋯（166）
图 3—11　食品、饮料和烟草制品制造业全球价值链排名⋯⋯⋯⋯（166）

图 3—12　京津冀食品、饮料和烟草制品制造业全球价值
　　　　　链位置变化 …………………………………………… （167）
图 3—13　纸和纸制品的制造业全球价值链位置情况 …………… （168）
图 3—14　纸和纸制品的制造业全球价值链排名 ………………… （169）
图 3—15　京津冀纸和纸制品的制造业全球价值链位置变化 …… （170）
图 3—16　金属制品的制造业全球价值链位置情况 ……………… （171）
图 3—17　金属制品的制造业全球价值链排名 …………………… （172）
图 3—18　京津冀金属制品的制造业全球价值链位置变化 ……… （173）
图 3—19　基本金属的制造业全球价值链位置情况 ……………… （174）
图 3—20　基本金属的制造业全球价值链排名 …………………… （175）
图 3—21　京津冀基本金属的制造业全球价值链位置变化 ……… （175）
图 3—22　其他非金属矿物制品的制造业全球价值链位置情况 … （176）
图 3—23　其他非金属矿物制品的制造业全球价值链排名 ……… （177）
图 3—24　京津冀其他非金属矿物制品的制造业全球价值
　　　　　链位置变化 …………………………………………… （178）
图 3—25　纺织品、皮革、服装和相关产品的制造业全球价值
　　　　　链位置情况 …………………………………………… （179）
图 3—26　纺织品、皮革、服装和相关产品的制造业全球价值
　　　　　链排名 ………………………………………………… （180）
图 3—27　京津冀纺织品、皮革、服装和相关产品的制造业全球
　　　　　价值链位置变化 ……………………………………… （181）
图 3—28　焦炭和精炼石油的制造业全球价值链位置情况 ……… （182）
图 3—29　焦炭和精炼石油的制造业全球价值链排名 …………… （182）
图 3—30　京津冀焦炭和精炼石油的制造业全球价值链
　　　　　位置变化 ……………………………………………… （183）
图 3—31　汽车、挂车和半挂车的制造业全球价值链位置情况 … （184）
图 3—32　汽车、挂车和半挂车的制造业全球价值链排名 ……… （185）
图 3—33　京津冀汽车、挂车和半挂车的制造业全球价值
　　　　　链位置变化 …………………………………………… （186）
图 3—34　其他运输设备制造业全球价值链位置情况 …………… （187）
图 3—35　其他运输设备制造业全球价值链排名 ………………… （188）

图3—36	京津冀其他运输设备制造业全球价值链位置变化	(189)
图3—37	化学品及化学制品的制造业全球价值链位置情况	(190)
图3—38	化学品及化学制品的制造业全球价值链排名	(191)
图3—39	京津冀化学品及化学制品的制造业全球价值链位置变化	(192)
图3—40	电力设备的制造业全球价值链位置情况	(193)
图3—41	电力设备的制造业全球价值链排名	(193)
图3—42	京津冀电力设备的制造业全球价值链位置变化	(194)
图3—43	基本医药产品和医药制剂的制造业全球价值链位置情况	(195)
图3—44	基本医药产品和医药制剂的制造业全球价值链排名	(196)
图3—45	京津冀基本医药产品和医药制剂的制造业全球价值链位置变化	(197)
图3—46	计算机、电子产品和光学产品的制造业全球价值链位置情况	(198)
图3—47	计算机、电子产品和光学产品的制造业全球价值链排名	(198)
图3—48	京津冀计算机、电子产品和光学产品的制造业全球价值链位置变化	(199)
图3—49	未另分类的机械和设备的制造业全球价值链位置情况	(200)
图3—50	未另分类的机械和设备的制造业全球价值链排名	(201)
图3—51	京津冀未另分类的机械和设备的制造业全球价值链位置变化	(202)
图3—52	三地区一般制造业全球价值链位置变化	(203)
图3—53	三地区高技术产业全球价值链位置变化	(204)
图4—1	产业集群演化的生命周期	(207)
图4—2	我国产业集群发展演化阶段	(209)
图4—3	产业集群转型升级要素耦合图	(230)
图4—4	地理邻近性与集群演化的内在逻辑关系	(232)
图4—5	区域产业集群转型升级驱动机制模型	(234)

图 4—6 京津冀产业集群转型升级机制模型 ……………………（241）
图 5—1 研究构架 …………………………………………………（246）
图 5—2 研究框架 …………………………………………………（255）
图 5—3 区域创新能力影响路径图 ………………………………（259）
图 5—4 研究框架图 ………………………………………………（266）
图 5—5 五自变量要素组合散点图 ………………………………（271）
图 5—6 三自变量要素组合散点图 ………………………………（271）

表 目 录

表 2—1　美国东北部大西洋沿岸钢铁公司分布及其产能……………（86）
表 2—2　中日纺织产业技术创新和品牌运营比较………………………（96）
表 2—3　20 世纪 80 年代至 90 年代研发产业产学研合作主要
　　　　推动政策……………………………………………………（99）
表 2—4　韩国 20 世纪 80、90 年代制造业劳动力成本变化
　　　　（以 1992 年为 100）………………………………………（109）
表 2—5　工业化阶段经济区域集聚—扩散临界点评判指标………（124）
表 2—6　珠江三角洲软件产业集群重点发展领域……………………（127）
表 2—7　国内外典型产业集群转型升级影响要素及其内容………（132）
表 3—1　2016 年京津冀产业集聚水平……………………………………（137）
表 3—2　G 国家 N 部门国际投入产出模型………………………………（157）
表 4—1　产业集群演化的阶段特征………………………………………（218）
表 4—2　京津冀产业集群转型升级的作用机制………………………（228）
表 5—1　研究变量设计……………………………………………………（248）
表 5—2　描述性统计………………………………………………………（248）
表 5—3　研究结果…………………………………………………………（249）
表 5—4　研究结果…………………………………………………………（250）
表 5—5　变量设计…………………………………………………………（258）
表 5—6　潜变量检验………………………………………………………（259）
表 5—7　路径系数及显著性………………………………………………（260）
表 5—8　原因与结果变量解释……………………………………………（267）
表 5—9　单一变量对结果的影响…………………………………………（268）
表 5—10　真值表（已完成标准化因变量录入）………………………（269）

表 5—11 充分性分析表（结果与解决方案）……………………（270）
表 5—12 稳健性检验……………………………………………（272）
表 5—13 东中西部地区推动多元主体创新政策分布……………（273）

前　　言

随着全球经济的快速发展，全球价值链产业分工更加片段化，并逐渐改变着全球生产分工模式。这种产业分工促使企业在区域范围内形成集聚格局，全球范围内相近属性的企业集聚在某些特定地区形成产业集群，专业从事价值链特定环节的价值创造活动。党的十九大报告指出，促进我国产业迈向全球价值链中高端，培育若干世界级先进制造业集群。报告同时还明确指出，我国经济已由高速增长阶段转向高质量发展阶段，正处在转变发展方式、优化经济结构、转换增长动力的攻关期。在这样的国内外背景下，产业集群的发展面临转型升级的挑战。因此，如何发挥区域产业集群的比较优势，专注于产品价值链的特定环节，进行产业集群的转型升级是当前国内外经济发展局势下亟待研究的重要问题。

京津冀地区作为我国东部沿海的重要经济区，其产业集群的发展拥有得天独厚的区位优势以及生产要素优势。在京津冀协同发展战略实施的过程中，尽管区域产业发展已经步入规模化、集群化阶段，但总体发展水平仍然处于全球价值链低端。那么，从全球价值链视角探究京津冀产业价值链升级的作用机理和发展路径，探究如何通过协同实现区域创新环境的优化、要素的有效配置，最终实现京津冀产业集群全球价值链位置的提升，对促进区域产业可持续发展，提升区域竞争力具有十分重大的意义。

京津冀地区作为中国产业价值链升级的前沿阵地，有很强的地域性、异质性和复杂性，本书引入全球价值链位置变化作为产业价值链升级的衡量标准，基于地域性和周期性的视角构建产业集群转型升级路径机制。基于此，本书不仅能够丰富产业集群转型升级的理论研究，而且能为京津冀地区产业集群转型升级的实践提供决策参考。

本书结构安排包括以下几个方面的内容。首先，梳理全球价值链视角下国内外产业集群转型升级发展的现状，并对国内外典型区域的产业集群在全球价值链中转型升级的案例进行系统分析；其次，结合创新理论、产业集群理论、全球价值链理论等理论和典型案例分析，剖析京津冀产业集群在全球价值链中的发展定位，进而探寻全球价值链中京津冀产业集群转型升级的演化规律；最后，通过由一般到特殊的递进视角，实证分析京津冀产业集群转型升级的路径机制，对促进京津冀地区产业集群转型升级提出可供参考的政策建议。

本书具有较强的理论性、实践性、可读性，可以供高等学校相关学科的教师、大学生、研究人员教学参考使用，也适合作为政府机关人员、事业单位工作人员以及相关工作人员的参考书籍。

本书是国家社会科学基金项目的结项成果，书稿于2019年年底完成，2020年3月通过结项鉴定。2020年年初，新型冠状病毒疫情暴发，并在全球范围传播。新冠肺炎疫情对全球经济产生了一定的冲击，其对全球分工、全球价值链的可能影响目前尚不明确，但随着后疫情时代的到来，全球价值链有可能发生一定的变化，其趋势有待观察。

导　论

第一节　研究背景及意义

一　研究背景

（一）全球价值链视角下区域产业结构变迁与升级

随着全球经济一体化和价值链的日益扩散，更多的国家参加到价值链分工中，以往垂直和水平分工的平面价值链布局正在被多层级、多核心的立体网状布局所替代。产业全球化的演化打破了单一国家产业的完整性和独立性，促进产业分工在全球范围内的离散和区域范围内的集聚，使属性相近的企业集聚在特定区域形成产业集群，专注于价值链特定环节的价值创造。尤其是中美贸易战不断升级和新冠肺炎疫情暴发以来，全球经济格局发生转变，面临利益再分配问题，我国迫切需要通过自主创新提升全球价值链位置，以发展区域产业为核心，实现经济的可持续发展。

全球价值链理论等一系列理论的逐渐完善，使嵌入全球经济的思路成为产业集群发展和升级的主流研究范式。鉴于产业集群在经济效益、社会资本、创新方面的优势，其发展在全球范围内备受瞩目。然而，在理论和实践领域对产业集群的积极带动作用进行研究的同时，人们也注意到产业集群潜在的风险不可避免地显露出来，产业集群的持续升级是规避风险谋求集群可持续发展的唯一可行办法。迈克尔·波特教授在《国家竞争优势》一书中曾指出，集群通过自我强化可以从其产生之日起就处于动态演化中，但由于内部系统僵化和外部因素的影响和威胁，集群如果不进行持续的升级就会衰落至丧失竞争能力直到死亡①。

回顾我国各区域及各产业集群发展的已有成果,同时结合世界范围内的经济危机、资源匮乏、劳动力成本瓶颈等挑战来看,产业集群和区域经济原有的发展模式已经开始面临严峻的考验。如何推进我国产业集群的发展,提升区域竞争能力成为这一领域研究的重点。在此背景下,探索和研究产业集群的发展机理和升级路径就显得尤为重要。

(二) 产业集群转型升级是推动区域经济发展的重要助推力

产业集群能够促进技术进步,提高区域内的创新程度,从而促进区域内经济的发展。基于熊彼特的创新理论来看,产业集群集合了各种要素、各种主体以及其中的紧密联系,这些要素、主体和联系的作用,使产业集群成为一个有机集合体。这不仅形成了区域文化,还为企业家精神的塑造提供了良好环境。产业集群的存在,为产业内的上下游企业带来相互合作机会的同时也带来了激烈的竞争。促进企业创新和技术合作,通过在创新过程中投入多种要素,在提供新就业机会的同时,也促进了企业产出水平的提高,为提高区域竞争力奠定坚实的基础。另外,从价值活动层面看,产业集群可以产生外部规模经济性,因为企业之间分工明确,互相合作,使得产业组织形式成本较低。集群的分工协作以及专业化的生产,让企业依照自身强项寻找最适合自身的生产模式,继而构成一条附加值逐步增加的生产链。集群规模一步步壮大,经济得到发展,对于生产的需要也日益提高,让产业集群中的企业分工更加专业化,生产效率得以提升。伴随着产业聚集,劳动力也会随之集中,第一产业劳动力人口逐渐下降,第二、三产业人口占比逐步提高,从而促进区域经济结构的调整,推动区域经济的发展。

京津冀地区作为我国产业价值链升级的前沿阵地,在城镇化发展、区域创新能力提升、产业布局优化方面已经取得了一些成果。其中,北京疏解非首都功能,进一步巩固现代服务业的主导地位;天津淘汰低效产能,打造先进智能装备制造产业;河北通过承接京津地区产业,逐渐向集聚高端生产要素的"中国硅谷"迈进。然而,从全球价值链的垂直

---

① 迈克尔·波特:《国家竞争优势》,李明轩、邱如美译,华夏出版社 2002 年版,第 154—162 页。

专业化分工视角来看，京津冀大部分产业由于缺乏竞争优势而陷入低端锁定状态。从"微笑曲线"低附加值位置嵌入的企业难以完成由代工生产（OEM）到贴牌生产（ODM），再到自有品牌（OBM）的跃升。尽管以联想、百度等为代表的IT企业通过自主研发展现了全球价值链上游的治理能力，然而极少有企业在全球价值链下游获得高附加值。在海外市场，"中国制造"的品牌固有形象仍有待提升，渠道、销售环节的"现状偏见"很大程度上限制了京津冀地区战略性新兴产业对海外市场的拓展。因此，尽管京津冀区域产业发展已经步入规模化、集群化阶段，总体发展水平仍然处于全球价值链低端，产业集群转型升级是京津冀产业发展的重要出口。从全球价值链视角探究京津冀产业价值链升级的作用机理和发展路径，已成为我国产业发展的关键问题。

（三）区域协同是京津冀地区发展的战略选择

从区域发展视角看，协同可以产生动力。工业革命以来，美国五大湖城市群、日本关中城市群和德国鲁尔区城市群通过区域协同实现优势互补，促进生产要素的有序流动，以及知识技术的空间溢出。反观京津冀地区，发展不平衡的问题给区域协同发展带来难度。北京、天津、河北分别处于工业化的不同阶段，河北地区相对落后的产业发展现状导致难以承接北京、天津的产业转移以及知识溢出。区域发展的非均衡性与资源流动的不合理互为循环因果，限制了现代经济体系建设与区域协同发展。京津冀地区经济发展水平的悬殊差距加剧了公共服务和社会保障的区域失衡，最终成为河北优质生产要素流失的直接诱因。依据克鲁格曼的中心—外围模型，北京和天津集聚的规模经济难以形成产业转移的动力，而河北落后的基础设施建设以及薄弱的产业经济基础难以承接产业转移，区域产业发展不平衡进一步加剧。

京津冀协同发展的历史可以追溯到20世纪80年代，从改革开放初期提出相关概念后，各级政府和学者们都对京津冀一体化发展进行了探索和尝试①。2014年2月26日，习近平总书记在京津冀三地发展座谈会上要求京津冀协同发展，同年发布的政府工作报告首次出现了词组"京津

---

① 魏丽华：《建国以来京津冀协同发展的历史脉络与阶段性特征》，《深圳大学学报（人文社会科学版）》2016年第6期，第143—150页。

冀",这一系列的举措标志着京津冀协同发展上升为国家战略。自此,京津冀协同发展无论是从战略高度上还是速度上都有了巨大的进步,国家层面和京津冀三地围绕协同发展这一目标,相继出台了多项政策来推进工作的实施。2015年4月,《京津冀协同发展规划纲要》成为京津冀协同发展的纲领性文件。一年后,中共中央政治局会议研究部署规划建设北京城市副中心,同时以疏解北京非首都功能为核心进行产业结构调整。2018年国务院通过了《河北雄安新区总体规划(2018—2035年)》,更加长远的计划逐步展开。中央各部门和北京、天津、河北三地出台关于京津冀协同发展的政策已经不胜枚举。

总体而言,区域协同是实现产业转型升级的必要途径,也是优化区域经济体系的必由之路。京津冀地区拥有得天独厚的区位优势以及生产要素,如何通过协同实现区域创新环境的优化、要素的有效配置,最终实现全球价值链位置的提升是一个重要的课题。如何在借鉴国内外先进国家和地区经验的基础上走出有特色的京津冀协同发展道路,需要进行更深层次的探索。

二 研究意义

推动产业集群转型升级,是解决我国产业发展困境、促进区域协同发展的重要前提,也是提升资源配置效率、构建现代化经济体系的必由之路。在我国经济发展进入新常态、供给侧改革日趋深化的阶段,剖析京津冀地区产业集群转型升级的内在机理,探寻产业结构与空间布局的优化路径有重要的学术价值、应用价值和社会意义。

(一)学术价值

与空间协同有机结合,丰富产业集群转型升级的理论研究,探究产业集群转型升级的路径必须建立在厘清全球价值链位置动态化演化趋势的基础上。从区域视角分别测量不同产业在全球价值链的位置,需要借鉴当前全球价值链位置测量方法,对京津冀区域的产业进行科学划分和地域性整合,最终得到科学的动态化演化趋势,为后续的实证研究奠定基础。

近年来,产业集群的理论研究多集中在概念、类型、动力机制、创新体系、网络组织、演化规律等方面,也有不少学者结合具体专业化市场和产业集群二者之间互动机理、互动创生机制讨论产业集权升级[1]，均取得显著成果。对于价值链的升级研究，诸多文献资料从升级的方向、路径、影响因素等方面进行理论研讨，传统制造业、资源型产业和高新技术产业的相关实证研究也均被涉猎。然而，由于对区域产业确立和构建的相关理论仍有不完善的地方，所以在现实中存在着大量的政府人为干预和重复建设等问题。此外，在指导和培育区域产业发展升级的过程中还存在直接搬抄国外相关理论而引发的"水土不服"等问题。由于产业升级这一理论体系及集群升级问题仍有很多需要填补、梳理和完善的地方，所以，本书从理论层面上对产业集群升级的相关知识体系进行完善，丰富和发展产业集群理论。基于当前国内外对于新兴国家和地区产业价值链升级的机制研究，本书在验证现有机制和影响要素的基础上从区域间协同以及系统内部协同创新两个方面丰富产业价值链升级的机制体系，使研究进一步深入。以提升产业全球价值链位置为导向，分析区域产业创新发展的内外部政策环境。同时，结合产业演化机制以及京津冀区域发展现状，提出政策建议。

（二）应用价值

京津冀协同发展作为国家战略已经走过六周年的时间，围绕着协同发展的思想，三地在各方面有了很大的发展。雄安市民服务中心、北京城市副中心以及天津宝坻区京津中关村科技城相继投入使用，为各自地区的社会发展提供了更加长远的便利。2019年，北京大兴国际机场的正式投入使用，这个作为京津冀协同发展的代表性成果之一的标志性工程，将为区域协同发展注入新的强大动力，同时，京雄高铁、京张高铁、津保高铁的通车和京台高速的打通，使得京津冀地区交通网络的"主要城市1小时圈"逐渐形成。2019年，京津冀地区PM2.5平均浓度比2013年下降约52%。以北京为例，重污染天数从2013年的58天减少至4天，空气质量达到近年最好水平[2]。尤其在产

---

[1] 衣保中、王志辉、李敏：《如何发挥区域产业集群和专业市场的作用——以义乌产业集群与专业市场联动升级为例》，《管理世界》2017年第9期，第172—173页。

[2] 万小军：《2019年京津冀PM2.5平均浓度50微克/立方米同比下降9.1%》，《海报新闻》2020年3月13日，https://baijiahao.baidu.com/s?id=1661028741830201353&wfr=spider&for=pc，2020年5月13日。倪元锦：《重污染仅4天！北京2019年蓝天保卫战成绩亮眼》，新华网，2020年4月27日，http://www.xinhuanet.com/2020-04/27/c_1125913427.htm，2020年5月13日。

业集聚和转型升级方面，北京市以疏解"非首都核心功能"为抓点，进行产业结构的调整，减轻首都地区的资源负担。截至2018年年底，科技、文化、信息等高端服务业的新设市场主体占全部新设市场主体的比重达到50.5%[①]。天津市和河北省则注重承接北京疏解的产业，2014—2017年四年间，天津滨海新区引进来自北京的项目2500多个，协议投资额超过3500亿元[②]。2019年一年，滨海新区承接非首都功能疏解项目达到468个、协议投资额2711.9亿元[③]。河北省第二产业增长值由2015年的14386.87亿元增长到2019年的16040.06亿元，石油等资源消耗大的粗放型行业比例逐渐下降，制造业内部逐渐实现转型升级。根据第四次全国经济普查结果，京津冀地区服务业和高新技术产业的集聚程度有较大提升。截止到2018年年末，京津冀区域内租赁和商务服务业、科学研究和技术服务业及信息传输软件和信息技术服务业，法人单位分别为32.4万家、23.2万家和13.4万家，占第二、三产业法人单位比重为13.3%、9.5%和5.5%，分别比全国同行业高1.6%、3.6%和1.3%。京津冀区域一体化交通网络基本形成、生态环境得到明显改善、产业的协同发展也取得丰硕成果。

推动供给侧改革，促进产业结构优化。当前经济发展进入新常态时期，国民日益增长的需求层级需要通过供给侧改革来满足，而世界工厂的原始组装环节已不能给国民经济带来质的增长。此外，随着我国人口红利的消失，需要在产业发展中寻找新的增长极。京津冀地区作为中国产业价值链升级的前沿阵地，有很强的地域性、异质性和复杂性。本书紧紧围绕区域—产业双重视角，以京津冀地区典型产业为研究主体，以区域联动为路径，以转型升级为出口，基于宏观视角提供产业政策建议，以期推动处于不同产业生命周期的地域实现真正的产业关联和融合。本

[①] 柳天恩、田学斌：《京津冀协同发展：进展、成效与展望》，《中国流通经济》2019年第11期，第116—128页。

[②] 周润健、尹思源：《天津滨海新区4年间引进来自北京的项目逾2500个》，新华网，2018年1月26日，http://www.xinhuanet.com/2018-01/26/c_1122321855.htm，2020年5月13日。

[③] 李如意：《滨海新区去年引进北京项目468个》，《北京日报》2020年1月10日，http://bjrb.bjd.com.cn/html/2020-01/10/content_12440799.htm，2020年5月13日。

书对京津冀当前产业发展与区域政策进行搜集整理，通过多元视角剖析产业发展政策环境，对京津冀现有政策进行评估。同时，本书以定量研究打破北京、天津、河北三地的地域区隔，构建提升区域要素流动速率的机制，为建设现代化经济体系提供参考。提升区域创新效率，优化区域创新环境，增强企业技术吸收能力和再创造能力，是区域竞争优势的源泉。本书结合区域创新系统视角，以促进大众创业、万众创新为研究动机，建立引导孵化、竞争、协作的市场环境机制，在微观企业创新和个人创业层面为供给侧改革提供推力。

在实地调研、定量研究的基础上，以产业价值链升级为导向，结合对京津冀产业发展现状与区域协同创新驱动因素的研究，围绕促进京津冀产业价值链升级这一核心问题，向国家和京津冀三地有关部门提出具有可行性的咨询报告，以期推动京津冀地区政策环境的改善，应对产业价值链升级的紧迫需求。

三 研究创新点

研究的主要创新点包括以下方面。

1. 延伸区域产业价值链升级理论体系。本书以京津冀区域产业为研究主体，结合空间经济学视角，以产业间协同、自组织、空间溢出效应等机制作为研究京津冀地区产业价值链升级的推动机制。结合京津冀地区的主要产业验证产业协同发展效应的影响路径，延伸产业经济学与区域经济学的研究框架。

2. 引入全球价值链位置变化作为产业价值链升级的衡量标准。本书没有沿用前人常用的产业结构和全要素生产率作为产业价值链升级的衡量指标，而是通过探究各产业在全球价值链中的位置更全面地展示特定区域产业演化历程，拓展产业经济的研究领域。

3. 基于地域性和周期性视角的产业集群转型升级路径机制构建。产业价值链升级以及区域发展均有明显的复杂性和异质性，其内在机制兼具外部性与内生性，并且会受到地域性以及周期性的影响。本书探索京津冀地区战略性新兴产业价值链升级的内在机制，并通过实证研究探究影响产业价值链升级的关键因素，探索区域产业价值链升级的相关路径，拓展新经济地理学研究。

4. 基于动态演化视角的区域产业集群转型升级政策评估研究。京津冀地区产业发展具有较大的复杂性，区域间异质性和区域内同质性并存。本书紧紧围绕全球价值链视域下产业价值链升级这一核心概念，以协同为导向评价京津冀地区政策环境，明确京津冀产业发展现状。同时，立足于京津冀发展实际，将政策环节引入影响因素之中，对产业价值链升级进行系统研究，推动区域产业价值链升级政策体系的构建。

第二节　国内外研究现状

一　产业转型升级

改革开放以来，中国经济发展取得巨大成就。与此同时，不平衡、不协调、不可持续等经济问题相伴而来，尤其是进入21世纪以来，上述问题愈发凸显[1]。随着我国经济呈现出由高速增长转为中高速增长，经济结构优化升级，内需逐步扩大以及要素驱动、投资驱动转向创新驱动的新常态，产业价值链升级成为中国经济必须跨过的一道坎，也成为各级政府的持续着力点[2]。产业价值链升级相关问题亦成为学界关注的焦点。当前，国内学者针对我国产业价值链升级的研究主要从以下方面开展：

（一）创新驱动与价值链升级研究

创新是产业升级的基础和必要条件。纵观世界各国产业升级的历程，无一不是产业政策支撑科技创新与技术扩散的结果[3]。研究发现，区域产业创新与产业升级耦合系统之间存在着要素、组织结构和制度上的耦合关系[4]。空间溢出效应是我国地区产业升级不可忽略的重要影响因素，地

---

[1] 金京、戴翔、张二震：《全球要素分工背景下的中国产业转型升级》，《中国工业经济》2013年第11期，第57—69页。
[2] 刘志彪、陈柳：《政策标准、路径与措施：经济转型升级的进一步思考》，《南京大学学报（哲学·人文科学·社会科学）》2014年第5期，第48—56、158页。
[3] 葛秋萍、李梅：《我国创新驱动型产业升级政策研究》，《科技进步与对策》2013年第16期，第102—106页。
[4] 徐晔、陶长琪、丁晖：《区域产业创新与产业升级耦合的实证研究——以珠三角地区为例》，《科研管理》2015年第4期，第109—117页。

区创新对产业升级的促进作用不仅显著而且具有稳健性①。创新驱动是通过提高自主创新能力实现产业转型升级的行为。创新驱动通过提高自主创新能力以提高科技贡献率,进而形成产业先发优势并克服稀缺性资源的瓶颈制约问题、解决资源环境约束压力,最终激发产业升级②。创新驱动过程分为前端驱动、中端驱动和后端驱动,共同作用于传统产业向战略性新兴产业演化过程中科技创新路线的每个相应环节,促进知识积累、学习、创造及扩散,推进传统企业技术结构、生产方式、组织结构等变革,实现以传统业务为支柱向以新兴业务为核心的转变③。同时,产业升级对中国整体自主创新存在显著正面的溢出效应:产业升级的创新溢出效应越明显,中国整体自主创新能力越强。不过,东部、中部和西部的自主创新效应存在较大差异。充分利用产业升级实现自主创新能力的提升,关键是要加大研发投入,提升自身的消化吸收能力和自主研发能力,营造有利于自主创新的政策环境④。

(二) 全球价值链嵌入与产业升级路径研究

新兴国家和地区的市场自由化往往伴随着深度嵌入全球价值链的过程,探索全球价值链视角下产业价值链升级是许多发展中国家学者普遍关注的问题。一般意义上,参与全球价值链会通过三种渠道对区域产业和微观企业升级带来推动作用,分别是大市场背景下的学习效应、交易成本降低的中间品效应⑤和竞争效应⑥。通过对发展中国家初级生产部门案例的系统分析,全球价值链产业升级的驱动力被归纳为市场机制、政府机制以及产业内部的动机。产业发展所处阶段不同,全球价值链对产

---

① 纪玉俊、李超:《创新驱动与产业升级——基于我国省际面板数据的空间计量检验》,《科学学研究》2015 年第 11 期,第 1651—1659 页。

② 潘宏亮:《都市圈协同创新、知识吸收能力与中小企业升级关系研究——以中原经济区为例》,《中国科技论坛》2015 年第 1 期,第 96—101 页。

③ 张银银、邓玲:《创新驱动传统产业向战略性新兴产业转型升级:机理与路径》,《经济体制改革》2013 年第 5 期,第 97—101 页。

④ 伟庆、聂献忠:《产业升级与自主创新:机理分析与实证研究》,《科学学研究》2015 年第 7 期,第 1008—1016 页。

⑤ Kelly, W., "International technology diffusion", *Journal of Economic Literature*, Vol. 42, No. 3, 2002, pp. 17–38.

⑥ Chiarvesio, M. Di Maia and E. Micelli, S., "Global value chains and open networks: The case of Italian industrial districts", *Euroapean Planning Studies*, Vol. 18, No. 3, 2010, pp. 333–350.

业集群演化的激励作用也有所变化①。同时，全球价值链嵌入模式以及嵌入位置不同，其升级方式也存在较大区别②。

产业发展可以通过知识外溢、技术引进和学习效应等途径实现转型，提升其在全球价值链的位置。处于全球价值链上的产业，可以通过内部信息搜寻培育集群创新能力的内在机制和通过网络化关联构建有利于创新升级的外部机制，实现地方产业集群的升级③。通过探究全球价值链空间层级、动力机制以及治理问题，以开放的姿态嵌入全球价值链是获得更多知识溢出的必要途径④。随着我国产业升级，嵌入全球价值链后产生的中间品效应、竞争效应和大市场效应会呈现先上升后下降的"倒U型"特征⑤，我国价值链上的企业必须增强自身的吸收能力才能通过二次创新提升价值链的定位⑥。

二 全球价值链视角下产业集群转型升级

从全球价值链角度来看，产业集群的转型、国际分工以及区域性专属生产使得地区产业集群想获取更多的升级机会就要更主动地加入全球价值链中，并尽快通过全球价值链位置的提升，完成附加值提升的目标。嵌入全球价值链对产业转型升级产生什么样的影响？针对此问题，目前国内外的研究主要从以下方面展开：

（一）全球价值链背景下产业集群的升级内容

本书将技术能力升级和创新能力升级作为产业集群的内部升级，将

---

① Ahokanas, P., Hyry, M and Rasanen, P., "Small Technology – based Firms in Fast – growing Regional Cluster", *New England Journal of Entrepreneurship*, No. 2, 1999, pp. 124 – 126.

② Bazan L. and Navas – Aleman L., "Upgrading in global and national value chains: recent challenges and opportunities for the Sinos Valley footwear cluster, Brazil", //EADI's Workshop, "Clusters and global value chains in the north and the third world", Novara. 2003, pp. 30 – 31.

③ 任家华：《基于全球价值链理论的地方产业集群升级机理研究》，西南交通大学，博士学位论文，2007年，第39—42页。

④ 张辉：《全球价值链下地方产业集群——以浙江平湖光机电产业为例》，《产业经济研究》2004年第6期，第27—33页。

⑤ 吕越、刘之洋、吕云龙：《中国企业参与全球价值链的持续时间及其决定因素》，《数量经济技术经济研究》2017年第6期，第37—53页。

⑥ 傅利平、顾雅洁：《从引进到创新：韩国现代汽车技术创新路径的启示和借鉴》，《科学管理研究》2008年第1期，第117—120页。

外向关联升级和社会资本升级作为产业集群的外部升级，从内部升级和外部升级两个部分对全球价值链背景下产业集群的升级进行综述。

1. 内部的升级

（1）产业集群的技术能力升级。技术能力指从集群内部创造出新的技术，并率先采用该技术，指导产品改进的能力。产业集群技术能力作为一个中观概念，以往相关研究比较少。但近些年产业集群研究逐步增多，相关理论更加成熟，越来越多的学者试图将拓展后的技术能力概念运用到中观层面，以及产业集群的探索中。技术能力可以被分成两种类型，一是普通的生产能力，即产品生产能力；二是革新的技术能力，即创造、改变或进化的能力。产业集群技术能力的主体可以分为两大部分，第一个主体是产业集群中的企业，该集群中包含了知识网络的关键组成，内部有独立企业、供货商、用户和关联企业四部分，这四部分是集群知识网络主体的主要部分，通过企业价值链、竞争与合作以及其他模式进行内部互动。第二个主体是技术基础主体，如科研所和高校、行业协会等公共服务机构，支撑着集群的创新[1]。可以用"技术能力势差"来对集群中技术能力分布不均匀的现象进行解释，集群中技术高位势的企业承担着对外部新知识的学习[2]。发展中国家技术能力发展的一般模式是：从技术引进开始，然后具备生产能力，再然后形成创新能力[3]。

（2）产业集群创新能力。集群文化的嵌入性效应支持企业间技术的学习。同时，企业所嵌入的网络的密度、联系强度、资源丰富程度等因素都对企业的创新绩效起到正向影响作用[4]。马歇尔认为，产业集群特有的优势是创造出有助于协同创新的环境，能为技术创新提供有力支持；劳动力所掌握的专业技能扎实；并且资源共享性带来较低的费用成本。

---

[1] Asheim, B. T. and Lsaksen, A., "Regional innovation systems: The integration of local 'stick' and global 'ubiquitous' knowledge", *The Journal of Technology Transfer*, Vol. 27, No. 1, 2002, pp. 77–86.

[2] 魏江、叶波：《产业集群技术能力增长机理研究》，《科学管理研究》2003年第1期，第52—56页。

[3] 谢伟：《国家创新系统理论的来源和发展》，《中国科技论坛》1999年第3期，第20—21页。

[4] 李志刚：《基于网络结构的产业集群创新机制和创新绩效研究》，中国科学技术大学，博士学位论文，2007年，第37—39页。

波特认为，产业集群一方面促使企业加强对创新能力的培养，另一方面通过集群内企业间的交流合作有效地推动创新活动的发展。总之，产业集群促使集群内的企业相互之间形成紧密的关系网络，通过这些关系网络，让企业间的互动更加有效率；同时，产业集群内部形成的创新环境使企业间的沟通更加频繁，促进集群学习的同时，使创新发生的频率增高①。

2. 外部的升级

（1）产业集群的外部资源。产业集群在参与国际分工之后，也一步步融入生产网络的全球化中，接触到很多外部的资源，只有一直加强与外部的联系，一步步将外部的资源引入产业集群中并适当利用，产业集群才能够通过价值链实现升级，进而使产业集群有巨大的竞争优势。王缉慈指出，本土化并不意味着需要与外界切断沟通的渠道。缺乏外在联系，会使产业集群嵌入全球价值链的过程受到影响，但外向关联也存在副作用，例如，跨国公司采用并购的方式成为地方产业集群的主导力量，在价值链中得到关键技术，集群中的其他企业就会受到阻碍，难以自由地向价值链高附加值环节攀升，从而受制于主导企业的主导力量，存在于价值链低端。

（2）产业集群的社会资本。科尔曼指出社会资本是一种便利的资本，它存在于人际关系中，由该群体的个人所拥有。罗纳德·博特也提出了相似的观点。社会资本是一种以信任为基础的力量，人与人的关系中是否存在共同的处事准则影响着这种力量的大小。社会资本理论作为一种突破仅关注实物交换与货币交易局限的社会学理论，强调将研究问题与关系网络相结合，尤其是在多主体共同参与的现代产业链中，利用主体所拥有的社会资本开展经营，有助于降低交易成本，提高产业链运作效率，实现价值共创、合作共赢②。

（二）全球价值链背景下产业集群的升级路径

全球价值链的升级可以归纳为四种方式：工艺流程升级（Process

---

① 王缉慈：《集群战略的公共政策及其对中国的意义》，《中外科技信息》2001 年第 11 期，第 3—6 页。

② 彭本红、屠羽：《社会资本嵌入视角的电子废弃物回收治理研究》，《管理工程学报》2020 年第 2 期，第 116—123 页。

Upgrading)、产品升级 (Product Upgrading)、功能升级 (Functional Upgrading)、跨产业升级 (Inter-sector Upgrading)。以上四种升级方式明确了产业集群基于全球价值链进行升级的实现形式与实践方式，不过在特殊案例中却难以区别工艺流程升级与产品升级（特别是对于农业生产，例如使用有机加工的方式诞生的新产品），也无法明确各种升级方式在全球价值链上产生的附加值增益的大小，从而得出这四种升级方式无法完整地反映出沿全球价值链升级的产业集群轨迹。有学者从低端道路 (Low-road) 和高端道路 (High-road) 对发展中国家的产业集群嵌入全球经济的路径进行了划分[1]，这两个概念一开始是由 Sengenberger (1992) 提出的[2]。两种渠道有不同的竞争方式，尤其是全球价值链升级渠道中附加值的高低，但只限于分层描述升级路径的分类，未说明地方企业集群升级演化的方式，也未涉及地区企业集群升级所可以采用、实施的办法。Hobday (1995) 剖析东南亚电子产业升级的过程案例，介绍了委托组装 (OAM)、委托加工 (OEM)、自主设计和加工 (ODM)、自主品牌生产 (OBM) 的升级演化路径，该升级路径强调了从低附加值向高附加值演化的固有过程，不过升级到 OBM，对于 Acer (台湾) 集团而言也只是获得有限的成功[3]。已有的研究显示，发展中国家的外向型产业集群通常会按照以下的模式完成升级：首先进入全球价值链 (GVC)，通过 GVC 实现产品的升级进化，然后从产品在功能上进行提升，最终前进到更高的价值链条。从企业角度来说，就是从 OEM 开始，再到 ODM，最后转向 OBM。

三 区域协同与发展

（一）区域创新与产业升级

20 世纪初，美籍奥地利经济学家约瑟夫·熊彼特 (Joseph Alois

---

[1] Martin R. and Sunley P., "Conceptualizing cluster evolution: beyond the life cycle model", *Regional Studies*, Vol. 45, No. 10, 2011, pp. 1299-1318.

[2] Sengenberger W., "Intensified competition, Industrial restructuring and industrial relations", *International Labour Review*, Vol. 131, No. 2, 1992, pp. 139-154.

[3] Hobday M., "Innovation in East Asia: Diversity and development", *Technovation*, Vol. 15, No. 2, 1995, pp. 55-63.

Schumpeter)在《经济发展理论》中将创新定义为在生产过程中投入新组合实现超额利润的过程,并在《经济周期》中将创新的定义拓展到产品、技术、市场、流程、原材料五个方面。20 世纪中后期,创新逐渐与国家、区域发展相关联,关于创新的研究也逐渐突破古典经济学均衡的框架。创新被看作是赋予资源新能力的活动,并能使资源创造出新的财富。技术创新对培育国家竞争优势至关重要。在区域发展中,依靠创新推动产业升级是国内外学者普遍关注的热点问题。区域创新是一国经济发展的关键[1]。创新对于服务业以及制造业产业转型具有正向影响[2],实质性创新对于产业升级的正向作用也在以美国电力行业为对象的实证研究中得以验证[3]。文化软环境对区域内中小企业创新具有正向影响作用[4]。同时,产业升级所带来的成熟融资体系反过来促进区域创新[5]。

(二)区域协同发展的有效机制

区域间协同有深厚的理论基础,马歇尔外部性理论中溢出效应对于区域发展具有极大的启示意义。互动学习、协同、区域发展通过创新系统被关联起来[6],多元创新主体、知识扩散、"干中学"对区域发展的推动作用也在国家创新系统视角下以协调国家创新活动为动机得以阐释[7]。从空间溢出和要素流动的角度看,区域间协同对我国区域发展和创新绩

---

[1] 蔡昉:《全球化、经济转型与中国收入分配优化的政策选择》,《改革》2006 年第 11 期,第 5—12 页。

[2] Dosi, G., "Source, procedures, and microeconomic effects of innovation", *Journal of Economic Literature*, Vol. 26, No. 3, 1988, pp. 1120 – 1171.

[3] Kline, S J. and Rosenberg, N., An overview of innovation, In: Landau, R., rosenberg, N. (Eds), The positive sum strategy: Hamessing technology for economic growth [M], National academy press. 1986, pp. 33 – 41.

[4] Popa, S. Soto - Acosta, P. and Martinez - Conesa, I., "Antecedent, Moderators and outcomes of innovation climate and open innovation: An empirical study in SMEs", *Technological Forecasting and Social Change*, Vol. 108, 2017, pp. 134 – 142.

[5] 林毅夫:《投资依然是中国经济增长的动力》,《经济研究参考》2014 年第 60 期,第 9 页。

[6] Lundvall, B A., "Product innovation and user - producer interaction", Aalborg, Aalborg University Press, 1985, pp. 12 – 20.

[7] Freeman, C. and Soete, L., "The economic of industry innovation", London: MIT, 1997, pp. 133 – 142.

效有正向促进作用①。在以京津冀为对象的研究中，区域协同的基础在于协调人口与产业的关联，而区域创新能力则是区域协同的重要路径②。

在系统内部协同方面，外部性理论中多样化促进创新的思想为区域发展带来多元化视角③。以区域创新系统为研究视角，内部网络化合作④、区域内产业耦合⑤均可以增加区域内的知识溢出，降低信息搜集成本，从而提升创新效率。进一步剖析区域创新系统的内在组成部分，国内外学者发现官产学协同⑥、创新主体增加⑦等对区域发展均具有推动作用。在区域内部多元主体协同领域，产学研合作与知识溢出存在耦合效应，网络化协同在协调期、发展期、螺旋上升期对于产业集聚、区域创新以及经济增长具有推动作用⑧。推动产业融合提升区域竞争力，是区域发展的重要推力。

（三）区域协同发展与全球价值链位置提升

全球价值链理论为区域发展提供了新的研究视角，嵌入全球价值链有助于区域打破锁定效应。全球价值链对不同区域经济水平和技术规模的影响各不相同，东部沿海地区嵌入全球价值链产生的规模经济要大于西部地区，这在中国嵌入全球价值链的区域特征中得以体现⑨。在对发达

---

① 白俊红、吕晓红：《自主研发、协同创新与外资引进——来自中国地区工业企业的经验证据》，《财贸经济》2014 年第 11 期，第 89—100 页。

② 吴群刚、杨开忠：《关于京津冀区域一体化发展的思考》，《城市问题》2010 年第 1 期，第 11—16 页。

③ Jacbos, J., "The death and life of great america citirs", New York, Vintage Book, 1961, pp. 47 – 53.

④ Cooke P., Uranga M. G. and Etxebarria G., "Regional innovation systems: Institutional and organisational dimensions", *Research Policy*, Vol. 26, No. 4 – 5, 1997, pp. 475 – 491.

⑤ 杜传忠、王鑫、刘忠京：《制造业与生产性服务业耦合协同能提高经济圈竞争力吗？——基于京津冀与长三角两大经济圈的比较》，《产业经济研究》2013 年第 6 期，第 19—28 页。

⑥ 庄涛、吴洪：《基于专利数据的我国官产学研三螺旋测度研究——兼论政府在产学研合作中的作用》，《管理世界》2013 年第 8 期，第 175—176 页。

⑦ G kypali, A. Filiou, D. and Tsekouras, K., "R&D collaborations: Is diversity enhancing innovation performance", *Technological Forecasting and Social Change*, Vol. 118, 2017, pp. 143 – 152.

⑧ 傅利平、高雅群：《滨海新区区域创新政策选择——基于知识溢出及技术进步的视角》，《天津师范大学学报（社会科学版）》2013 年第 5 期，第 28—32 页。

⑨ 高敬峰、王庭东：《中国参与全球价值链的区域特征分析——基于垂直专业化分工的视角》，《世界经济研究》2017 年第 4 期，第 83—94、135—136 页。

国家与中国东部地区、中国东部地区与西部地区的双"中心—外围"格局下引发区域发展低端锁定的内在机理进行研究的基础上,针对全球价值链治理维度中俘获效应对我国落后地区劳动力流失、产业结构单一等"低端锁定"现象的影响,应当实行整合产业链条、扩大内需的产业与区域发展政策①。

全球价值链理论为区域协同创新研究带来了更多的启示。从宏观层面看,在对英国纽卡斯尔科技城的案例研究中,研究者以全球价值链视角上的外来资源作为推动系统内部知识流动的外源因素,得到了全球价值链推动知识流动,从而推动产业协同创新的结论②。从微观层面看,对意大利中小型企业的实证研究证明了产业内企业的协同可以形成外部经济,从而推动创新效率的提升,并且嵌入全球价值链的企业在协同创新中更有效率③。学者们也分别验证了全球价值链视角下 FDI④、知识溢出⑤、竞争压力⑥对于协同创新的推动作用。具体到京津冀区域,融入全球价值链是实现京津冀协同发展的必要路径⑦。京津冀区域协同发展的关键在于推动区域内产学研合作平台、创新研发体系以及科技服务平台的建设,多元主体协同创新是当前京津冀协同发展的关键所在⑧。

---

① 张少军、刘志彪:《产业升级与区域协调发展:从全球价值链走向国内价值链》,《经济管理》2013 年第 8 期,第 30—40 页。

② Gertner, D. and Bossink, B. A. G., "The evolution of science concentrations: The case of newcastle science city", *Science and Public Policy*, Vol. 42, No. 1, 2014, pp. 1–8.

③ Agostino, M. Gounta, Anna. Nugent, J B. Scalera, D. and Trivieri F., "The importance of being a capable supplier: Italian industrial firms in global value chain", *International Small Business Journal*, No. 7, 2015, pp. 28–33.

④ 王伟光、马胜利、姜博:《高技术产业创新驱动中低技术产业增长的影响因素研究》,《中国工业经济》2015 年第 3 期,第 70—82 页。黄传荣、陈丽珍:《自主创新与利用 FDI 的关系研究现状及展望》,《湖南社会科学》2013 年第 1 期,第 168—172 页。

⑤ 张华:《协同创新、知识溢出的演化博弈机制研究》,《中国管理科学》2016 年第 2 期,第 92—99 页。俞立平、孙建红:《知识溢出下自主研发与协同创新综合绩效研究》,《科学学与科学技术管理》2014 年第 6 期,第 76—83 页。

⑥ 夏红云:《产学研协同创新动力机制研究》,《科学管理研究》2014 年第 6 期,第 21—24 页。

⑦ 刘秉镰、孙哲:《京津冀区域协同的路径与雄安新区改革》,《南开学报(哲学社会科学版)》2017 年第 4 期,第 12—21 页。

⑧ 安树伟、肖金成:《京津冀协同发展:北京的"困境"与河北的"角色"》,《广东社会科学》2015 年第 4 期,第 5—11 页。

四 研究述评与研究空间

（一）已有研究不足

综上所述，关于产业集群转型升级的研究，仍存在以下方面的不足：

1. 已有产业价值链研究主要聚焦国家或企业，缺少区域层面的刻画

产业价值链升级与区域协同发展在各自的领域，已经存在大量的研究，并取得了大量的成果，但是这两个领域交叉研究并不多。从目前的研究来看，产业价值链升级侧重于从产业经济学的视角，利用现代西方经济学理论分析产业价值链内部产业升级的影响因素与机制路径；区域协同发展则主要从区域经济学的视角，研究地区整体经济增长与地域、地理因素的关系。总结当前学界研究成果，产业价值链升级在宏观视角的研究多从产业结构与宏观产业政策角度切入，微观视角则是对企业创新行为进行面板数据分析以及实证研究。基于中观视角下区域性产业价值链升级的研究相对较少，与我国产业区域集聚的现状和城市群协同的愿景存在偏差。未来京津冀地区产业价值链升级的研究，既要对产业转型升级进行理论性阐释，又要结合京津冀地区的产业结构、区域发展水平以及创新环境进行多方位评估，这要求将产业经济学与区域经济学相结合，从学科交叉的视角进行全面分析。

2. 已有京津冀地区的研究主要刻画了区域整体特征，对产业协同缺少深入挖掘

当前产业价值链升级驱动机制研究中，协同效应作为主要机制之一，在研究中多以产业链条前后向关联环节协作以及区域内部的多元主体参与为视角。发达国家区域协同的研究，无论是宏微观视角的产业内协同，还是案例研究形式的城市协同，都是通过纵向研究实现。虽然京津冀协同发展理念提出较早，但目前的研究仍然停留在对京津冀区域协同的现状描述以及路径规划阶段，针对京津冀区域间协同以及区域内产业间协同效应的理论研究相对较少，因而对于京津冀协同发展的实践指导意义有限。

3. 已有全球价值链分析主要针对国际贸易分工问题，仍需要从企业、产业、区域及公共政策等方面进行跨学科的系统研究，为政策制订提供科学依据。

当前国内外产业价值链升级研究多以企业战略和决策为视角，缺乏相应的产业政策评价以及促进产业价值链升级的政策研究，对产业政策制定提供的参考价值不足，需要产业经济、区域经济以及公共政策相结合的跨学科视角的研究。在价值链的视角下，京津冀地区作为一个复杂的动态化整体，传统的单一产业静态化升级影响因素分析或者微观企业生产率提升驱动力分析难以解决非均衡的、系统失灵大环境下的区域产业价值链升级问题。课题的研究须将协同机制、驱动要素以及政策环境有机结合。

（二）本书重点研究问题

加入 WTO 至今，我国全球价值链嵌入程度提升了 1 倍（*WTO Trade Report* 2016）。京津冀地区作为我国北方的经济中心，各产业逐渐嵌入全球价值链。2016 年，天津港货物吞吐量突破 5.5 亿吨，已跻身全国前三大港口。当前，京津冀地区的装备制造业、新能源产业、电子信息产业以及材料化工产业已处于国内的领先地位[1]。然而，京津冀产业集群转型升级仍然存在较多的障碍。

首先，京津冀地区产业结构和布局严重阻碍了产业价值链向上升级。北京面临着疏解非首都功能的困境，在 1990—2015 年期间，北京外来人口占总人口比例已由 5% 激增至 40%。过多劳动力的涌入加剧了北京产业发展的"虹吸效应"，以至于生产要素缺失的河北难以实现产业的转移，京津冀地区互补的产业格局未能形成。从京津冀三地产业相似度来看，产业结构逐渐趋同，同质化现象严重。同时，京津冀区域发展差距过大，产业难以有效协同。区域内部要素分布不合理，不同行政区域间利益矛盾与冲突不断，多种区域病并存。雄安新区的设立，可以调整优化京津冀城市布局和空间结构，培育创新驱动发展新引擎，缩小京津冀三地差距，促进京津冀协同发展。最后，产业政策环境制约着京津冀产业价值链的升级。京津冀协同发展虽有共识，但三地在产业发展战略对接、基础设施建设完善、公共产品联合供给、区域内部资源分配等方面仍存在问题。政府的产业政策加剧了三地竞争，难以发挥京津冀地区各自产业发展的比较优势。京津冀在产业协同发展过程中的诸多问题，阻碍了产业集群的有效升级。基于已有研究及京津冀产业发展现状，下一步研究

---

[1] 肖金成：《京津冀一体化与空间布局优化研究》，《天津师范大学学报（社会科学版）》2014 年第 5 期，第 5—10 页。

重点需要从以下方面展开：

以区域产业转型升级为目标，进行价值链升级的理论分析。当前，需要紧紧围绕产业价值链升级这一出发点，梳理当前学界关于转型升级引导机制、路径机制相关理论，结合典型国家和地区转型升级的经验与京津冀地区的实证研究，丰富区域产业价值链升级理论体系。

以京津冀产业的全球价值链位置为观测指标，刻画价值链特征与演化规律。全球价值链位置指数的变化是衡量区域产业价值链升级的核心指标。由于产业划分以及贸易口径的差异，当前全球价值链测量的方法未能统一。因此，有必要基于动态化视角，运用跨国"投入—产出"分析方法测算京津冀产业在全球价值链上的位置，实现产业价值链升级研究方法的创新。

以京津冀地区战略性新兴产业发展为突破点，论证区域协同提升产业价值链的路径机制，京津冀地区产业协同发展的研究，应以区域产业政策为导向，综合产业间协同、区域协同、区域内部协同等多个视角，以京津冀地区战略性新兴产业为研究对象，探索区域协同提升产业价值链的路径机制。相关研究应结合京津冀协同发展、雄安新区建设等国家重大战略，为区域发展政策制定提供参考。

第三节 研究内容、方法和技术路线

一 研究内容

本书主要围绕全球价值链视角下京津冀产业集群的转型升级进行研究，其内容包括以下几个方面：

（一）相关理论基础

本书的理论基础主要有区域创新理论、产业集群创新理论和全球价值链理论，通过第一章对相关概念的界定和学术史的梳理，为后续章节奠定理论基础。区域创新系统的构成要素包括创新主体、区域内部市场（简称区域市场）和创新资源，其主要功能在于促进区域内知识的创造和流动，从而促进技术创新，推动创新成果的转化和产业化，促进产业结构的升级。创新集群是由基于一定地域的大学、研究机构、专业科技服务机构、企业等共同组成的，通过便捷的渠道、开发、利用地区内外的创新资源，不断向外部输出高新技术、产品以及服务的网络体系。全球价值链通过全球范围内的生产、销售、回收等过程，实现了产品或者服务的价值，包括原料获取和配送、半成品和成品的生产与分销，以及最终购买、回收的全部过程。

(二) 国内外产业集群转型升级发展实践

选取美国东北部大西洋沿岸、日本太平洋沿岸、韩国首尔都市圈、长江三角洲和珠江三角洲等国内外产业集群为典型案例，通过案例的对比分析，展现不同水平和发展阶段国家的典型区域产业转型升级的发展历程和关键要素，从全球价值链的角度解读了选取案例实现升级的特点和过程，从而明确全球价值链视角下产业集群转型升级的必要条件。总结国内外产业集群转型升级的发展经验，为京津冀区域产业集群转型升级的路径提出提供有益借鉴。

(三) 全球价值链中的京津冀产业集群发展定位

利用WIOD2013数据，通过投入产出法对我国产业位于全球价值链上的位置进行初步计算。由于京津冀区域资源禀赋和战略规划的不同，三地产业的发展定位和方向也存在差异。需要对各自的产业分工进行进一步的细化和深入研究。基于此，在剖析全球价值链融入路径不同演化模式的基础上，一方面运用投入产出法对京津冀三地工业的细分产业在全球价值链中的位置及其时间演化规律进行动态分析；另一方面，结合GIS等地学信息工具，绘制反映京津冀区域上述产业位置空间分布等指标随时间变化的地学信息图谱，探究京津冀产业转型升级的产业基础。

(四) 全球价值链视角下京津冀产业集群转型升级演化规律

通过分析传统产业集群、制造业产业集群、高技术产业集群演化的生命周期，总结产业集群在形成期、成长期、成熟期和转型期的阶段特征，发现京津冀产业集群转型升级中存在自主创新能力不强、协同分工不明晰、人力资本分布不均衡、孵化器功能不完备、全球价值链低端锁定等问题；进一步剖析全球价值链视角下产业集群转型升级的机理，提出区域创新网络视角的产业集群转型升级驱动机制和全球价值链视角下的产业集群转型升级机制，主要包括集群学习机制、集群协同机制和集群创新扩散机制。

(五) 京津冀产业集群转型升级实证分析

该部分主要探究京津冀地区产业集群转型升级的动力机制以及全球价值链在路径中的作用，首先利用分层回归法，分析京津冀地区产业集群程度和空间共存对于产业集群转型升级的影响；其次选取京津冀地区重点产业来探究产业集群对于区域产业发展的路径机制，采用偏最小二乘法进行因果分析，通过路径图总结出产业集群可以在多个方面影响区域发展，也可以拉动区域基础设施建设，以及区域创新孵化体系的形成；最后以三螺旋为模型探索京津冀地区高技术产业园区多元主体创新以及其对产业转型升级的影响，采取多案例分析法和定性比较分析法，分析高校、政府和公司不同主体参与组合下的区域创新绩效和当前的官产学协同创新的现状以及创新绩效的影响因素。本章通过对不同研究对象的描述与实证研究，对京津冀地区产业转型升级的内在机理进行验证与总结。

（六）促进京津冀产业集群转型升级的对策建议

面对京津冀地区产业集群发展的实际情况，针对传统产业集群、制造业产业集群、高技术产业集群的转型升级发展，提出顶层设计引导战略、优势产业互补战略、自主创新战略、人才领先战略、产业链延伸战略、共生协同战略等战略选择。同时，从创新环境、人力资本、参与国际分工、区域内孵化器等角度提出相应的政策建议，以促进京津冀地区产业集群转型升级发展。

二 研究方法

本书方法论遵循科学研究的基本程序，以应用研究和计量方法为主，同时将理论研究与经验研究、宏观分析与微观考察、定量分析与定性分析进行充分的结合。借鉴国内外已有理论成果和国内外成功案例经验，来奠定本书研究的理论基础和框架，同时深入京津冀产业层面与企业层面，以大量的数据、现象、事件、文本来进行验证与修正。

具体的研究方法和手段，主要包括以下几个方面：

（一）文献研究法

文献研究是一种最常用的研究方法，是通过收集和分析现存的、以文字、数字、符号、画面等信息形式出现的文献资料，来探讨和分析各种社会行为、社会关系及其他社会现象的研究方式，本书通过国内外相关文献梳理，明确"产业集群升级""全球价值链""区域协同发展"的内涵、外延及相关关系。利用大量文献资料，进一步研究区域产业升级的发展模式、全球价值链视角下的产业发展现状等问题。同时，认识和分析区域产业发展不平衡、全球价值链视角下的产业升级等问题，运用创新理论、全球价值链治理理论、产业集群理论、区域协同等理论，分析京津冀产业协同发展等相关研究资料，对文献和数据资料进行比较、归纳和总结，并追踪理论前沿。

（二）案例分析法和比较分析法

选取国内外产业的全球价值链嵌入和产业价值链升级的典型区域，分析各地区产业集群转型升级的先进经验。同时结合京津冀产业结构发展不平衡、区域产业协同发展程度不足等问题，重点比较典型区域经济的特色和比较优势，全面了解不同区域产业的优缺点，为京津冀改革的顺利实施提供实践范例。运用对比分析的方法，总结分析发达国家产业价值链升级成功政策体系及历史实践经验，并将不同国家政策体系中的关键要素与我国对比，为提出京津冀产业集群升级政策建议提供参考。

（三）投入产出法

在产业集聚程度的测度方面，采用区位熵指数进行测算，从国研网数据库、《中国工业统计年鉴》以及《中国工业经济年鉴》中获取分地区各行业规模以上企业的相关数据，对行业数据进行匹配和归并。在全球价值链分工地位的测度方面，采用王直教授所改进的全球价值链（GVC）地位指数进行测量，根据该方式构建新的全球价值链上游度指数，构建国际投入产出模型。同时从世界投入产出数据库最新公布的2014年世界各国家地区投入产出数据库提取数据，利用R语言进行测算。

（四）空间图谱分析法

对京津冀产业在全球价值链上位置的地理空间分析，需要结合京津冀战略性新兴产业在全球价值链中位置的动态数据以及京津冀地区的地理信息数据，结合ArcGIS等地学信息工具，绘制地学信息图谱，更加直观地反映在不同产业上京津冀三地的集聚水平以及三地嵌入全球价值链的位置和演变。

（五）结构方程法

为探究区域内产业集群对区域创新能力以及产业转型升级的路径，采用偏最小二乘结构方程（PLS – SEM）作为研究方法进行因果分析。在大多数探索性的理论中，研究样本数量少，本书研究情况也符合这类特征。PLS – SEM模型针对探索性研究的特点，非参推断不需要满足正态分布。本书采用SmartPLS3.0软件构建结构方程模型。其中区域创新水平为内生潜在变量，产业集群为外生潜在变量。在变量设计方面，为解决解释变量区域产业集群集聚程度问题，采用区位熵划分区域内产业集群，并统计产业集群数量及集群的平均区位熵。

（六）文献计量法

为便于吸纳国内外研究中对于区域创新系统以及产业集群创新方面的变量设计，采取文献计量方法，运用 Citespace 对 Web of Science、知网空间等搜索引擎中的文献进行统计分析，分别以"区域创新""产业集群创新"为关键词检索文献，研究选取中心度较高的定量研究文献，并采选其中与本书相关的变量设计。

三　内容安排

绪论　介绍研究背景，阐述研究目的和意义，分析国内外研究现状，总结研究内容、研究方法及结构安排。

第一章　相关理论基础：界定概念，梳理相关理论。

第二章　国内外产业集群转型升级发展实践：选取国内外产业集群的典型案例，利用多案例分析法，分析其发展历程、发展经验、对京津冀产业集群转型升级的启示等。

第三章　全球价值链中的京津冀产业集群发展定位：利用区位熵指数衡量京津冀在细分产业上的集聚水平，运用投入产出法和空间图谱分析法对京津冀细分产业在全球价值链中的位置及其时间演化规律进行动态分析。

第四章　全球价值链视角下京津冀产业集群转型升级演化规律：通过分析传统产业集群、制造业产业集群、高技术产业集群演化的生命周期，总结产业集群段特征，剖析全球价值链视角下产业集群转型升级的机理。

第五章　京津冀产业集群转型升级实证分析：选取京津冀地区四个城市（北京、天津、石家庄、唐山）2007—2016 年各产业的区位熵来测量产业集群现状，利用结构方程、分层回归等计量方法分析产业转型升级的影响因素。

第六章　促进京津冀产业集群转型升级的对策建议：根据京津冀地区三种产业集群的不同特征提出针对性的战略措施。提出我国产业集群创新发展政策建议。

本书的研究思路图见图 0—1。

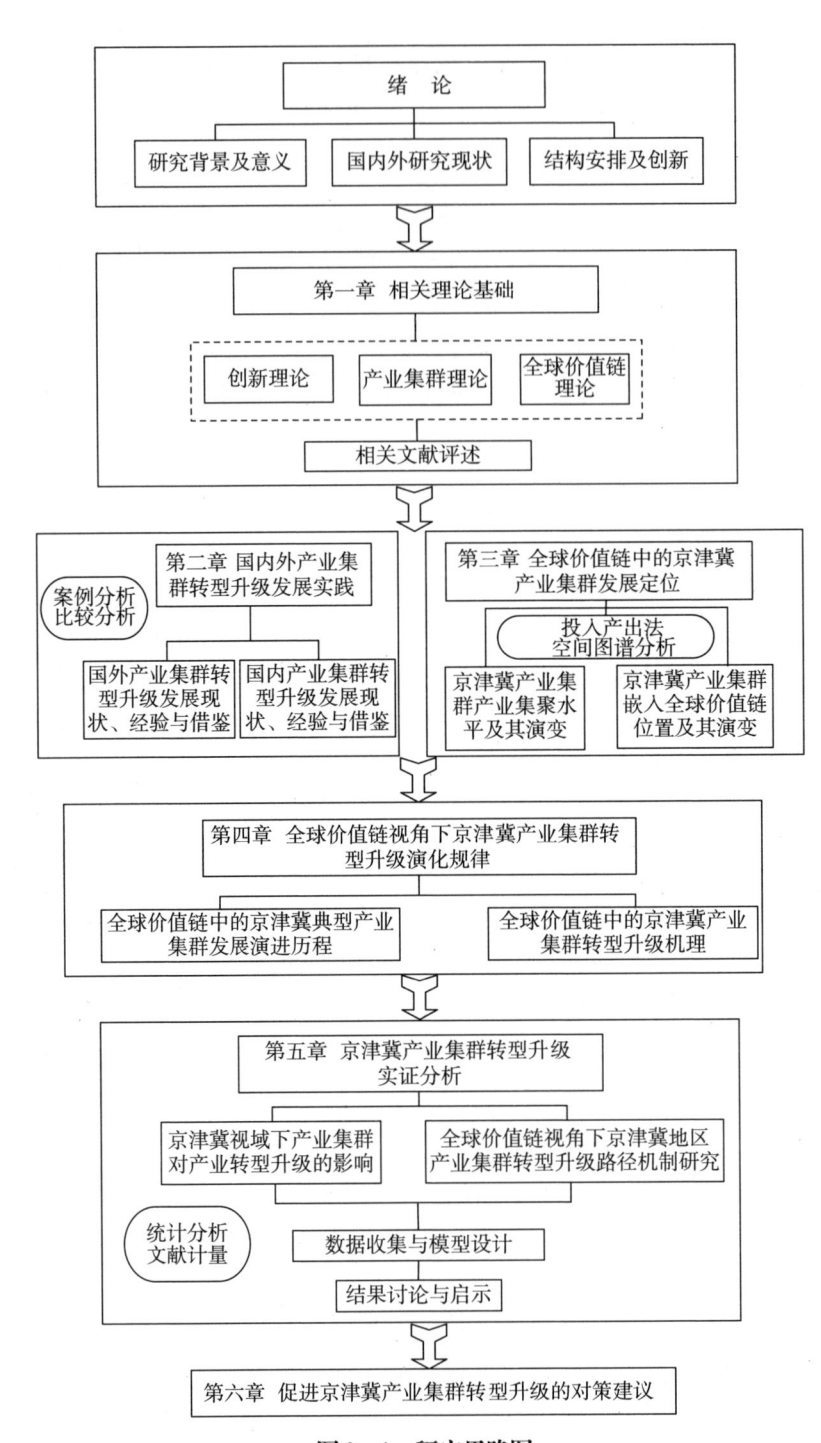

```
┌─────────────────────────────────────┐
│              绪  论                  │
│  ┌─────────┬──────────┬──────────┐  │
│  │研究背景  │国内外研究 │结构安排  │  │
│  │及意义    │现状       │及创新    │  │
│  └─────────┴──────────┴──────────┘  │
└─────────────────────────────────────┘
                  ↓
┌─────────────────────────────────────┐
│        第一章 相关理论基础            │
│  ┌─────────┬──────────┬──────────┐  │
│  │创新理论  │产业集群   │全球价值链│  │
│  │          │理论       │理论      │  │
│  └─────────┴──────────┴──────────┘  │
│           相关文献评述                │
└─────────────────────────────────────┘
                  ↓
┌────────────────────┬────────────────────┐
│第二章 国内外产业集群│第三章 全球价值链中的│
│转型升级发展实践     │京津冀产业集群发展定位│
│                    │  投入产出法          │
│案例分析            │  空间图谱分析        │
│比较分析            │                      │
│国外产业│国内产业   │京津冀产业│京津冀产业│
│集群转型│集群转型   │集群产业集│集群嵌入全│
│升级发展│升级发展   │聚水平及其│球价值链位│
│现状、经│现状、经   │演变      │置及其演变│
│验与借鉴│验与借鉴   │          │          │
└────────────────────┴────────────────────┘
                  ↓
┌─────────────────────────────────────┐
│   第四章 全球价值链视角下京津冀产业   │
│         集群转型升级演化规律          │
│ ┌──────────────────┬────────────────┐│
│ │全球价值链中的京津 │全球价值链中的京││
│ │冀典型产业集群发展 │津冀产业集群转型││
│ │演进历程           │升级机理        ││
│ └──────────────────┴────────────────┘│
└─────────────────────────────────────┘
                  ↓
┌─────────────────────────────────────┐
│    第五章 京津冀产业集群转型升级      │
│              实证分析                 │
│ ┌──────────────┬──────────────────┐ │
│ │京津冀视域下产 │全球价值链视角下京 │ │
│ │业集群对产业转 │津冀地区产业集群转 │ │
│ │型升级的影响   │型升级路径机制研究 │ │
│ └──────────────┴──────────────────┘ │
│ 统计分析    数据收集与模型设计        │
│ 文献计量    结果讨论与启示            │
└─────────────────────────────────────┘
                  ↓
┌─────────────────────────────────────┐
│ 第六章 促进京津冀产业集群转型升级的   │
│              对策建议                 │
└─────────────────────────────────────┘
```

图 0—1 研究思路图

第一章

相关理论基础

随着新一轮产业结构的调整,全球产业集群正在逐步向创新集群转移。从全球价值链的角度探讨产业集群转型规律,有必要对相关理论进行系统地组织和分析。本章梳理了相关的理论基础和学术进展。对创新理论、全球价值链理论和产业集群理论进行了分析、比较和总结,为本书的研究工作奠定理论基础。

第一节　产业集群理论

一　产业集群理论的起源

产业集群理论的形成和发展有其理论渊源和社会背景。在18世纪中叶,英国社会的社会分工和专业化迅速发展。以家庭作坊和手工业作坊为代表的中小企业的空间集聚开始出现并迅速扩大,吸引了亚当·斯密等经济学家的注意。到19世纪末,工业集中空间分布现象引起人们的更多关注。马歇尔专门分析和研究这一问题,提出了著名的外部经济理论,为产业集群理论的形成铺平了道路,并在早期阶段成为代表性理论。

(一)分工与专业化理论

产业集群以产业集聚为基础。产业集聚是基于企业的空间集中,企业的空间集中度随着分工和专业化的发展而发展。亚当·斯密首先从分工和专业化的角度出发,分析了产业集聚。亚当·斯密在《关于国家财富的性质和原因的研究》中写道:"工人穿的可怜的羊毛衬衫是许多劳动者共同劳动的产物。为了完成这个简单的产品,必须有牧羊人、剪毛工、染色工、梳理工、织布工、裁缝和许多其他人一起工作……简单的工具,如牧羊人使用的剪刀,也需要多种劳动。为了生产这种简单的剪刀,矿工、炉子建造者、木材采伐者、木炭工人、砌砖工、泥水匠、铁炉工、机器安装人员、铁匠等必须将他们的各种技能联系起来。"① 从这段描述中我们可以看出,亚当·斯密对分工和基于分工的联合生产有着非常明确的理解和判断。亚当·斯密所代表的古典经济学的本质是人类生产活动中的专业分工,而专业化分工恰恰是规模收益递增规律的根本原因,规模经济的本质实际上是专业化经济②。亚当·斯密还在《关于国家财富的性质和原因的研究》中写道:"劳动生产力上最大的增进,以及运用劳动时所表现的更大的熟练、技巧和判断力,似乎都是分工的结果。"如果可以采用分工,分工制度将相应地提高劳动生产率,各种产业的分离似乎是由于劳动分工。亚当·斯密认为,在一个国家积累国民财富的首要和最重要的原因是劳动生产率的提高,社会分工和专业化是劳动生产率提高的重要原因③。结合亚当·斯密的分工与专业化理论和实际情况,可以分析劳动分工和专业化有利于提高劳动力水平,从而提高劳动生产率;分工和专业化有利于技术变革或创新,从而促进技术进步;分工和专业化有利于大规模生产的机械化,从而促进劳动效率的提高;分工和专业化有利于增加生产部门的数量,从而实现"迂回生产"方式,扩大中间生产部门之间的生产交易的范围和环节;分工和专业化也有利于专业领域的形成和自我强化机制的建立。

亚当·斯密的理论已经开始包含产业集群的概念。他明确指出,分工和专业化可以提高劳动生产率,促进技术进步,从而扩大生产规模,形成规模经济。同时,分工和专业化导致生产部门的完善和"迂回生产"方式的出现,导致特定空间的经济活动集中和集聚经济的形成。亚当·斯密的这些观点为产业集聚和产业集群研究奠定了理论基础,概述了研究背景和路径。

为了弥补亚当·斯密绝对优势理论的缺陷,以大卫·李嘉图为代表

---

① [英]亚当·斯密:《国民财富的性质和原因的研究》(上卷),郭大力、王亚南译,商务印书馆1997年版,第11—12页。
② 佘明龙:《产业集群理论综述》,《兰州商学院学报》2005年第3期,第22—27页。
③ [英]亚当·斯密:《国民财富的性质和原因的研究》(上卷),郭大力、王亚南译,商务印书馆1997年版,第5—7页。

的经济学家根据各国之间生产成本的相对差异，提出了国际贸易中的比较优势理论。大卫·李嘉图认为，最有效的、最合理的国际地理分工应该是各个国家生产成本相对较低的产品。基于劳动价值论，大卫·李嘉图利用单位产品的必要劳动量作为评价指标，表明劳动生产率处于绝对劳动劣势的国家仍然可以凭借比较优势参与国际分工。

赫克歇尔和俄林从生产要素的密度和丰富程度的差异出发，根据要素的丰富程度提出了国际分工的要素禀赋理论。他们认为，不同地区要素的供给价格差异是由要素禀赋的差异引起的。不同地区要素的供给价格差异决定了适合不同地区不同产品的生产活动。在国际分工中，各国应根据要素禀赋的差异发展自己的优势产业。与此同时，由于要素禀赋差异的动态性，国际分工经历了相应的变化，导致了国际产业转移。据此，许多经济学家提出了基于比较优势理论的相应产业转移理论，如小岛清的边际产业扩张理论，弗农的产品周期理论、产业梯度转移理论等①。

比较优势理论和要素禀赋理论都认为，一个国家可以利用其比较优势参与国际分工和国际贸易，从而获得国际分工的好处。虽然比较优势理论和要素禀赋理论主要用于解释国际贸易，但它基于国际分工的产品差异，对国家产业发展和产品制造具有指导作用和意义，对一国生产的布局和产业跨国际分工都具有影响，进一步促进了产业的地域集中和产业集群的形成和发展。

除了亚当·斯密、大卫·李嘉图、赫克歇尔和俄林等人之外，马克思也对分工和合作问题进行了深入研究。他认为，分工和协作可以提高工作效率，创造集体生产力，缩小生产范围，节省生产成本。根据马克思的理论，深度分工和专业化合作可以使相关成员企业获得更高的生产效率，而追求更高的生产效率是产业集聚的内在动力。这种理解和判断是产业集群理论形成的源泉，产业集群形成的原因之一是制造商（企业）追求生产效率。

（二）区位理论

1826年，德国经济学家杜能发表了《孤立国同农业和国民经济的关

---

① 王文成、杨树旺：《中国产业转移问题研究：基于产业集聚效应》，《中国经济评论》2004年第8期，第16—20页。

系》一书。该书主要论述了"孤立国"货运与农业生产布局的关系,揭示了经济活动(农业生产活动)从中心向外传播的动力机制,提出了农业生产布局的杜能圈(环)结构模式(即从中心到周边的农业生产依次是自由农作区、林业区、轮作农业区、谷草农作区、三圃制农作区、畜牧区)。这个模型被称为"孤立国"模型,而杜能的理论被称为杜能的农业区位理论。当人们关注杜能理论时,他们更多地关注农业生产活动的空间分异的原因和影响,这并不全面。总的来说,杜能的理论确实集中在分析上述问题上。然而,从另一个角度来看,杜能的理论也分析了农业中某个空间内不同部门(产业和产业组织)的集聚现象和原因。他指出任何一个圈子实际上都是农业中特定行业生产者的集聚。虽然它并不是一种现代意义上的企业组织形式,但可以肯定农业生产活动的空间集聚性。因此,它已成为农业生产集聚和农业产业集群研究的理论来源。

在此之后,近代工业区位理论的创始人——德国经济学家阿尔弗雷德·韦伯在其1909年出版的代表作《区位原论》的第一部分"论工业区位"中,讨论了工业区位决策及其产业集中在某些领域的原因[①]。在他的区位理论中,他将影响工业区位的决定因素分为区域因素和位置因素。区域因素主要包括运输和劳动力成本等低成本因素;位置因素不仅包括聚合因素,还包括分散因素。在聚合因素中,韦伯进一步探讨了特殊聚合因素和一般聚合因素。特殊聚合因素包括便利的交通条件、丰富的资源条件等。一般聚合因素是指那些因企业聚集所产生的外部经济性(主要是间接外部经济性),如公共服务和基础设施的共享,特别是因上下游企业间的产品互补所产生的产品相互依赖的间接外部网络效应。在通常情况下,工业会聚集于交通便利和资源丰富的区域,但特殊聚合因素并不具有理论的一般性。因此,韦伯更加关注一般聚合因素对产业集聚的影响。在他看来,几家公司的聚集可以为每个企业带来更多的利益或节约更多的成本,这是企业聚集的基本原因。

韦伯进一步指出,产业集聚分为两个阶段:第一阶段是企业自身的简单扩张,导致产业集中,即产业集聚的低水平阶段;第二阶段主要是靠大企业以完善的组织方式集中于某一地方,并引发更多的同类企业出

---

① 吴德进:《产业集群论》,社会科学文献出版社2006年版,第31—33页。

现，这时大规模生产的显著经济优势就是有效的地方性集聚效应。

在韦伯看来，产业集聚有四个主要因素：第一个因素是技术设备的发展，随着技术装备专业化整体功能的加强，技术装备将促进当地产业的集中发展；第二个因素是劳动力组织的发展，即一个充分发展的、新颖的、综合的劳动力组织可以看作是一定意义上的设备，由于其专业化因而促进了产业集群化；第三个因素是市场化因素，韦伯认为这是最重要的因素。市场化因素，可以促使产业集群最大化大宗购买和销售的规模，从而获得更便宜的信贷，甚至"消除中间人"；第四个因素是经常性支出的成本，这些成本推动了产业集群，如建设和共享天然气和自来水等基础设施，从而降低经常性费用。

韦伯的产业集聚理论具有一定的创新性。从微观企业选址的角度，他澄清了企业集聚是否依赖于集聚效益和成本的比较。可以说，韦伯的产业集聚理论为经典产业集群理论奠定了基础框架和研究基础，后来的产业集群理论在其理论基础上得到了进一步完善和发展。然而，由于韦伯的产业集聚理论是基于成本分析的古典经济学来研究自由竞争资本主义的产业地理结构，他没有考虑垄断价格给企业带来的超额利润，也没有考虑到政府和地方社会文化的影响，因此他的理论没有产业集群理论的普适性。

（三）外部经济理论

马歇尔是新古典经济学的代表，他基于亚当·斯密的分工理论进一步描述和研究了产业集聚，解释了同一地区基于外部经济的企业集中现象，被认为是第一个阐述产业集群理论的经济学家。在研究早期产业的地理分布时，马歇尔发现特殊机械和专业人员对产业集聚具有特殊的作用和影响。他认为，专业人才、专业机械、原材料供应、交通便利、技术扩散所带来的"外部经济"促进了中小企业的集中，最终形成了产业集群。他指出，集中在特定地区的"地方产业"的本质是特定领域的分工企业集中。因此，马歇尔提出了"内部经济"和"外部经济"概念。内部经济是指依赖于从事工业的个体企业的资源、组织和运营效率的经济。外部经济是指依赖于这种工业产业的一般发达经济。外部经济是由经济行为者带来的，但他不能拥有它，其他人也可以从中受益。外部经济包括三种类型：市场规模扩大带来的中间投入的规模效应、劳动力市场的规模效应、信息交换和技术扩散。前两个被称为货币外部经济，即由规模效应形成的外部经济；后者是技术外部经济①。外部经济主要表现在三个方面：地方有专门的劳动力市场、专业生产的中间产品、可用的技术和信息。马歇尔认为，产业集聚的原因是为了获得外部规模经济带来的好处。外部经济"这种经济往往可以获得，因为许多类似性质的公司都集中在规定的地方，即通常提到的工业区的分布"。马歇尔在《经济学原理》中写道："工业往往集群（Clusters）在不同的地区，各个城市在一组关联产品上进行专业化生产。"当一个行业以这种方式选择自己的位置时，它将存在很长一段时间。因此，在需要相同技能的行业工作的人从邻近地方获益匪浅。这个行业的秘密不再是秘密，似乎是开放的，同行们已经学到了很多秘密。良好的工作得到适当的认可，并迅速研究机械和制造方法以及企业的一般组织中的发明和改进的结果；如果一个人有新想法，被其他人采纳并与他人的意见相结合，因此，它成为新思想的源泉。

马歇尔以工业视角为基础，从知识增加和技术信息传播等方面解释了产业集群现象。他认为外部规模经济是产业集群形成的原因。外部经济带来的好处包括提供协作和创新的环境，分享互补的行业服务和专业化的劳动力市场，促进区域经济的健康发展，平衡劳动力需求结构和增加客户。马歇尔的外部经济理论是他的小企业集群理论的基础。从新古典经济学的角度来看，通过研究产业组织的生产要素，间接表明企业正在为追求外部规模经济而聚集。在评估马歇尔理论时，克鲁格曼指出，劳动市场共享、专业化附属行业的创造和技术外溢是解释马歇尔集群理论的三个关键因素②。

二 产业集群的概念

如前所述，产业集群实际上是一个非常古老的经济现象。根据马歇尔的研究，早在1825年，就有生产集中的记录（如斯塔福德郡的陶瓷生

---

① 陈建锋、唐振鹏：《国外产业集群研究综述》，《外国经济与管理》2002年第8期，第22—27页。

② 马歇尔：《经济学原理》（上卷），朱志泰译，商务印书馆1997年版，第279—284页。

产，斯特劳福德的草帽生产，白金汉郡的椅子生产以及菲尔生产的武器）。在中国，产业集群的历史也已经有很长时间了。例如，景德镇的陶瓷生产已有1400多年的历史，但当时并未被称为产业集群。

长期以来，人们使用许多不同的术语来定义和引用产业集群。相关概念包括工业区、新工业区、柔性专业区、特区、专业工业区、企业集群、产业集群等。工业区的概念首先由马歇尔提出，主要是为了描述在特定地区集中大量相关的中小企业的现象①。

后来，产业区的概念被新工业区的概念所取代，内涵大大扩展。新工业区的概念是由意大利社会学家巴卡提尼在研究"第三意大利"专业区后首次提出的。他认为，新工业区是一个由人和企业组成的社会和区域生产综合体，在某一自然区域具有共同的社会背景②。后来，在皮埃尔和赛伯的《第二工业分工》一书中的意大利新工业区被重新解释为"灵活性"加上"专业化"，工业区被称为灵活的专业区域或一个弹性的专业工业区。

然而，当时学者们对新工业区的概念没有公认的意见，并且仍有不同的理解。例如，皮埃尔和赛伯将新工业区视为具有灵活专业知识的工业区。斯科特将新工业区定义为基于地理位置的生产者网络（生产商和客商、供应商以及竞争对手等的合作与链接），基于合理的分工，这些网络与当地劳动力市场密切相关③。派克和圣根伯格认为，新工业区指的是大量具有地理边界的企业组织系统，这些系统以不同的方式生产相同的产品并实施专业化的分工，它是三个"社会经济综合体"，具有适应性和创新性两个主要特征。格罗弗认为，新工业区基本上是一个由中小企业组成的网络生产系统，在该系统内，劳动力流动快速且容易获得，有广泛的面对面交流和人们的信任。新工业区包括绝大多数以专业化生产为

---

① 邓宏兵：《产业集群研究》，中国地质大学出版社2014年版，第17—29页。
② 王缉慈：《创新的空间：企业集群与区域发展》，北京大学出版社2001年版，第38—46页。
③ Piore M. J., Sabel C. F., "The second industrial divide: possibilities for prosperity", *New York*: Basic Books, 1986. Pyke, Frank, Giacomo Becattini, and Werner Sengenberger, "Industrial districts and inter-firm co-operation in Italy", *International Institute for Labour Studies*, 1990. Garofoli G., "The Italian model of spatial development in the 1970s and 1980s", *Industrial Change and Regional Development*, 1991.

特征的新兴增长区。它们主要是与资源相关的行业，或主要是制造业或服务业，不仅包括中小型企业，它还包括大公司，因此新工业区的概念已经大大扩展。

事实上，无论是产业区、新产业区、专业镇（区）、企业集群还是产业集群，都是由具有竞争优势的特定区域形成的产业空间集聚经济现象。但在所有这些概念中，哈佛大学战略经济学家迈克尔·波特教授提出的产业集群概念是最具代表性和最完美的，并被大多数学者所接受。根据波特教授的定义，所谓的产业集群是指一组地理上集中和相互关联的企业、专业供应商、服务提供商、相关行业和特定领域的相关机构（如大学、标准制定机构、行业协会、智库、职业培训提供者和工会）构成的产业空间组织。

由于发展的深度和复杂性，不同的产业集群具有许多不同的组成部分。例如，美国曼哈顿的多媒体产业集群主要包括内容提供商和其他相关行业制造商，例如出版、广播媒体、图形和视觉艺术行业。旧金山湾区多媒体产业集群正好相反，其包括许多驱动技术的硬件和软件行业。但是，大多数产业集群包括终端产品或服务提供商、专业组件和设备、服务提供商、金融机构和相关行业制造商、下游行业成员（如营销机构、客户等）、互补性产品制造商、专业基础设施供应商、政府和其他机构（提供专业培训、教育、信息、研究和技术支持，如大学、智库）、职业培训机构、标准制定机构、一些政府机构和行业协会等支持民间社会团体。因此，典型的产业集群通常包括成品商、供应商、客商、中介服务和规制管理五大相互作用的基本机构。这五个基本机构构成了产业集群的五个主要参与者。它们彼此之间有各种各样的密切联系，不同的实体有不同的产业联系，一些机构仍然有明显的投入产出关系。例如，在制造商和供应商之间，他们共同努力使产业集群成为一个有机整体。其中，成品制造商是产业集群最终产品的生产者，商家是最终产品的销售者，成品供应商是最终产品生产所需的中间投入的主要供应商。中介服务机构是为成品商、供应商与客商提供服务的金融、保险运输、教育、培训、研究所、行业协会等机构。规制管理机构是为集群内经营性机构提供服务的本地政府部门、技术检测与监督机构等。

例如，加利福尼亚州的葡萄酒产业集群包括680家商业酿酒商，数千名葡萄种植者以及许多支持和配套制造商，如葡萄储存、灌溉和收获设备、桶和标签供应商、专业公共关系和咨询公司，以及出版酒类读物的出版商等。此外，还有许多当地的机构和团体，如葡萄酒协会、研究机构，以及加州参议院和立法议会的特别委员会。此外，这些机构长期以来与加州的农业、食品、餐饮和旅游等其他产业集群保持着松散的关系。这些公司、机构和团体是加州葡萄酒产业集群的一部分，并从集群发展中受益。

产业集群见诸高科技、传统科技、制造业和服务业等诸多"大类"产业中，也可以出现在餐厅、汽车经销商、古董店等地方性"小类"产业中。产业集群的边界很少与标准产业分类体系完全吻合，多数的产业集群是由被归类在不同类别的最终产品、机械、材料与服务业等产业所组成。因此，产业集群既可能是"大类"产业，也可能是"小类"产业。

此外，由于产业集群通常包括许多相关的工业部门和非工业公共机构，这些部门和机构在不同地区往往存在很大差异。因此，相同标题的产业集群可能包含不同地区的工业内容。例如，同样以服装制造业集群称谓的产业集群，在甲地可能包括相关的领带、衬衫制造，在乙地可能与纺织甚至服装机械制造密切关联，而在丙地还可能形成颇具规模的专业人才市场，建有相关的高校和科研机构，还有完备的中介服务体系等[1]。甚至一些产业集群可能相互重叠，导致该行业模糊不清，也不易被察觉。例如，美国马萨诸塞州的医疗设备领域涉及400多家公司，提供至少10000个高薪工作，该领域的公司长期以来被归为好几个大型而相互重叠的产业类别（电子仪器、塑胶产品等）以致这个产业集群被忽略。这个产业集群是在马萨诸塞州医学协会成立后发现的，并且很快建立了与政府的建设性对话机制，在马萨诸塞州的经济增长中发挥着越来越重要的作用。

从地理空间的角度来看，产业集群的规模是有大有小的，从全球空间到几个国家到小型自然村。具体而言，就是有跨国层面上的产业集群，有跨州、跨省、跨地区层面上的产业集群，也有国家、省或州、市或县、乡镇以及自然村等单个地区层面的产业集群。

---

[1] 朱华晟：《浙江产业群》，浙江大学出版社2003年版，第28—33页。

由于产业集群的地理范围差异很大,不同学者在研究产业集群时实际上采用了不同层次的产业集群概念:第一是宏观层面的集群经济分析。例如,波特对国家竞争优势集群的分析大多属于这一层面。通常,集群分析在宏观层面的重点实际上是国家或区域经济发展模式,内容主要包括国家或地区要素条件、需求状况、市场结构和竞争、产业链和产业相关性。第二是对中观层面的集群经济进行分析。该分析侧重于该地区工业竞争优势的培育和可持续发展,重点是产业间的联系(行业联系,知识溢出和共享、基础设施和品牌等公共产品的共享)、劳动分工、合作和竞争。这是对我们通常意义上的区域产业集群的分析。第三是微观层面的集群经济分析。这种类型的分析通常将集群经济定义为生产相同产品并具有正式和非正式互补关系的大量公司的地理集中度,侧重于相同生产者与某些供应链特征之间的联系。

产业集群的发展状况也不同。一些产业集群主要由中小企业组成,如意大利的大多数产业集群,以及美国北卡罗来纳州的家具产业集群;一些产业集群存在于大小企业中,如好莱坞娱乐业和德国化学集群。这种不同的发展状况反映了不同产业集群的结构和本质差异。

与此同时,产业集群不应被视为一个静态的组织,而应视为一个动态发展的区域工业经济体系。随着新制造商或新兴产业的出现,现有产业的萎缩或削弱,以及当地法律实体的增加或减少,不同的产业集群将会发展。技术和市场的发展将创造新的产业,建立新的联系,甚至改变服务市场,推动产业集群的出现、发展和变化。不同的政府法规和税收政策也将对产业集群的演变产生重大影响,从而为产业集群带来不同的发展路径。

三 产业集群理论的发展

自20世纪80年代以来,特别是自20世纪90年代初以来,集群理论研究进入了一个黄金时期并且发展迅速①。新工业区理论的出现是其快速发展的直接原因,波特新竞争经济理论的出现是快速发展的标志。除了

---

① 赵立龙、陈学光:《区域产业集群理论及演化研究述评》,《西安电子科技大学学报》2011年第6期,第32—39页。

新的工业区理论和新的竞争经济理论,对产业集群理论发展有直接影响的理论流派还有斯哥特和斯托波等的新产业空间理论、欧洲的区域创新环境理论和区域创新系统理论、以克鲁格曼为代表的新经济地理学理论等。

(一) 新工业区和新工业空间理论

20世纪70年代末和80年代,在世界经济危机和许多地区经济衰退期间,意大利、美国、德国等国家的一些地区发展迅速,特别是在意大利东北部和中部地区(所谓的"第三意大利"),这些地区的共同特征是该地区中小企业的集中。企业之间的竞争与合作是显而易见的,企业之间的合作不仅包括正式的经济合同、战略联盟、投入产出联系,还包括非正式的沟通和联系、对话。这一有效的合作网络所产生的内部力量促进了当地经济的快速发展。在此基础上,一些学者提出了"弹性专业化"的概念。意大利学者别卡提尼和其他人在对"第三意大利"的研究中发现,基于中小企业合作网络的灵活专业化可以成功地与批量生产竞争。针对这一现象,别卡提尼利用工业区概念总结了这些地区小企业集群的特征,为了将其与马歇尔的经典"产业区"区别开来,学者们后来将这些地区称为"新产业区"。

新产业区是一个局部网络,由基于某个当地劳动力市场紧密分工的企业组成。它是发达经济区域的典型象征,由灵活和专业化的生产方法主导,为技术创新提供特殊的文化环境。小企业密集、企业间稳定的合作网络、企业扎根于本地文化是新产业区的标志。根植性、机构稠密性、创新性、学习性和社会文化性是新产业区理论中最主要的概念。新产业区理论认为产业集聚动因主要是:①供需双方在空间上的临近以及共享基础设施可以降低空间成本和生产成本;②社会联系、物质交换、技术溢出、信息共享可以节约交易成本;③柔性专业化生产和区域创新环境及网络能给企业带来巨大利益。第三点在新工业区理论中更受关注和重视,因为工业化的目的和信息社会产业的聚集更重要的是降低交易成本和满足消费者个人需求的迫切需要,而外部规模经济也扩展到经济的外部范围。此外,植根于共同文化背景和制度环境的区域创新网络将促进区域创新环境的改善,区域创新网络与区域创新环境的互动将促进产业集聚和新产业区的发展。

新产业空间理论的代表是斯哥特和斯托波,他们的研究背景类似于新产业区,他们的理论都源于20世纪80年代意大利、美国、德国、法国和其他国家一些快速发展的地区的调查分析。斯哥特等试图在理论上将劳动分工、交易成本和集聚联系起来。新的产业空间理论实际上是基于区域研究理论的交易成本理论。其分析框架是基于交易成本和劳动经济理论解释产业集聚现象。该理论研究了高科技产业、振兴手工业和金融服务业三个部门。根据新的产业空间理论、交易成本是与地理距离相关的各种生产成本中最重要的费用。为了最大限度地降低分工后的交易成本,企业需要进行集聚,企业需要外部化(垂直分离)。生产合作网络有利于提高企业的创新能力和灵活性;使用新技术和灵活生产技能所带来的外部规模经济主要来自企业间的交流、沟通的可能性和本地生产支撑性组织等公共生产要素的发展与应用。该理论的主要特点在于片面强调投入产出关系的本地化和贸易相互依赖的本地化。

(二)新经济地理学

20世纪90年代,主流经济学家如麻省理工学院经济学教授克鲁格曼、京都大学经济学教授藤田、伦敦经济学院国际经济学教授维纳塔斯,发现,经济学上的一些重要理论,如国际贸易理论、新增长理论等只有落实到空间才能得到实证,于是他们试图将经济地理学作为主流经济学分支带入经济学领域。克鲁格曼以规模报酬递增、不完全竞争的市场结构为假设前提,借用报酬递增的分析工具,通过其新贸易理论,把经济地理理论研究纳入主流经济学[①]。

基于迪克西特—斯蒂格利茨的垄断竞争模型,克鲁格曼认为产业集聚是由规模收益递增、运输成本和生产要素移动通过市场的相互作用引起的。在分析中,他引入了地理位置等因素,分析了空间结构、经济增长与规模经济之间的关系,提出了一种新的地理经济理论,并形成了集聚经济的思想。克鲁格曼认为,企业和行业通常倾向于集中在特定的地点空间。不同的群体和不同的相关活动往往集中在不同的地方,空间差异在一定程度上与工业专业化有关。当企业和劳动力聚集在一起以获得

---

① [美]克鲁格曼:《地理学和贸易》,蔡云龙译,北京大学出版社2000年版,第68—73页。

更高的要素回报时，本地化规模的回报增加为产业集群的形成提供了理论基础。克鲁格曼的中心边缘模型证明，工业活动往往是空间集聚的总趋势，工业区的形成具有"路径依赖"，一旦工业空间集聚成立，就有可能继续自我延续下去，产生"锁定"效果。因此，集聚产业和集聚地点具有"历史依赖性"。克鲁格曼设计了一个产业集聚模型，假设一个国家有两个地点，有两个生产活动（农业和制造业），工业生产具有规模报酬递增的特点，农业生产规模的回报不变。在规模经济、低运输成本和高制造投入的共同作用下，数学模型分析证明产业集聚将导致专业化分工和制造业中心的形成。在传统经济地理学理论的整合基础上，克鲁格曼的垄断竞争模型综合考虑了增收、自组织理论、向心力和离心力的影响，证明低运输成本、高制造比率和规模有利于区域集聚的形成。克鲁格曼的主要贡献在于证明产业集聚将导致制造业中心的形成以及低运输成本、高制造比率和规模有利于区域集聚的形成。

新古典经济地理学家克鲁格曼认为，劳动力资源、专业供应商和技术知识溢出是促进外部规模经济的因素。他认为，内部规模经济和范围经济是由于市场的不确定性和技术的快速变化，导致了内部规模经济和范围经济的衰退。而聚集性经济具有外部规模经济和范围经济的优势。克鲁格曼的研究与传统的经济地理学有很大不同。在经济地理学新工业区的研究中，对区域组织内部化和经济全球化的分析往往被忽视，在组织网络中也主要是关注大型企业与工业区之间的互动。克鲁格曼更关注市场规模效应，而传统经济地理学则强调公司与当地网络之间的互动。

（三）竞争经济理论

波特将企业战略和企业竞争力研究提升到行业和国家层面，提出了国家竞争优势理论。他认为评估一个国家产业竞争力的关键在于该国能否有效地形成创新机制，创造一个充分利用创新能力的创新环境。1990年，波特出版了《国家竞争优势》一书，认为一个国家的竞争力取决于产业创新和升级的能力。在书中，他介绍了"产业集群"的概念，并提出"钻石体系"（钻石模型）的工业国家的竞争优势（图1—1）。钻石模型将决定国家竞争力的关键因素归纳为要素条件、需求条件、相关与支撑产业、企业战略和结构及竞争。此外，他指出，机遇和政府行为也是影响国家竞争力的两个因素。波特强调该模型是一个动态系统，只有在每个元素积极参与的条件下,才能创建企业发展的环境,从而促进企业的投资和创新。因此,地理集中是必要条件。地理集中使每个关键要素的功能得到充分发挥,在互动过程中,它促进了产业集群的出现,形成了产业国家竞争优势。波特的钻石理论模型解释了分析行业竞争优势的基本框架,但他对集群的分析更多是从国家竞争优势角度进行的宏观研究。钻石交互模型可以清楚地勾勒出集群竞争优势的关键。对于集群内部的企业间关系,它强调竞争的重要性,但不分析企业间合作和非正式关系等因素。

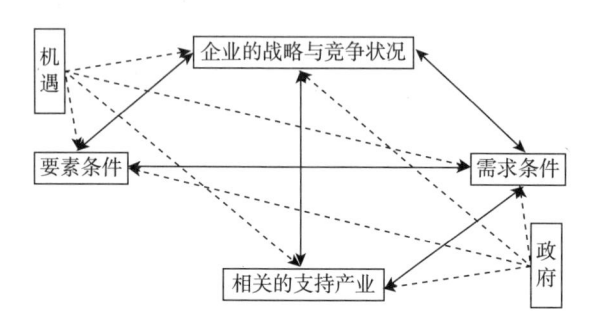

图1—1 波特钻石模型图

1998年,波特在《哈佛商业评论》上发表了《集群与新竞争经济学》一文,系统提出了以产业集群为主要研究对象的新竞争经济理论。从经济竞争优势的角度出发研究了产业集群的经济现象,认为产业集群有利于地区获取竞争优势,强调产业集群在获取信息、供应商、员工、公共物品等方面的优势,提出了产业集群的产业政策设计思路。波特认为,国家竞争力的关键是行业的竞争优势,行业的竞争优势来自相关的产业集群。产业集群对竞争优势至关重要,因为产业集群可以提高集群内企业的生产力。产业集群可以提高集群内企业的持续创新能力,使其成为创新中心。产业集群可以减少企业的进入,由于存在退出和促进集群新成员的出现和发展的风险,集群通常为新成员提供巨大的市场。此外,波特还分析了产业集群周期及其影响因素,以及政府的作用和影响。波特指出,国家(地区)的竞争优势以产业集群的形式出现。国家竞争优势的关键要素构成了一个完整的体系,这是产业集群形成的重要原因。

波特认为，产业集群是竞争优势的关键。波特总结了产业集群与竞争优势之间的关系，具体如下：首先，集群是地理上聚集的特定领域的企业和机构，该聚集体内部存在产业链上企业的纵向联系和竞争企业与互补企业之间的横向联系。其次，产业集群对产业竞争优势具有重要影响。集群可以促进创新，集群促进新企业和新企业的形成。

帕德莫尔和吉布森在波特钻石模型的基础上，增加了对环境要素和市场要素的分析，提出对以产业集群为基础的区域竞争力的量度按三要素——基础要素（Groundings）、企业要素（Enterprises）和市场要素（Markets）进行，故而该模型被称为 GEM 模型。相对于钻石模型，GEM 模型可以对产业集群的经济和创新绩效进行更全面的评估。波特的钻石模型和帕德莫尔等人的 GEM 模型，改变了仅从规模外部性的角度分析产业集群的范式，并将研究重点转移到集群竞争力和竞争优势的源头。

以波特为代表的战略管理学者从产业竞争优势的角度对产业进行了研究，为产业集群的研究和应用作出重要贡献。自波特以来，对产业集群的研究得到了经济学、管理学和相关学科的真正关注，并出现了研究的高潮。

第二节 创新理论

自美籍奥地利经济学家约瑟夫·熊彼特对创新的开创性研究以来，越来越多的经济学家和管理学家开始探索创新的起源和影响，以揭示其发展规律。纵观创新理论的发展史，创新理论研究主要遵循以下主线：熊彼特式创新思想—制度和技术创新理论—创新系统理论—国家创新系统—区域创新系统。

一 创新理论的发展

（一）创新理论的产生

创新（Innovation）一词源于拉丁文的"innavare"，意思是更新、改变或创造新事物。经济学家对创新的理解主要基于技术对经济增长和生产力发展的影响分析。它的理论起源可以追溯到古典经济学家亚当·斯密。早在 18 世纪，他就指出，国家的财富在于分工，而劳动分工对经济增长贡献的重要原因是劳动分工有助于专业机械的发明和使用，这将减少生产中的劳动投入，提高劳动生产率①。大卫·李嘉图接着指出，国民财富的增加可以通过两种方式实现："一种是利用更多的收入来维持生产劳动，这不仅增加了商品的数量，而且增加了它们的价值；另一种是在不增加任何劳动力的情况下，同等劳动量的生产效率提高。"② 在后一种情况下，需要改进各种因素的组合，以便某一输入可以实现更大的输出，这只能通过技术改进和机器应用来获得。

卡尔·马克思研究经济体制，同时关注创新在促进经济增长和竞争中的作用。他指出："资产阶级在不到一百年的阶级统治下所创造的生产力，大于过去几代人创造的总生产力。征服自然力量，采用机械，化学在工业和农业中的应用，船舶的运输，铁路的通行，电报的使用，整个大陆的开放，河流的航行，仿佛用法术从地下呼唤出来的大量人口——过去哪一个世纪能够料想到有这样的生产力潜伏在社会劳动里呢？"资产阶级除非制造生产工具，否则就无法生存，从而形成生产关系，从而彻底改变所有社会关系③。

通过对劳动、工艺和其他生产经济过程的分析，马克思揭示了技术的本质，并进一步探讨了技术和科学在生产中的应用。他指出："劳动者使用物理、机械和化学特性，以此作为发挥力量和根据自己的目的对其他事物采取行动的手段。""科学通过劳动转化为生产力。它包含科学的力量，这是科学的问题，也是用于生产的中介或桥梁。"尽管马克思的论点没有直接使用"创新"一词，但他深刻地阐明了科学技术是生产力的原则，并表达了技术进步和创新对现代资本主义发展的贡献。

然而，总的来说，由于理解的局限性和历史的局限性，20世纪前的经济研究虽然或多或少地关注技术进步，但尚未正式将"创新"纳入经济研究框架④。

---

① [英] 亚当·斯密：《国民财富的性质和原因的研究》，郭大力、王亚南译，商务印书馆2004年版，第48—57页。

② [英] 大卫·李嘉图：《政治经济学及赋税原理》，商务印书馆1985年版，第33—41页。

③ [德] 马克思，恩格斯：《马克思恩格斯选集》（第1卷），人民出版社1972年版，第96—104页。

④ 万君康：《创新经济学》，知识产权出版社2013年版，第78—85页。

(二) 熊彼特的创新学说

20世纪初,随着社会经济的逐步发展,创新开始成为一种形式理论,熊彼特的创新学说开始发展。1911年,美籍奥地利人、哈佛大学教授约瑟夫·熊彼特在他的《经济发展理论对于利润、资本、信贷、利息和经济周期的考察》中指出:"不同的使用方法(即创新),而不是储蓄和可用劳动数量的增加,在过去的五十年中已经改变了经济世界的面貌。"[①]熊彼特认为,"创新"是新技术和新发明在商业中的首次应用。它是建立一个新的生产函数,即将生产条件的"新生产要素"和"新组合"引入生产系统。熊彼特的创新思维强调创新必须商品化,即发明或其他科技成果只有在被引入生产和运营系统以生产市场所需的商品时,才能被视为真正的创新。

在理解创新的意义时,熊彼特认为创新应包括以下五种情况:①引进某种新产品或提供某种产品的新特性;②引进某种新技术,即新的生产方法;③开辟一个新的市场;④控制原材料的新供应来源;⑤实现企业的新组织。可以看出,熊彼特的创新理念具有广泛的内涵,不仅包括技术创新,还包括产品创新、流程创新和组织创新,这是一个广泛的创新概念。

熊彼特利用他的创新理论,系统地分析了资本主义国家生产周期的原因和特征。在20世纪30年代和40年代,他先后在《经济周期》和《资本主义、社会主义及民主》中更加令人满意地描述了资本主义经济的生产周期,从资本主义的内在因素中找到了促进社会进步和经济发展的根本动力。他认为创新在市场中传播并刺激大规模投资需求,从而带来快速的经济增长。一旦投资机会消失,它就会转移到经济衰退中。因为创新并不是平稳进行的,由此产生了经济周期。同时,创新的异质性也导致了其对经济发展影响的差异,因此经济周期也长短不一。他整合了前人的观点,并提出资本主义的历史发展有三个周期:①历时50—60年的经济长周期或长波,又称"康德拉季耶夫周期";②平均9—10年的经济周期,又称"朱格拉周期";③平均40个月的经济短周期或短波,又

---

① [美]约瑟夫·熊彼特:《经济发展理论对于利润、资本、信贷、利息和经济周期的考察》,何畏、易家详译,商务印书馆2000年版,第23—31页。

称"基钦周期"。他声称这些周期的共存和交织进一步证明了他的"创新理论"的正确性①。

(三) 创新理论的演化

在熊彼特之后,创新理论开始分化为两个学派,一是制度创新学派的制度创新,即制度变迁对经济发展的影响;二是技术创新研究的技术创新,研究技术的传播。

制度创新理论的提出者是美国经济学家道格拉斯·诺思,他认为经济增长的关键因素是制度,一个能够提供个人刺激的有效系统是经济增长的决定性因素,在众多因素中,产权发挥着最突出的作用。在诺思看来,有效的组织需要作出制度安排并确立所有权,以便创造一种刺激,将个人的经济努力转变为私人收益率接近社会回报率的活动。1971年,由诺思和戴维斯共同撰写的《制度变迁与美国经济增长》被认为是制度创新理论的重要代表作,也是西方经济学第一次对制度创新进行系统地阐述。首先,诺思认为制度创新是由于现有制度下的潜在利润机会。这些潜在的好处是由于市场规模的扩大,生产技术的发展或人们对现有系统下成本和效益比率的感知发生变化等其他因素引起的。但是,又由于对规模经济的要求,将外部性内在化的困难、厌恶风险、市场失败与政治压力等原因,使这些潜在的利润无法在现有的制度安排内实现。这样,在原有制度下,总会有一些人带头克服这些障碍,以获取潜在的利润。当潜在利润大于这些障碍造成的成本时,将出现新的制度安排。其次,诺思将制度创新过程分为五个阶段:①形成"第一行动集团"。这是指在决策方面支配着制度创新过程的一个决策单位,它预见到潜在利润的存在,并认识到只要进行制度创新,就可以得到潜在的利润。②"第一行动集团"提出制度创新方案。③"第一行动集团"对实现之后纯收益为正数的几种制度创新方案进行选择,选择的标准是最大利润原则。④形成"第二行动集团"。这是在制度创新过程中,为帮助"第一行动集团"获得预期纯收益而建立的决策单位。制度创新实现后,"第一行动集团"和"第二行动集团"之间可能进行追加的收益再分配。⑤"第一行动集

---

① [美] 约瑟夫·熊彼特:《资本主义、社会主义及民主》,吴良健译,商务印书馆1999年版,第75—81页。

团"和"第二行动集团"共同努力,使制度创新得以实现。诺思指出,现实世界中有三种不同的制度创新水平,即由个人、团体或政府作为"第一行动小组"引起的创新活动,并分析这三个层次的创新活动。个人的制度创新活动不需要支付组织成本,也不需要支付强制性费用。团体创新活动需要组织成本,但没有强制性成本。政府创新活动需要支付组织成本和强制性成本。

技术创新理论受到20世纪50年代学者的广泛关注。在此期间,科学技术的迅速发展使得技术创新不断出现,成为经济社会发展的强大动力。人们开始重新认识技术创新在经济和社会发展中的重要作用。索罗在他的文章《资本化过程中的创新:对熊彼特理论的评价》中,对技术创新理论进行了全面研究,并首次提出了建立技术创新的两个条件,即前一阶段新思想的来源和后一阶段技术的实现。这种"两步理论"被认为是研究技术创新概念定义的里程碑。麦克劳林对技术创新的定义进行了类似的研究,他指出当一项发明以新的或改进的产品或工艺的形式出现在市场上时,创新就完成了。诺思在他的文章《石油加工业的发明和创新》中,定义了技术创新。他认为技术创新是几种行为相结合的结果,这些行动包括选择发明、资本承诺保证、组织建立、计划制定、招聘工人和开拓市场。迈尔斯和马奎斯在《成功的工业创新》中指出,技术创新是一个复杂的过程,从新思想和新概念出发,不断解决各种问题,最终实现具有经济和社会价值的新项目。曼斯菲尔德在他的《工业创新的成功与失败》一书中,强调了新产品或新工艺的社会和经济影响。技术创新是一个技术的、工艺的和商业化的全过程,它导致新产品的市场实现和新技术、新工艺与装备的商业化应用。厄特巴克将技术创新的定义分为三类:第一类是与发明类似的创造性活动,强调创新的起源和新颖性;第二类是某种硬件及其设计和生产,这种观点重视市场或生产过程的有形形式和使用;第三类是某种东西的选择,包括它的使用和传播,强调了贴近用户的重要性。弗里曼在他的《工业创新经济学》中明确指出,技术创新是指新产品、新工艺、新系统和新服务的首次商业转化,强调新产品或服务的经济效益,他认为技术的结果创新具有巨大的市场潜力和一定的市场份额。美国著名管理学家德鲁克将创新概念引入管理领域,进一步发展创新理论,拓展创新内涵。他认为只要是将赋予资源以新的创造财富的能力的行为都是创新，包括技术创新也包括社会创新。技术创新是为自然界中的某些自然物体寻找新的应用，并赋予新的经济价值。社会创新是在经济社会中通过创造更好的管理机构、方式或者手段，从而在资源配置中取得更大的经济或社会效益。社会创新不同于技术创新，技术创新必须以科学技术为基础，一些社会创新不一定需要科学和技术。由于社会系统本身的复杂性，社会创新有时比技术创新更难。因此，在后一种研究中，为了简化问题，我们所指的创新主要是指技术创新，而不包括社会创新①。

二 创新系统理论的发展

（一）国家创新系统

国家创新体系是利用系统方法研究创新对经济增长影响的重要理论框架，是促进科学技术进入经济的制度安排，是根植于一个国家之中支撑创新型国家建设的创新网络系统。20世纪40年代以后，关于国家创新体系的研究越来越深入，成为创新经济学研究的重点。

国家创新系统理论的起源可以追溯到19世纪德国古典经济学家弗里德里希·李斯特对该国政治和经济发展的研究。1841年，李斯特首次在《国家政治经济体系》一书中提出了国家体系的概念。他深入研究历史、文化、国家制度等国家具体因素对国家经济发展和经济政策选择的巨大影响，明确了政府在技术经济发展中的作用。他提出了后发展国家在面对发达国家的技术限制和技术封锁时应采取的国家技术战略，强调一个国家内生科学技术能力的重要性②。

经济全球化的迅速发展和区域经济合作的兴起，使国家创新体系的运行不仅受到国家专有因素的影响，而且受到各国之间相互作用的影响。正是在这种背景下，波特发表了《国家竞争优势》，对这一因素进行了详细而深入的研究。其最大特点是将国家创新体系的微观机制与宏观经营现实联系起来，并在经济全球化背景下考察国家创新体系。波特认为，

---

① 罗掌华、杨志江：《区域创新评价——理论、方法与应用》，经济科学出版社2011年版，第21—24页。

② 弗里德里希·李斯特：《政治经济学的国民体系》，陈万煦译，商务印书馆1961年版，第32—35页。

解释一个国家产业竞争力的关键在于该国能否有效地形成竞争环境并促进创新。在国家创新体系中,政府可以为国内企业创造一个鼓励创新的适当环境。波特还指出了政府影响决定因素的四个重要条件:①要素条件,如熟练的劳动力的供给基础设施状况;②需求条件,如产品和服务的需求;③相关的支持产业;④企业的战略与竞争状况。此外,他认为对竞争力影响最大的是机遇(如战争、科学技术的突破)和国家的作用(如国家规则的作用)。为此,他提出一个有影响力的国家创新体系钻石理论模型,为经济全球化和区域一体化背景下国家创新体系的研究和分析提供了依据①。

中国国内对国家创新体系的研究始于20世纪90年代中期。1995年,齐建国在《技术创新——国家系统的改革与重组》研究报告中指出,国家经济系统应被视为一个综合的技术创新体系,经济发展与国际竞争依赖于技术创新,技术创新的速度取决于经济体制。没有高效率的国家技术创新系统,经济从粗放型、速度型向效益型转换就没有技术支撑②。刘洪涛等在《国家创新系统(NIS)理论与中国的实践》一书中对构成国家创新系统的生产学习系统、搜寻系统、探索系统与选择系统等进行了分析;与此同时,中国科学学与科技政策研究会出版了《国家创新系统理论与实践》,石定寰、柳卸林的《国家创新系统:现状与未来》,冯之浚、罗伟的《国家创新系统的理论与政策文献汇编》以及何传启关于国家创新体系与第二次现代化等问题研究的一系列学术著作等,均是中国学者有关国家创新体系研究的重要文献。

(二)企业技术创新系统

企业是社会生产的细胞,是国民经济体系的微观经济基础,也是技术创新可以发生和实现的地方。企业技术创新体系是国家创新体系的一个子系统,研究企业与技术创新活动的关系以及如何建立和完善企业技术创新体系是建设创新型国家的核心内容。

---

① [美]迈克尔·波特:《国家竞争优势》,李明轩、邱如美译,中信出版社2007年版,第43—49页。

② 齐建国:《技术创新——国家系统的改革与重组》,社会科学文献出版社2007年版,第34—42页。

随着钢铁、化工、机械等重工业的发展，企业物质生产技术体系日趋复杂，特别是在产品过剩、竞争加剧的情况下，技术创新已成为提高竞争力、获取超额利润的重要手段，大型企业开始开发应用技术。例如，在19世纪后期，德国的克鲁伯、西门子等大公司率先建立了内部实验室，并从事与企业生产相关的技术研发。进入20世纪，工业化和现代化的蓬勃发展将技术研发活动和材料生产活动结合起来。20世纪70年代以后，新技术革命蓬勃发展，技术成为第一生产要素。许多公司通过引进（购买）或开发新技术、新产品的方式革新技术条件和生产活动，从而赢得市场并提高效率。许多大公司，特别是高科技公司，已经建立了自己的技术中心，不仅用于材料生产，还用于技术开发。一方面，这种研发成果作为技术储备；另一方面也投入到当前生产中，实现不间断物质手段的创新和产品的升级，提高企业的竞争力。也就是说，在现代化的大规模生产中，企业的技术发展与后续的材料生产密切相关，并不断转化为新的材料生产方式和新产品。技术研发已成为企业生产过程中的主导环节。科研劳动也已成为生产劳动的具体形式。现代企业生产和管理中的劳动力组合如图1—2所示。

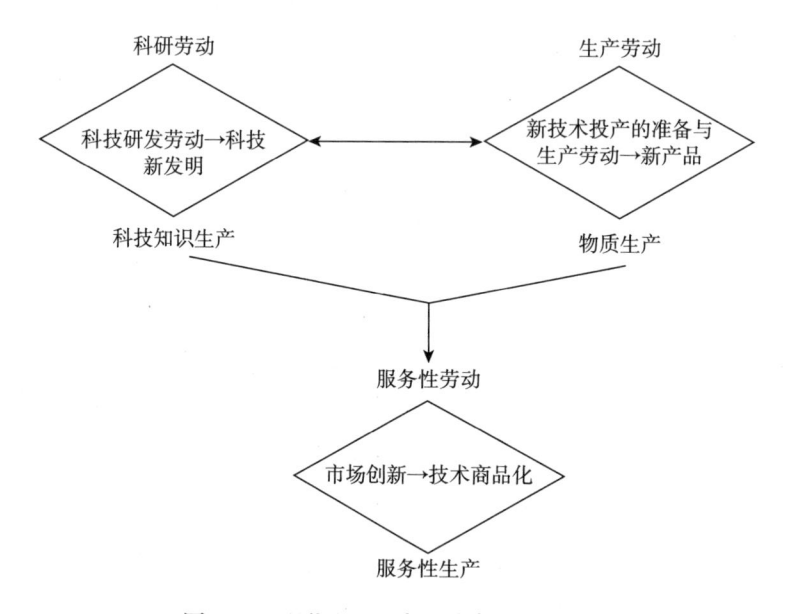

图1—2 现代企业生产经营中的劳动组合

企业创新系统的总体结构指由企业为创新主体的内部结构，同国内外创新合作系统、政府支持系统、技术中介服务系统和金融支持系统等外部系统组成的创新系统（图1—3）。企业作为创新的主体，主要表现为：投资主体、研发主体和利益分配主体。①作为一个投资实体，包括筹资、融资和投资，是公司独立运作的重要组成部分。其目的是期望获得丰厚回报。因此，企业首先要依靠对国内外经济、技术和市场环境的分析，重点关注经营目标的要求，认真选择创新项目，精心组织实施，注意防范风险。②研发是创新活动的重要组成部分。产品研发作为研究开发的主体，主要是在企业中开展。它改变了技术与生产脱节的局面，标志着企业从生产向创新的转变。在组织结构方面，企业技术研发部门也从传统"二线"辅助部门成为构建竞争优势的主导部门。企业不仅要加强研发投入，还要注重研发团队的培养，强调产品设计、工艺设计、制造和营销之间的有机联系，实施并行项目。③追逐利润是企业家的本能，是企业创新的重要推动力。企业作为利益分配的主体，高利润有利于提高企业自身发展的能力，也是实现创新激励机制的重要条件。

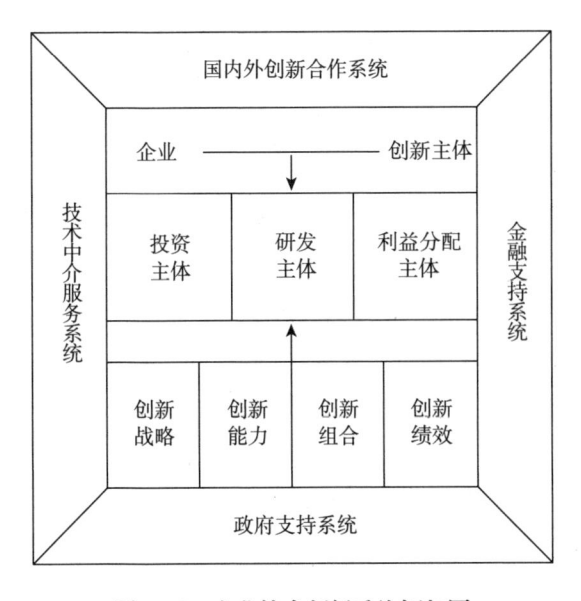

图1—3 企业技术创新系统框架图

三 区域创新系统与产业集群

区域创新系统与产业集群既有区别又有联系。区域创新系统与产业集群概念的提出都与新产业区位理论密切相关。此外,区域创新系统与产业集群在地域关联、发展目的、学习效应方面具有一致性:在地域关联方面,区域创新系统和产业集群都是经济活动的一种空间集聚现象,可以在特定的区域内节约运输成本,以及促进企业间的交流、竞争和信息的流动;在发展目的方面,区域创新系统与产业集群都是为了地区竞争力的提高;在学习效应方面,区域创新系统与产业集群均呈裂变式扩张。对区域创新系统的研究与对产业集群的研究紧密相连,因此区域创新系统必然表现出集群创新的某些特征。同时,在主导产业、形成原因、集聚动力、创新主体和演化过程方面,区域创新系统与产业集群又有所区别:

①主导产业。区域创新系统通常包括一个甚至多个不同类型的主导产业,而产业集群通常只有一个主导产业。②形成原因。区域创新系统的形成是由于在一定区域内有较强创新能力的企业、高校和大量创新型人才的汇聚,而产业集群的形成原因主要有两种:一是创新型企业吸引大量创新型人才集聚或相关企业集聚以及创新型人才间的相互吸引;二是由于具有自然资源优势产生集聚,形成资源型产业集群。③集聚动力。区域创新系统的形成主要分为两类:一类是通过当地企业和企业家活动产生的,依靠内力自发形成;另一类则是通过政府规划和设计,在外力驱动下发展形成的。产业集群的集聚多是依靠企业自发在地理上集中形成的。④创新主体。区域创新系统强调企业、大学和研究机构的共同研发,重视中介机构和相关辅助机构在企业创新过程中的重要作用。产业集群是以企业为创新主体,强调企业间的合作创新。⑤演化周期。区域创新系统的演化周期是"孕育生成期—初生期—高速发展期—成熟期—僵化期—新技术产业的孕育生成期",其演化是由低级向高级的演变过程,是在经历短暂僵化时期后波浪式上升的过程。区域创新系统的演化周期会随着经济发展和产业生命周期变化,产生创新梯度推移现象(即"工业区位向下渗透"),使创新活动在不同梯度地区空间推移。而产业集群的演化周期通常是"萌芽—成长—成熟—衰退"。

区域创新系统与产业集群之间的关系密不可分，但两者又有区别。从产业集群转变为区域创新系统并不是一个必然的过程，因此产业集群可能发展形成区域创新系统，但并不是所有产业集群都能够形成区域创新系统。只有当产业集群的创新主体由单一的创新型企业发展成为企业、高校和研究机构共同创新，产业关联由企业间的紧密联系发展成为企业与中介组织、相关辅助机构共同作用，形成一个高水平的知识流动域时，产业集群才能发展成为区域创新系统。产业集群是区域创新系统形成的一个必要条件，而非充分条件。产业集群并不等同于区域创新系统，而是区域创新系统的一个重要组成部分，一个区域创新系统可以包含若干个产业集群，某一个产业集群并不必然包含于某一区域创新系统之内。

第三节 全球价值链理论

一 全球价值链的理论基础

与大多数理论形成的过程一样，在全球价值链理论形成初期，出现过多个不同的相关概念表述，如价值链、商品链、产业链、活动链、价值网络、生产网络等，经过 20 年的分化演变，相关概念基本统一到全球价值链的研究当中。

（一）价值链

20 世纪 80 年代，随着全球化浪潮的不断推进，世界经济地理发生了翻天覆地的变化。价值链分工是一种治理模型，用于协调和控制资源元素的全局分配。在这种背景下，许多学者开始关注这一点并提出了一系列理论，其中最受认可的是波特提出的价值链概念。在分析企业行为和竞争优势时，波特认为创造价值的过程可以分解为产品的设计、生产、营销、交货和起支持作用的一系列互异而又相互联系的经济活动的总和，这些活动构成了行业的价值链。从本质上讲，价值链是一系列创造价值的过程的总和，这些过程通过信息流、物流和资本流动相互联系。波特对价值链的解释加深了对古典经济学中专业分工的理解，强调了上下游企业在链中价值创造活动中的关系，并确定了同一链中不同企业的各自职能。职能部门决定了连锁企业中不同公司的价值分配。

在同一时期，科洛特更具体地描述了价值链。价值链主要结合技术、原材料和劳动要素,形成各种输入环节,然后通过装配过程将各个环节结合到最终商品,最后通过市场交易和消费来实现整个价值周期①。一家公司可能只参与其中一个环节,也可能将整个增值流程纳入企业等级制的体系中。他还指出,国际商业战略的制定形式实际上是国家比较优势与企业竞争力相互作用的结果。当国家比较优势决定整个价值链如何在国家和地区之间进行空间分配时,企业的竞争力决定了价值链的哪个部分和技术层面应该拥有,以确保竞争优势。与波特相比,科洛特的观点将价值链的纵向分离与全球资源空间分配相结合,在后期全球价值链的概念框架的形成中起着重要的基础作用。考虑到公司的联系,即所谓的行业间价值链和行业内部价值链②,卡普林斯基扩展了波特价值链模型。随着全球化趋势的出现和发展,波特将视角扩展到不同公司之间的经济交流,并提出了价值链系统的概念,它更接近我们现在使用的全球价值链的概念。

（二）商品链

商品链概念最初是由霍普金斯和沃勒斯坦于 1986 年提出的,将商品链概括为以商品为最终成果的由劳动和生产过程交织而成的网络③,也被视为此后一系列基于"链条"视角分析的奠基之作④。随着经济全球化的深入,波特等人基于静态比较优势的价值链理论无法很好地解释国际产业转移的动态演化以及价值链的分散与空间重组,大量本地产业集群的崛起突破了单一企业的产能限制。马库森将全球产业分工的重点从企业单位转移到区域单位,并认为特定地区的制度环境吸引会促进经济活动和创新。地区发展的关键在于提高地区对于特定产业活动的"黏性"⑤。

---

① Porter, M. E., "Competitive advantage: creating and sustaining superior performance", 1985, pp. 81 – 84.

② Kogut B., "Designing Global Strategies: Profiting from operating flexibility," *Thunderbird International Business Review*, Vol. 28, No. 1, 2010, pp. 15 – 17.

③ R. Kaplinsky, "Globalisation and Unequalisation: What can be learned from value chain analysis?", *Journal of Development Studies*, Vol. 37, No. 2, 2000, pp. 117 – 146.

④ Hopkins T. K., "Wallerstein I. Commodity chains in the world – economy prior to 1800", *Review*, Vol. 10, No. 1, 1986, pp. 157 – 170.

⑤ Bair, Jennifer, "Frontiers of commodity chain research", Stanford University Press, 2009, pp. 37 – 42.

工业活动的区域聚合将带来一系列问题，例如集群内部之间以及集群企业与外部协作者之间的投入产出以及治理模式等问题。

为了进一步整合商品链研究与全球化的演变，在20世纪90年代中期，一些学者关注商品链中的投入产出关系领域，并提出了全球商品链的概念。格莱菲是全球商品链理论的重要创始人之一，1994年，在与库兹涅威茨共同撰写的《商品链和全球资本主义》中，格莱菲正式提出了全球商品链的概念①。随后，他发表了若干文章，提出了围绕全球产业转移和国际分工的一系列新研究思路②。格莱菲和林恩对国家在国际劳动分工中的作用作出了新的解释，突破了过去学者们所使用的"中心—外围"静态空间分析模型③。认为一个国家的产业发展重点应使其经济活动向更具有技术性和服务性方向发展，而这就需要更多的高技术工人、高薪资待遇，从而在投入产出中获得更高程度的附加值。格莱菲将全球商品链概括为世界经济体系中围绕某一商品或产品而发生关联的家庭、企业、政府等单元所形成的国际网络④，社会结构性、特殊适配性和地方集聚性是这一国际网络的主要特征，构成国际网络的网络节点集合包括了投入（原材料和半成品等）组织、劳动力供应、运输、市场营销和最终消费等内容⑤。

（三）产业链

产业链的概念起源与价值链相同，主要源于斯密的分工专业化理论，甚至许多文献也将其早期发展等同于价值链的早期发展。赫希曼从产业的前向联系和后向联系的角度阐述了产业链的概念，主要侧重于产业联系的视角⑥；荷里汉的概括是从供应商、生产者、销售者到最终消费者的

---

① Markusen A., "Sticky Places in Slippery Space: A typology of industrial districts", *Economic Geography*, Vol. 72, No. 3, 1996, pp. 293 – 313.

② Gereffi G., "Commodity chains and global capitalism", 1994, pp. 39 – 44.

③ Ibid., pp. 51 – 54.

④ Gereffi G., "International trade and industrial upgrading in the apparel commodity chain", Vol. 48, No. 1, 1999, pp. 37 – 70.

⑤ Gereffi G. and Hempel L., "Latin America in the Global Economy: Running Faster to Stay in Place", *Nacla Report on the Americas*, Vol. 29, No. 4, 1996, pp. 18 – 27.

⑥ Ibid.

整个物流，重点是供应链的角度①。国内学者也对产业链概念进行了一些研究。例如，杨公朴和夏大慰指出，所谓的产业链是指构成同一行业中具有持续增值关系的所有活动的价值链关系②。郑学益认为，所谓的产业链是基于市场的优势，相对较高的技术含量、产品与优质产品之间的强相关性作为链核心，通过这些链核，以产品技术为联系、资本为纽带，上下联结、向下延伸、前后联系形成链条，使公司的个体优势转化为地区和行业的整体优势，从而形成这个地区和行业的核心竞争力③。总的来说，产业链的概念与价值链和供应链概念高度相关，并且存在一定的交叉点。在实际应用中，研究者通常在对区域经济进行分析时涉及产业链，其中大部分是针对产业集群区域，以形成强大的国际竞争力，以及相关行业的企业形成的连锁关系④。

（四）供应链

与价值链高度相关的另一个概念是供应链。供应链概念的发展来自于商业模式从垂直整合向横向整合的转变。为了获得竞争优势，核心业务是在外包非核心业务的同时，通过横向整合的发展，形成从供应商到制造商到分销商的连锁企业。企业的管理也从单一企业扩展到企业外部。通过供应链管理，整个链上的节点协调一致并同步运行。史蒂文斯将供应链视为供应商、制造商、分销商和消费者的系统，通过一系列反馈和信息连接起来⑤。供应链和价值链的概念来自于企业之间的分工，但供应链更注重从原材料和零部件供应商到产品制造商、分销商、零售商和最终用户的物流流程。因此，近年来供应链的概念与物流概念相结合，更多地与企业之间的流程、信息和协调发展相结合。供应链管理已经独立发展成为一个新的领域，主要利用信息技术手段全面规划供应链中的业

---

① Houlihan J. B., "International supply chains: A new approach", *Management Decision*, Vol. 26, No. 3, 1988, pp. 13 – 19.

② 杨公朴、夏大慰：《现代产业经济学》，上海财经大学出版社1999年版，第47—53页。

③ 郑学益：《构筑产业链形成核心竞争力——兼谈福建发展的定位及其战略选择》，《福建改革》2000年第8期，第14—15页。

④ 蒋国俊、蒋明新：《产业链理论及其稳定机制研究》，《重庆大学学报》2004年第1期，第36—38页。

⑤ Stevens G. C., "Integrating supply chain", *International Journal of Physical Distribution & Logistics Management*, Vol. 19, No. 8, 1989, pp. 3 – 8.

务流、物流、资金流和信息流,并进行规划、组织、协调和控制。

(五)全球生产网络

与全球价值链密切相关的另一个概念是曼彻斯特学派提出的全球生产网络。它被定义为一种全球生产组织治理模型,它通过某个正式规则(契约)下的网络参与者的平行整合进程来组织跨国公司的功能链接。曼彻斯特学派的全球生产网络研究坚持商品链研究的社会学色彩,但同时又批评忽视商品链分析的空间维度,强调地方对全球化发展的呼应,主要关注企业、制度、关系等几个维度,同时将技术和时间等作为外在的影响要素探索价值、权力和嵌入的三个方面。恩斯特还对全球生产网络进行了研究,但更多是从管理的角度,侧重于分析具有不同生产函数的企业网络组织关系[①]。恩斯特和曼彻斯特学派在全球生产网络上的研究类似之处在于他们关注价值生产和空间概念的差异,从而将地方发展与全球化联系起来。不同的是,曼彻斯特学派认为,本地开发是领先公司及其供应商全球功能布局的结果,但对全球生产网络中的本地举措没有给予足够的重视。恩斯特的相关研究弥补了这一缺点,强调了研发和技术转让在全球生产网络发展中的作用,以及网络中知识流动和共享的重要性及其对当地产业升级和地方发展的影响。

二 全球价值链的理论内涵

(一)全球价值链的概念定义

除了上述概念之外,在同一时期还出现了生产链、活动链、价值网络等概念。这些概念在全球价值链理论体系的形成中发挥一定的作用。有些学者甚至认为"价值网络"应该取代"价值链"的概念。概念的演变不在于概念中包含的问题的复杂性,而在于分析的实际意义。价值链主要描述了专业化分工中的垂直序列关系,主要关注的是不同分工环节的参与者在一系列的经济活动中的相对位置、结构安排和租金的分配;价值网络是在交织、规模更大、更复杂的企业集团中将一系列企业整合

[①] Jeffrey Henderson, Peter Dicken and Martin Hess, et al., "Global production networks and the analysis of economic development", *Review of International Political Economy*, Vol. 9, No. 3, 2002, pp. 436 – 464.

为一体,重点是企业间关系的特征和界限①。目前,价值链中不同国家和不同企业的投入产出关系、治理结构和空间布局问题更多地符合当前实践发展的需要而不是价值网络。因此,随着时间的推移,上述概念大多统一到全球价值链的框架中。

在21世纪,上述相关概念的研究者意识到缺乏统一的概念不利于形成统一的研究框架。2000年9月,在洛克菲勒基金会的赞助下,在意大利贝拉吉尔国际研讨会上成立了一个全球价值链研究小组,该小组在编辑特刊"编辑寄语"中详细阐述:尽管各位参与者在研究全球经济和价值链领域曾使用了不同术语,且一致认可全球价值链(Global Value Chain,GVC)作为共同的术语和分析框架。主要是因为全球价值链的概念是最具包容性的,系统反映了经济全球化下整个产业链中的活动甚至最终产品,反映了不同类型的价值链和网络的内容,包括产业组织的水平(全球组织)、空间层面(全球和地方)、产品和服务水平(如何划分链接中的各环节),可用于对全球化下的环节分工产业转移等经济现象和问题进行分析②。

相关概念的统一是一个里程碑,自此,对全球价值链的研究迅速普及。格莱菲和该领域的其他研究人员都用全球价值链(GVC)取代了全球商品链(GCC)的原始概念③。全球价值链将增值与全球产业组织模式联系起来,越来越多的研究开始关注整个生产链活动中的价值创造和获取,所有这些都统一到全球价值链的分析框架中④。全球价值链正式定义为将生产、销售和回收处理等环节连接起来以实现产品或者服务价值的全球性的、跨企业的网络组织,它的整个过程包含从原材料采集和运输、

---

① Dicken P., Tangled webs: Transnational production networks and regional integration, SPACES 2005 - 04, Department of Geography, University of Marburg, Marburg, pp. 31 - 34.

② Coe N. M., Hess M. and Yeung H. W., et al., "'Globalizing' regional development: a global production networks perspective", *Transactions of the Institute of British Geographers*, Vol. 29, No. 4, 2004, pp. 468 - 484.

③ Dieter Ernst, "Global production networks and the changing geography of innovation systems. Implications for developing countries", *Economics of Innovation & New Technology*, Vol. 11, No. 6, 2002, pp. 497 - 523.

④ Sturgeon T. J., "How do we define value chains and production networks?", *Ids Bulletin*, Vol. 32, No. 3, 2010, pp. 9 - 18.

半成品和成品的生产分销和最终的消费与回收处理。它包括组织所有参与者和生产销售等活动的组织及其价值、利润和分配。全球价值链研究主要是解释全球价值链如何运作和治理，以及它们在富国和穷国中的各自作用，包括特定行业的就业、技术、标准、法规、产品、流程、市场和其他问题。简而言之，今天大多数的全球价值链研究都集中在两个方面：第一，价值链是如何治理的；第二，如何升级价值链。这些讨论的重点是：如何在全球价值链中产生和分配分工与收益、进入价值链的障碍，以及如何改善发展中国家或劳动力的不平等收入分配模式。

自形成以来，全球价值链概念已成为分析经济全球化和国际贸易的重要工具。基于全球价值链的学术研究涵盖了世界各地的许多行业，全球价值链的分析框架正被越来越多的国际组织采用，如世界银行和世界贸易组织（WTO）[1]、经济合作与发展组织（DECP）[2]、国际劳工组织（ILO）[3]、美国国际开发署[4]和美国国际贸易委员会[5]。

（二）全球价值链的驱动模型

由于全球价值链是构建在全球产业链基础上的，因而全球价值链理论中关于动力的研究，也基本延续了格莱菲等人在全球商品链研究中给出的全球商品链运行的生产者驱动和购买者驱动两种模式，即全球价值链条的驱动力基本来自生产者和购买者两方面。换句话，就是全球价值链各环节在空间上的分离、重组和正常运行等是在生产者或者购买者的推动下完成的。

1. 生产者驱动模式

生产者驱动是指由生产者投资来推动市场需求，形成本地生产供应

---

[1] Geneva WTO, "Trade patterns and global value chains in East Asia: from trade in goods to trade in tasks", *General Information*, 2011, pp. 34 – 38.

[2] Backer K. D., "Global value chains: Evidence, Impacts and policy issues", *Review of Business & Economic Literature*, Vol. 56, No. 2, 2011, pp. 110 – 128.

[3] Gereffi G., "The new offshoring of jobs and global development", *Blackwell Publishers Ltd.*, 2006, pp. 160 – 281.

[4] Derks E., "Role of civil society in value chain development (Presentation)", *USAID Microlinks*, 2010, pp. 41 – 45.

[5] Commission USIT, "The Economic effects of significant U. S.", Import Restraints: Fifth Update 2007, 2011, pp. 49 – 54.

链的垂直分工体系。投资者可以是具有技术优势和谋求市场拓展的跨国公司，也可以是意图促进当地经济发展和建立自主工业体系的本国政府。在生产者驱动的全球价值链中，跨国公司通过全球市场网络组织商品、服务、销售、外包和海外投资的前向和后向联系，最终形成以生产者为主导的全球生产网络系统（图1—4）。生产者驱动的价值链有点像传统的"进口替代"策略。

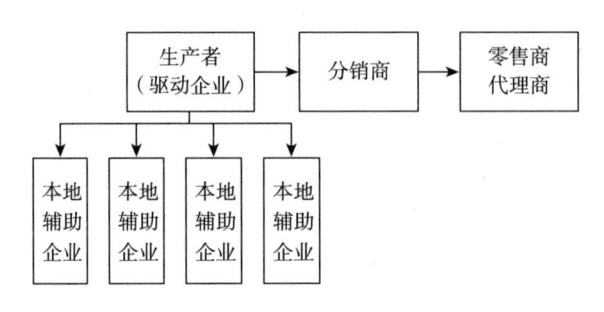

图1—4　生产者驱动的全球价值链

生产者驱动的价值链大多类似于汽车、航空航天、计算机、半导体和设备制造，资本密集型行业或一些新兴现代制造业的技术。从实地研究来看，生产者驱动的价值链的核心环节通常将通过海外直接投资的形式控制以下环节。

2. 购买者驱动模式

购买者驱动，指拥有强大品牌优势和国内销售渠道的发达国家企业通过全球采购和OEM等生产组织起来的跨国商品流通网络，形成强大的市场需求，拉动那些奉行出口导向战略的发展中地区的工业化（图1—5）。在购买者驱动的全球价值链中是由如同沃尔玛、家乐福等大型的零售商，耐克、锐步等品牌授权公司和伊藤忠式贸易代理公司等跨国公司控制着全球生产网络。这些企业控制并形成以下空间分工合作网络：总部设在核心国家，半边缘地区负责协调，生产集中在低工资的边缘地区。基于对鞋类和服装等行业的实证研究，格莱菲进一步证实，由买家驱动的全球价值链中成熟的大型零售商和品牌是该链的核心和来源。购买者驱动的价值链有点类似于"出口导向"和"生产系统网络"。

购买者驱动的价值链主要是劳动密集型的传统行业，如鞋类、服装、

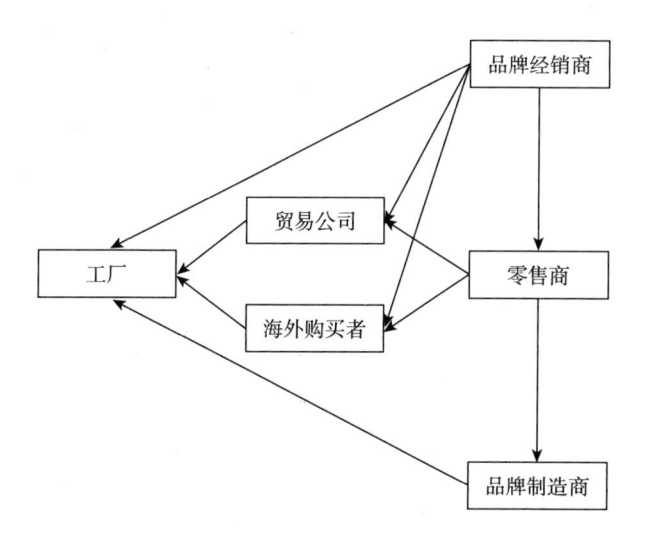

图1—5 购买者驱动的全球价值链

自行车和玩具。在购买者驱动的价值链中，大多由发达国家的大型零售商、品牌商和代理商将生产业务通过外包网络关系分包给合约商，而后者往往位于发展中国家。通过购买者驱动的商品链成功地进行产业升级的案例包括20世纪50年代和60年代的日本，20世纪70年代和80年代的韩国、中国台湾、东南亚以及20世纪90年代以来的中国大陆地区。

3. 混合型驱动模式

在实际经济活动中，除购买者驱动型和生产者驱动型产业链外，实际上还存在许多产业链，其特点是购买者驱动和生产者驱动混合。因此，张辉提出了一种由生产者驱动和购买者驱动的混合驱动模式。

例如，在电子信息行业，其公认的核心竞争力来自典型的生产环节，如CPU和操作系统。然而，戴尔等公司在发行中的出色表现也表明该行业还有购买者驱动的特征。从驱动力的角度来看，电子信息产业可以看作是一种中间类型，它结合了生产者驱动和购买者驱动的特征。虽然两种驱动力模式可以同时出现在电子信息产业中，但二元机制给出的基本市场竞争原则基本上是适用的。只是仅基于市场准入门槛或部门动态机制的划分方式出现了问题。从研究的各个方面来看，这种区别应该从理论上划分为增值序列过程中的具体环节，不应该根据部门划分。部门划分应当是应用理论实践时根据具体情况所做的具体工作。这种研究思路也符合对全球价值链和产业集群研究中提出的具体问题进行具体分析的研究思路,而不是静态应用模型来分析问题。

(三) 全球价值链的贸易分工

全球价值链参与者在垂直部门中的贸易收益存在巨大差异,这导致全球价值链中的研究人员关注收益创造和分配的问题。

1. 在全球价值链中创造租金

卡普林斯基将经济租金引入全球价值链理论,并分析了全球价值链中不同功能部门的收入分配[①]。在现代租金理论中,经济租金是指所有生产要素的超额边际收入,它代表可以在其他地方获得的收入部分,也称为经济盈余,等于要素收入和机会成本之间的差额。卡普林斯基分析的全球价值链中的租金是链中各种功能链的收益或超额利润。租金来源是由控制特定资源的节点公司通过建立进入壁垒来避免竞争而产生的。价值链中的租金可以分为两类:一类是来自生产过程的租金,是价值链的内生因素;另一类是来自价值链成员建立的进入障碍的租金,它发生在价值链之外。卡普林斯基认为,全球价值链可以带来五种类型的熊彼特创新租金,这些租金是价值链内生的,包括技术租金、人力资源租金、组织租金、营销设计租金和关系租金。价值链中的外生租金主要包括四种类型:资源租金、政策租金、基础设施租金和金融租金。全球价值链成员的收入来源主要来自价值链内生的租金。卡普兰斯基更多地强调了熊彼特的租金作用,但国内学者刘林青、谭力文和施冠群进一步认为,企业的持续创造和收购是从熊彼特租金到李嘉图租金再到垄断租金的循环往复的动态过程。企业经济租金的最终实现取决于市场力量,只有收购垄断租金才是最关键和最直接的,无论是熊彼特租金还是李嘉图租金都必须转换成垄断租金。

2. 全球价值链中的收入分配

全球价值链的形成主要是由于不同比较优势的国家和地区产品生产的各种价值环节分解的结果,全球价值链的协调和运作往往由一家或多

---

① Kaplinsky R., "Sustaining Income Growth in a Globalising World: The Search for the NTH Rent", Institute of Development Studies, Kreukels, A, 2004, pp. 71 – 76.

家跨国公司控制，格莱菲特别强调了一家大型跨国公司作为全球价值链中的领导者或治理者角色的情况。他认为，在全球范围内，任何行业都将由少数大型跨国公司控制或管理，主要由它们来进行产业功能在价值链中的整合以及世界不同地区经济活动的协调和控制[①]。这些跨国公司在全球价值链中发挥了主导作用，以最大化全球价值链的总回报。从全球价值链收入的两个不同来源来看，外生租金主要取决于价值链成员自身的要素禀赋和制度环境，主要影响成员自身的租金收入，而上述内生价值链中的五种熊彼特创新租金主要由价值链成员创造，因此成员如何分配和分享这些共同创造的租金收入成为全球价值链收入分配的焦点。虽然领先的公司占据了价值链的核心地位，但它们无法完全占据租金收入，因为其他参与公司作为其合作伙伴在一定程度上促成了熊彼特创新租金的形成。例如，它们或多或少地直接或间接参与创造技术租金，而组织租金和关系租金直接来自成员公司的积极合作。因此，即使供应链治理结构存在高度不对称性，创新租金仍需要在所有参与公司之间合理分配。

关于决定全球价值链中成员收入分配的主要因素，波特主要强调企业讨价还价的能力并在经典的"五力模型"中作出了相关解释[②]。波特认为，公司的盈利能力取决于供应商的议价能力、买方的议价能力、替代产品的威胁、新进入者的威胁以及行业现有的竞争条件。从他的分析框架来看，价值链上游和下游成员的议价能力是影响价值链分配份额的核心因素。企业的议价能力越强，价值链收入分配的份额就越大，反之亦然。

还有许多学者从价值链治理的角度进行分析。根据网络治理权力的不同分布，网络治理可以分为两类：相互依赖的治理和方向型治理。前者价值链成员的权力分配往往是对称的，而后者则表现出明显的权力不平衡。由于全球价值链成员之间的关系主要以中间产品或零件的供需为代表，而这种供需关系将从根本上不对称，全球价值链通常是典型的方向型治理。戴尔等人认为，在价值链中，虽然每个环节的企业都是独立

[①] 刘林青、谭力文、施冠群：《租金、力量和绩效——全球价值链背景下对竞争优势的思考》，《中国工业经济》2008 年第 1 期，第 50—58 页。

[②] Gereffi G., The international competitiveness of Asian economies in the apparel commodity chain. Asian Development Bank, 2002, pp. 71–110.

的市场经济主体,但这种供需合同的独立性并不意味着它们具有对称的权力。权力的不对称反映了每个节点企业的租金分配不对称[1]。卡普林斯基指出,龙头企业在创造租金的同时还占据着无形的知识或技术密集型环节,如研发设计、品牌形象和营销渠道,这些都使得这些环节普遍具有较高的壁垒和较高的回报。非领先公司主要从事有形的材料投入和产出,例如制造业,其通常具有低门槛和低回报[2]的特征。由于全球价值链中成员权力的不对称性,企业在价值链中的"位置"对其收入尤为重要。拉维认为,焦点公司和合作伙伴创造的租金比例取决于他们的相对吸收能力、资源的相对规模和范围、合同协议、相对机会主义行为、沉默的机会主义行为和讨价还价的相对能力[3]。代尔和辛格的类似研究认为,越多公司投资于关键资源,它们在网络活动方面拥有的资源和活动越多,就越能拥有讨价还价的力量,所分得的关系租金就越多[4];网络中具有丰富结构的位置可以利用资源和信息的差异化优势来占用更多的关系租金;网络中信息丰富的位置可以决定未来的资源方向,占用更多的租金[5]。

在格莱菲等人提出的五种价值链治理模型中,市场类型、模块类型、关系类型、捕获类型和层次类型的不对称性依次增加,龙头企业的领导能力依次提高[6]。例如,汽车行业价值链具有典型的金字塔形权力和治理结构[7],通用汽车和本田汽车公司等顶级核心公司作为领导者,它们的供

---

[1] Porter M. E., "Competitive Strategy: Techniques for analyzing industries and competitors", *Social Science Electronic Publishing*, No. 2, 1980, pp. 86 – 87.

[2] Dyer J. H., Singh H. and Kale P., "Splitting the Pie: Rent Distribution in Alliances and Networks", *Managerial & Decision Economics*, Vol. 29, No. 2 – 3, 2010, pp. 137 – 148.

[3] Kaplinsky R., "Sustaining Income Growth in a Globalising World: The Search for the NTH Rent", Institute of Development Studies, Kreukels, A, 2004, pp. 578 – 609.

[4] Lavie D., "The competitive advantage of interconnected firms: An extension of the resource – based view", *Academy of Management Review*, Vol. 31, No. 3, 2006, pp. 638 – 658.

[5] Dyer J. H., "The relational view: cooperative strategy and interorganizational competitive advantage", *Academy of Management Review*, Vol. 23, No. 4, 1998, pp. 660 – 679.

[6] Gary Gereffi, John Humphrey and Timothy Sturgeon, "The governance of global value chains", *Review of International Political Economy*, Vol. 12, No. 1, 2005, pp. 78 – 104.

[7] Sacchetti S. and Sugden R., "The governance of networks and economic power: The nature and impact of subcontracting relationships", *Journal of Economic Surveys*, Vol. 17, No. 5, 2010, pp. 669 – 692.

应链体系是根据垂直分工战略构建的,权力最大,具备最强的讨价还价能力,同时也能够获取较大份额的租金;第二则是位于中间层的供应商,虽然它们的数量一般较少,但它们提供的产品主要是技术和资本密集型的精密零部件。这些中间层供应商形成了长期的战略合作关系,甚至参与了一些核心技术的研发,他们也具有很强的议价能力,可以获得一定的租金份额。最后,大量集中在金字塔底层的发展中国家和地区血汗工厂,规模往往较小,缺乏核心技术,进入门槛低,利用劳动力的廉价优势进行加工,具有最弱的讨价还价能力,并且拥有最少的租金份额。

无论是议价能力还是治理结构,影响价值链租金收购的各种因素都是相互关联的。只要它们能够影响企业的垄断地位,就会反映在租金的获得中,如要素集中、规模经济、产品差异化、转换成本、信息掌握和技术诀窍等。

第四节 从全球价值链的角度转变和升级产业集群

一 产业集群创新系统

关于集群创新系统的研究非常多,也有许多和集群创新系统相似的概念,如集群创新机制、集群创新网络等。创新机制更多强调创新各个相关主体之间在特定环境下的互动机制,创新网络强调的是创新主体间所形成的各种联系,创新系统主要是说明与创新相关的各个主体及相应的结构特征。严格地讲,创新系统应该包括创新机制。而综合这三个概念,基本上可以获得对集群创新的初步了解。

（一）产业集群创新网络

集群创新网络是建立在集群内企业间以及企业与科研机构和行政机构间长期合作基础上的稳定关系。狭义的创新网络是指企业由于创新的需要选择性地与其他企业或者机构所结成的持久的稳定关系。例如战略联盟,合资企业,企业与供应商、客户之间的垂直关系以及企业间的水平关系。广义的创新网络还包括企业间以及企业和机构在长期交易中所发生的非正式交流与接触,例如不同企业的技术人员的私下交流与讨论,同一产品在不同厂商之间的信息交流等。这种关系也是相对稳定的,只有这样的网络才能将各种创新要素有效地结合起来，使创新更为容易，成本更低。

集群创新网络是集群中的中小企业创新的组织形式，是每个行为的主体（企业、大学研究机构、中介机构、地方政府等）在协同创新和交互作用过程中彼此建立起各种相对稳定的、能够促进集群内部创新的、正式或非正式关系的总和，是一种地方性的创新网络。其中，中小企业是集群创新网络的核心机构，也是网络中最重要的经济单位，其他参与者的互动是为了更好地服务于这个中心主体。集群创新网络是一个动态网络，是各种参与者在互动和创新协调中建立的相对稳定的关系。这种关系也会在企业创新过程中发生变化。集群创新网络的主要关系模型包括正式关系和非正式关系，集群创新网络不仅包括商业网络，还包括社交网络。

我们可以从区域创新网络对创新过程的影响，以及集群创新网络对创新过程的影响的角度分析创新网络对创新过程的影响。相关行动者之间的合作及其与外部机构的关系对于特定地区的创新过程非常重要。因为该地区内的高度协作可以提高区域创新体系的效率，区域创新网络中参与者的地理位置相近有助于建立和维护协作关系并促进创新活动。创新可以在生产过程的各个阶段进行，但在某个阶段很难实现创新，这需要在创新网络的各个部分之间进行充分的信息交换和良好协作。这种沟通和协作也使每个部分的功能相对模糊。企业不仅是新产品的开发者和生产者，还可以进行市场调研和咨询，也可以成为其他公司的创新投资者。技术创新的来源不确定，市场不确定，行业发展方向也不确定。在这种不确定的环境中，公司的组织和业务范围将不断变化。只有培育和发展创新网络，促进企业间的沟通，降低交易成本，创造竞争与协作的文化，使创新过程在网络中不断发展，才能使得创新领域不仅具有静态优势，也能拥有动态的优势。

（二）产业集群创新机制

产业集群最重要的优势之一是创新的影响，产业集群实际上是特殊的创新体系。产业集群的创新机制不仅包括创新网络，还包括知识流动、竞争合作和扩散溢出机制。

1. 知识流动

知识和信息在人、企业、各机构间的流动对创新绩效至关重要，创新和技术进步是创造、传播、应用各种知识的行为主体之间错综复杂关系的结果。因此,分析基于知识流的产业集群的创新能力,以知识或信息流为主要指标来衡量和评价产业集群尤为重要。

创新体系中的知识流动可以分为四类:第一,是企业之间的互动,特别是联合研究活动和其他合作;第二,是企业、大学和公共研究机构之间的互动,包括联合研究、联合专利;第三,知识和技术向企业的传播,包括新技术的工业采用率和机器设备的扩散;第四是人流,重点是公共和私营部门的技术人员内部或之间流动。

知识流动对产业集群创新机制的影响体现在以下几个方面:第一是创新氛围。对于单一企业而言,创新是外部经济学的典型行为。各个公司不愿意分担创新成本并与其他公司分享创新的好处,因此很难在某个地区创造创新氛围。由于集群内企业之间存在长期、广泛的交易、合作和互动,将产生外部经济内部化效应,使单个企业创新的外部经济尽可能地为集群内部所拥有,进而形成以互信为基础的集群文化。这使得集群中的公司不仅可以以非契约形式进行交易,还可以在信任的环境中进行沟通和共享技术,从而创造良好的创新氛围。第二是创新的驱动力。集群中企业的竞争行为更加公开和激烈。企业和整个集群必须追求创新和差异化才能取得成功。企业社区内发生的竞争压力,潜在压力和持续比较为集群创新提供了动力。第三是创新的效率。集群的专业化分工使集群内的各个公司能够实现创新的规模经济,降低投入成本,提高创新效率。与此同时,集群内广泛的合作机制可能分担创新的初始成本和风险,并分享创新的好处。此外,集聚也有利于组织学习,可以促进集群内企业间隐性知识的转移,共同创造新的交叉知识。第四是创新的频率。产业集群内快速、大规模的知识和信息流动将迅速分享和仿效与生产和管理相关的信息、技术、管理方法和组织形式的创新成果,即知识的溢出效应。这使得企业难以在集群中保持包括新产品和技术在内的创新优势。为了获得可持续的竞争优势,集群内的公司必须加快创新的频率,以保持其动态的竞争优势[1]。综合分析表明,产业集群专项创新体系中各

---

[1] 蔡皎洁:《基于知识挖掘的产业集群竞争力评价指标体系构建》,《统计与决策》2014年第1期,第60—63页。

创新机构之间的广泛协调与合作,以及集群中的各种要素,如知识、信息、人员的大规模流动等,激活了集群企业创新的力量,提高了创新的速度和效率,保证了其不断产生的动态竞争优势,为世界集群经济的发展和繁荣作出了贡献。

2. 竞争与合作

产业集群的创新离不开平衡竞争与合作的环境。产业集群形成的最初目的是赢得竞争优势。集群中的各个主体(企业、大学、科研机构、中介机构、政府)相互连接,形成横向和纵向交错的联系网络。这是一种竞争关系,也可以是一种合作关系。正是这些企业在合作中竞争,创造了产业集群的创新效益。在合作竞争的基础上形成的产业集群,在提高区域竞争力方面发挥着重要作用[1]。企业的竞争合作行为对集群创新和集群可持续发展具有重要的积极影响。产业集群企业之间的竞争与合作行为是产业集群创新的重要机制。平衡竞争与合作的关系应成为集群发展的战略思想之一[2]。相反,集群产品的知识宽度太窄,模块化严重,容易发生同质化竞争。而且,由于缺乏合作型龙头企业和类似的制度化规则,很容易产生合作的限制效应,这将抑制企业的创新能力提升[3]。

3. 扩散与溢出

随着知识的产生,其扩散和溢出也极大地影响了集群的创新活动。在知识密度高的地区,新技术的传播速度很快,相关科技的模仿和创新速度也会更快;地理集中为知识传播提供了便利条件,成熟的产业集群可以制定一系列规范。在集群内共享关键技术和业务知识,产业集群内技术扩散的特征有助于分析知识扩散的动态过程[4]。实证研究表明,产业集群中的非正式沟通,技术引入和人力资本流动是产业集群知识溢出的

---

[1] 张秀生、陈立兵:《产业集群、合作竞争与区域竞争力》,《武汉大学学报》2005年第3期,第294—299页。

[2] 易经章、胡振华、朱豫玉:《基于企业竞争合作行为的产业集群可持续发展模型构建》,《软科学》2013年第1期,第15—19页。

[3] 鞠芳辉、谢子远、谢敏:《产业集群促进创新的边界条件解析》,《科学学研究》2012年第1期,第134—144页。

[4] 陈旭:《基于产业集群的技术创新扩散研究》,《管理学报》2005第3期,第333—336页。

主要方式①，这就要求区域内建立期权激励、知识产权保护、财政补偿等机制②。企业和大学的创新产出存在空间相关性和依赖性，大学知识溢出对区域和企业技术创新具有一定的影响③，因此有必要在产学研合作创新网络中构建知识供需平衡模型④。知识传播和溢出不仅限于产业集群，从"知识守门者"的角度来看，它们还可以利用知识转移、知识传播和知识创造三大功能，构建产业集群"本地溢出—知识守门者—全球管道"，可以在集群内外实现双向交互的开放式升级⑤。

（三）产业集群创新系统

集群创新系统是产业集群发展过程中创新网络与创新环境叠加而产生的创新体系，它是促进产业集群技术创新和知识创新的重要组织形式。

国外对集群创新系统的研究大多是在研究区域创新系统时获得的。人们普遍认为，集群创新系统是一种区域集群，由区域集群内的企业及相关配套产业、大学和研究机构、中介机构等相互作用构成。

国内研究认为，集群创新系统是在狭窄的地理区域内，以产业集群为基础并结合规制安排而组成的创新网络与机构，通过正式或非正式的方式，促进知识在集群的内部创造、储存、转移和应用的各种活动和相互关系。其中狭窄的地理区域是指产业集群所在的区域；规制安排包括政府对集群行为的支持和监管及其政策、法规和地域文化所有要素；创新网络与机构表示由产业集群的代理机构、公共服务机构共同组成的网络体系和相关关系；集群创新系统的核心功能就是促进知识在集群的内部创造、储存、转移和应用，从而提升集群的创新产出。在高新技术产业集群创新体系建设方面，与传统产业集群相比，高新技术产业集群发

---

① 缪小明、李刚：《基于不同介质的产业集群知识溢出途径分析》，《科研管理》2006年第4期，第44—47页。
② 苏长青：《知识溢出的扩散路径、创新机理、动态冲突与政策选择——以高新技术产业集群为例》，《郑州大学学报（哲学社会科学版）》2011年第5期，第70—73页。
③ 傅利平、涂俊：《技术转移视角下大学对企业技术创新的空间知识溢出效应研究》，《研究与发展管理》2015年第2期，第56—64页。
④ 傅利平、周小明、罗月丰：《知识溢出与产学研合作创新网络的耦合机制研究》，《科学学研究》2013年第10期，第1541—1547页。
⑤ 郑准、王炳富、王国顺：《知识守门者与我国开放式产业集群的构建——基于"本地溢出——全球管道"模型的案例研究》，《科学学与科学技术管理》2014年第4期，第129—135页。

展迅速、创新能力强、功能更加灵活、辐射范围大。它们的创新系统的组成部分也很特殊，由知识技术中心、企业家和创业者、天使基金和风险投资、地方政府和非正式组织、核心产业和辅助产业五个要素组成。

经过比较，产业集群创新体系与国家创新体系或区域创新体系基本相同，具有许多共同特征。借鉴国家或区域创新体系的概念界定，可以认为产业集群创新系统是以产业集群为载体，创新网络与创新环境互动叠加构成的系统。它可以促进知识集群内的创造流动和共享，促进产业集群内技术创新成果的产生和转化，提升产业集群的竞争力。

与其他创新系统相比，集群创新系统的创新内容更具针对性，主要是确定集群发展方向或集群内支柱产业所需的关键技术。围绕这类技术，创新系统将建立相应的研发技术平台，积极推动相关创新实体的联合推广，以获得衍生技术创新。另外，集群还将建立相应的支撑平台，以确保技术创新活动的顺利进行，促进集群内企业间创新成果的扩散。同时，为了提高集群内创新实体的积极性，还应在产业集群内建立健全知识产权保护制度。

（四）创新集群

1. 创新集群的构成主体

一般而言，创新集群由基于特定地区的大学、研究机构、专业技术服务机构和企业组成，可以通过畅通的渠道聚集、开发和利用区域内外的各种创新资源，是一个能够不断向外转移高新技术和推出高新技术产品、服务的网络体系。

在构成创新集群的主体中，基本活动主体是产业和市场，而核心是则是由大学和研究机构通过网络联系形成的知识中心充当。创新集群的重要组成部分还包括公共实验平台、创新服务中心等创新服务机构。同时，由于在知识经济环境下创新具有重大战略性、基础性和风险性的特点，包括各级政府在内的政府部门和行业协会也是不可缺少的创新主体，它们在制定创新战略和支持政策、优化创新环境、提供财政支撑等方面发挥着难以替代的职能[①]

---

① 倪外、曾刚、滕堂伟：《区域创新集群发展的关键要素及作用机制研究——以日本创新集群为例》，《地域研究与开发》2010年第2期，第1—6页。

从创新机制的角度看，创新集群创新的机制是集群创新，即在科学进步的基础上，围绕核心技术实现多种技术的同步创新和协同创新；知识和创新可以直接通过制度化的专业设施和机构转化为生产或商品化，科学技术和生产之间的联系更加紧密；大学在创新过程中的地位更重要。

2. 形成创新集群的背景和条件

创新集群的形成有着特定的时代背景和条件，它是在技术创新的范式调整、知识经济时代全球化进程快速深化、国际分工日益精细等基础上产生的一种创新资源配置新方式、新型创新组织形态和全新创新机制。

从技术创新本身的特征来看，创新集群是基于创新范式的不连续性、技术复杂系统、累积性的学习过程以及范围经济发展形成的[①]。

知识经济：进入知识经济时代，知识流入创新系统的模式已从传统的线性类型转变为循环类型和网络类型。大学中产生的知识可以直接转化为生产，直接商业化可以使科学与技术之间建立更紧密的联系。大学在创新中的重要性更为重要，它们与公共或私人研究机构以及民间研究和技术开发活动相连，形成一个创新集群的"知识中心"。

全球化：经济全球化不仅深刻地改变了资源配置的范围、方法和绩效，而且引发了跨国界的创新活动，深刻地改变了创新过程、创新基础设施和创新战略。经济运行和企业竞争的国际化要求技术创新和企业运营必须跟上国际技术和市场发展的步伐，始终了解潜在的竞争对手。创新运营的全球化要求一个国家和地区的创新实体必须能够在全球范围内有效利用创新资源，推动创新过程，提高创新效率。全球化还促进了全球价值链和全球研发链的形成，使跨国公司能够根据不同国家或地区的比较优势，将其特定的产业环节布局在最合适的区位上，实现科技创新资源在全球范围内的有效整合和配置。有效的配置带来了传统科研机构和创新方式的重大变革。跨国公司加快建立不同国家的研发机构，充分利用全球科技资源，充分利用不同国家和地区创新体系的产出优势，在最合适的位置布局其研发环节，以获得更强大的竞争力。

电子时代：借助信息通信技术，信息和知识的传播极为方便，速度

---

① De Bresson C., "Breeding innovation clusters: A source of dynamic development", *World Development*, Vol. 17, No. 8, 1989, pp. 1 – 16.

空前提高，范围空前扩大，从而大大提高了创新主体的学习能力。电子时代对创新基础设施、创新组织机制和创新过程提出了新的要求，深刻地改变了人类社会技术创新的模式和过程。

时间因素前所未有的重要性：自20世纪80年代以来，技术商业化的速度得到改善。由于技术的快速发展和商业化，产品和技术的生命周期越来越短，时间因素比以往任何时候都要关键。技术的快速创新和创新驱动型经济的发展，在很大程度上改变了传统的经济周期、产品或集群生命周期模式，使发达国家的经济增长和全球经济相对稳定，经济危机已基本不复存在。基于时间的战略在创新过程中是非常关键的，也是决定竞争力的一个基本要素。技术创新的速度不仅越来越重要，而且技术商业化的速度也是如此。这需要高效率和高速优化配置创新元素，以加快创新效率，最有效的方法是创新产业化和市场化，以有效地管理日益复杂和巨大的创新资源和创新成果。创新的产业化和商业化需要在日益复杂的知识产权保护和管理系统中进行。转型过程涉及许多环节，有必要通过各种法律程序处理所有必要的手续，必然需要通过专业的创新服务方式来完成。创新服务业的发展已成为创新驱动型经济发展过程中极为重要的产业支撑。

进一步完善劳动分工：与全球化持续密切相关，全球产业链在一个地区的延伸不再是发展趋势，而是在特定地区缩短。在全球范围内，产业链完整且不断发展，但在某一地区，产业链呈现出越来越短的趋势。总的来说，很难在特定领域建立完整的产业链。为了最有效地形成和可持续地提高自身的产业竞争力，特定地区正在关注自身的比较优势，选择最有利和可行的产业链，只做一个最拿手的方面。与此同时，区域产业链的升级是放弃原有的低端环节，进入高端环节，而不是在低端保留的基础上开拓高端。

3. 创新集群的特征

创新主体的协同作用以及产业升级与城市生活之间的协同作用体现了创新集群的协同作用。在没有主体协调的产业集群中，创新活动往往依赖于个体企业。一旦企业内出现问题，创新活动就无法继续。然而，在存在主体协同作用的创新集群中，创新活动的主体被明确界定并相互配合。研究机构专注于基础研究，相关公司可以将这些结果转化为生产力扩散到其他跟随者中去。微创新促进了整个集群企业的发展，从而确保创新活动能够持续下去。与此同时，一个地区通常包括许多不同行业的子创新集群，主体协同作用的范围还包括不同子集群之间的协同作用。

（1）动态性

时间因素的前所未有的重要性决定了创新集群必须保持活力，以便有效地应对快速变化的外部环境，制定和实施基于时间的创新战略，从而跟上创新的步伐并引领行业。

动态也意味着追求经济发展需要从静态效率（当前效率）转向创新，静态效率并不能保证未来的经济表现，只有创新才能达到这种效果。

（2）国际化

全球化已经确定创新的界限越来越模糊，创新的结果最终可能出现在特定国家或地区，但创新要素分配和创新的过程可能在全球范围内进行。更重要的是，许多创新可能已经失去了传统的国别色彩，成为人类共同的创新财富，如人类基因图谱。

（3）科学与技术之间的联系紧密

在创新集群中，科学与技术之间的传统距离尽可能地减少，两者之间的相互作用空前加强。大学和研究机构等知识创造部门与研发机构和企业之间的联系更加紧密有效。

（4）强网络化

创新集群成员之间对技术创新的需求形成了一个紧密的网络系统，为集群成员提供低成本、高效率的专业服务，并不断吸引区域所需的专业服务。这种网络关系不是严格的成员资格性质的，而是一个开放的系统。创新集群成员之间的网络关系可以基于正式的合同约束或非正式的商业伙伴关系。创新集群的强大网络不仅体现在集群内部的网络关系中，还体现在集群与集群之间的网络连接中。几个创新集群共同构成了区域创新体系，甚至是国家创新体系。

4. 创新集群的形成和类型

从形成的方式来看，可以把创新集群划分为产业集群衍生型、价值链分工集聚型和研发资源自主生成型三种基本类型。

（1）产业集群衍生型

总的来说，新技术产业集群的发展将具有创造性的集群创造效应，其主要表现在以下几个方面。第一，新技术产业集群的发展可以促进集群内企业研发部门的不断增长，逐步提高研发能力；集群内企业之间的网络连接可以有效地促进创新集聚和提高创新效率。第二，集群内的大学和研究机构持续与产业集群的发展聚集在一起，形成一个紧密联系的知识中心。第三，高科技产业集群发展带来的强大技术需求吸引了大量外部研发机构进入并持续融入集群。四是新技术产业集群的发展和创新资源的集中，引发了对创新服务业的需求，促进了创新服务业的快速发展。五是创新资源和创新成果的密集化导致区域内技术交易市场的形成，为创新资源的配置和创新成果的及时转化提供了有效的市场机制。六是高新技术产业内的一些大型企业在发展过程中，以成为主要从事技术研发、转让、许可和品牌运营等高端业务的研究与技术开发公司或技术持有企业为目标，从以加工制造为主逐渐向研发设计环节攀升，最终将加工制造环节外包出去，实现全球价值链位置上的不断提升。

通过上述方面的影响，高新技术产业集群的发展不断创造和衍生出创新集群的组成部分，形成创新集群，并通过与创新集群相互交叉互补，形成强大的创新和竞争优势，最终成为突出的区域创新经济体系。目前，世界一流的高科技园区基本上体现了产业集群和创新集群并行发展的特征，高新技术产业集群的发展成就了美国硅谷、英国剑桥工业园、印度班加罗尔、中国台湾新竹等著名的高科技园区，而其发展则无不促进了园区内创新集群的形成，形成了高科技产业集群与创新集群相辅相成、互为支撑与依托、齐头并进的良性互动格局，成为维系园区作为产业高端、行业创新潮流引领者地位的强大动力和保障。也正因如此，一些学者才把高新技术产业集群直接等同于创新集群，把创新性的产业集群或基于创新的产业集群直接等同于创新集群。

（2）价值链分工集聚型

全球化导致了全球产业链和价值链的形成。知识经济时代全球化进程的进一步深化导致了全球价值链战略联系的分化和重组，全球价值链的治理方式发生了深刻的变化。根据全球竞争战略的实际需求，大型企业集团或跨国公司积极利用国家或区域创新体系的比较优势，选择最合适的区位布局，在全球范围内建立自己的研发中心或技术中心，发展跨国研发中心、技术中心，和当地研发机构和创新体系的类型有机地结合在一起,形成一系列创新集群。

价值链分工集聚型创新集群是在世界经济发展的背景下和全球化的进程中,以大型企业集团和跨国公司起主导作用,在相应领域、区域培育形成的创新集群。这种类型的创新集群在初创期依靠外部力量作用,促进区域或产业营造适宜创新的氛围和有利于创新的外部环境,调动创新主体的积极性,激发集群内部主体间的协同互动,从而推动创新集群的形成和发展。当创新集群发展壮大之后,外部力量的作用逐渐减弱,创新集群利用自身创新优势,进入自组织的良性循环状态,提升创新集群竞争力。

(3) 研发资源自主生成型

围绕重要的研发机构,依托良好的公共研发创新服务平台,实现研发资源的自主集聚,是创新集群形成的重要途径和手段。世界上许多著名的科技园实际上采用了这种创新的集群发展模式。新西伯利亚科学园区是俄罗斯的综合性联合科研基地,它拥有20多个国家科研机构和2万多名科技人员;筑波科学园拥有日本国立研究所和46所大学,汇集了10000多名研究人员;慕尼黑科学园是德国电子科学研究中心,拥有数百家电子公司。法国格勒诺布尔科技园拥有8000多家生产高科技电子产品的公司,它是法国电子科学技术开发中心,也是法国计算机和电子公司产品的研究基地;加拿大卡尔顿科技园专门从事半导体器件产品的研发,拥有约25000名高级工程师和技术人员;蒂布尔蒂纳科技园位于意大利罗马东北部,参与了世界上60多个通信卫星、70多个地面站的生产和建设;新加坡科学园于1994年建成,拥有1万多名研究人员,主要从事生物技术、微电子、机器人等方面的研究与开发。

上述创新集群形成类别的分类主要是依据其主导因素。在创新集群的实际形成过程中,特定的创新集群可能同时具有三个原因,这是多个因素相互作用的最终结果。

5. 创新集群与产业集群之间的关系

除了创新集群与产业集群之间的共同集群特征(如地理邻近或空间集聚、网络、根源、开放等)外,两者在外部环境中的构成主体、基础设施、集群输出等方面有很大差异。

从生产的背景和条件来看,创新集群是知识经济时代创新驱动型经济中国家竞争力或竞争优势的有力武器。它是国家或区域创新体系的重要组成部分，是高端差异化和全球价值链集中的产物。产业集群长期存在于经济发展过程中，但在全球化进程中，它们被强调为竞争性的产业组织。

从构成主体及其内部关系方面看，创新服务产业和所谓的技术持有型公司是创新集群的关键组成部分，由大学与科研院所等机构结网而形成的知识中心、创新商业机构和产业是创新集群的基本活动主体。知识中心是创新集群内的核心，创新服务业起到支撑和保证的作用，政府是重要的战略推动者，具体的产业是创新成果的最终购买者、接受者与转化者。在产业集群中，领先企业是集群的核心。在供应链或价值链的纵向或横向连接周围，许多类似的企业或相关企业聚集在一起形成一个集团。

从目标追求和产出形式的角度来看，创新集群的产出目标不再是生产更好的产品和提高生产效率，基本产出是无形产品，如知识产权和新技术。创新集群的基本目标是追求创新能力的提高和创新的及时商业化。

从集群运行机制的角度看，创新集群的创新机制是集群创新。知识和创新可以直接被转化为生产和进行商业化，科学与技术、科学与生产的连接更加紧密，创新过程中大学的位置变得更加重要，创新与业务运营之间的关系已从传统的直线转变为循环的直线。

从组织结构的角度来看，创新集群是一种基于技术的组织结构，而不是基于流程的组织结构（供需链、价值联系以及行业内的上下游关系）。

从根植性角度来看，创新集群的国际化特征与创新本身的规律相结合，共同决定创新集群的根植性不如产业集群显著。例如，最关键的创新因素，即研发人才的培养，正变得越来越国际化，这使得全球研发人才在教育模式、知识结构和行为特征方面呈现出国际趋同。产业集群拥有显著的地域性或地方产业集群，创新集群更具全球性和国际性。

产业集群强调产学研一体化，也强调创新，然而，这种创新主要关注产业集群内的主体成员——企业的创新；重点是如何通过学术和研究部门的创新服务于企业的发展，如何通过研究部门的其他专业服务为企业的创新和发展服务，学、研被置于一个配套支撑、相对辅助和外部的环节中。创新集群则将学、研、产一体化，大学、研究机构及研究与技术开发公司是集群内的核心主体，具体的产业是作为创新结果的市场需求者、购买者而出现的。

创新集群强调大学和研究机构在创新过程中的中心地位，并不否定企业作为技术创新主体的作用。科研机构在以往的长期研发活动中表现出了一定的局限性，如纯技术导向趋势，侧重于技术参数和指标的先进性，但缺乏对市场需求和法律的把握，其结果往往是没有市场能力；有的成果技术水平高，但成本也很高，缺乏市场竞争力；一些结果具有较高的技术水平，但工业生产的要求未得到满足，是缺乏有效的创新服务业保障及产、学、研分工水平低下等导致的。创新集群不否认企业的自主创新，为企业委托、外包和外购所需的新技术和新流程提供了方便可靠的市场渠道。

二 全球价值链下的产业集群及其升级

全球价值链的理论体系一直与空间层面的产业集聚密切相关。由于全球价值链使工业活动垂直分解，促进了类似环节中经济活动的地理分布，由此产生的产业集群现象构成了一个色彩斑斓、块状明显的"马赛克"式世界经济版图，这些块状地区已成为世界财富的主要创造者，促进了许多国家和地区新兴产业的快速发展和传统产业的繁荣。

（一）全球价值链的定位和升级

在全球价值链划分的条件下，价值链定位问题已成为学者们关注的焦点。在这一点上，不同的学者有不同的测量方法。

1. 基于出口产品价格的角度

这种观点始于该国出口产品的价格，并根据同类产品的出口价格区分全球价值链的状况。从发达国家和发展中国家进口到美国的产品之间存在很大的重叠。但是，同样的产品，发达国家的出口价格远远高于发展中国家的出口价格。因此，出口产品的价格可用于衡量一个国家在全球价值链中的地位。产品质量的垂直差异可以反映产品内的分工。发达国家处于全球价值链的上游，产品质量好、价格高；发展中国家处于全球价值链的下游，产品质量较低、价格较低。穆德的研究证实了这一点。通过比较拉美和中国出口产品的种类和价格，发现中国出口的大部分产品都是低质量、低技术、低价的商品而拉美出口产品的质量、技术含量明显优于中国，价格也较高。

国内学者延续国外学者的观点，建立指标来衡量世界出口产品的平均价格与国内出口的平均价格之间的差异，两者之间的差异可以决定该国家在全球价值链部门中的地位。若出口价格高于平均价格表明该产品处于国际分工的高端位置，否则，它处于低端位置；出口价格的变化也证实了中国的制造业仍处于国际分工的低端。

2. 基于出口技术复杂性的视角

豪斯曼首先提出了"出口技术复杂性"的观点，即如果一个国家出口产品具有较高的技术复杂性，其在国际分工中的地位就会更高。他进一步提出了国家出口技术复杂度指数，假设出口产品的技术含量与出口国的人均收入水平有关，并且每个产品的出口价值在出口国对其出口总值的加权，对人均收入进行加权和平均，以反映一个国家在全球价值链中的地位①。通过计算出口技术复杂性指数，可以发现许多发展中国家高技术产业的出口规模在不断增加，但其技术含量没有显著变化，仍处于全球低端地位。参与劳动力垂直专业化促进了出口产品国内技术含量和国际分工地位的提升。

3. 基于增加值贸易核算的视角

增加值贸易（Trade in Value – Added Terms）核算方法是目前国内外较为认同的一种测量全球价值链定位的方法，区别于总值贸易核算法，它从商品增加值的角度入手，能更加直观准确地反映出一个国家的国际分工地位。库普曼等提出全球价值链地位指数（GVC – Position），利用该国中某个产业的"中间品"出口额（由其他国家进行最终产品的生产和出口），与该国该产业的"中间品"进口额（由本国进行最终产品的生产和出口）进行比较，从而衡量某个国家或地区在全球价值链分工中的地位。OECD 从 2012 年起开始发布官方统计的国际投入产出表，该表总共包括 58 个国家或地区，涉及 37 个产业部门。在此基础上，WTO 和 OECD 于 2013 年 1 月联合发布了国际增值贸易数据库（Trade in Value Added

---

① Hausmann, Ricardo, J. Hwang, and D. Rodrik, "What you export matters.", *Journal of Economic Growth*, Vol. 12, No. 1, 2007, pp. 1 – 25.

Database，简称 TIVA 数据库），该数据库包括 40 个国家的 18 个行业，在全球范围内提倡使用增加值贸易核算方法。

（二）全球价值链下的地方产业集群

在价值链的全球布局过程中，原本作为完整连续过程的各个价值环节往往会根据各个区域的资源要素优势，被一段段分开，离散性地分布各地，从而呈现片段化的特征。阿恩特和凯科夫斯基的研究表明，尽管全球价值链的片断化导致各个价值环节在全球空间上呈现离散分布格局，但是分离出去的各个价值片段一般都具有高度的地理集聚特征，而不是天女散花似地散落一地，毫无头绪可言[①]。我国学者王缉慈基于全球化和本地化的"全球—本地"二重作用视角，认为地方产业集群的发展既是对全球化调整的回应，也是全球化发展的结果。换句话说，全球价值链的地理分布特征就是"大区域离散，小区域集聚"。这种基于价值环节的地理集聚特征使各地的产业成为全球价值链的一个从属部分，很多地方产业集群都可以找到其所在的全球价值链。即使很多地区存在内生型地方产业集群，但当它们发展到一定阶段、具备一定实力后，往往也会嵌入到全球价值链中去。而且在全球各地相对发展较为成熟的区域，其本地产业往往是高度开放的经济系统，外部联系对于区域产业的健康持续发展十分关键，这也是本书从全球价值链视角探讨区域产业发展升级问题的一个主要出发点。

（三）全球价值链下的产业集群升级

基于全球价值链的视角探讨产业集群的升级问题，是许多发展中国家的学者特别是中国学者尤其关注的一个问题。利用全球价值链的工具方法对产业集群发展的各个阶段加以识别和分析是产业集群的一个重要研究领域，也是制定产业集群发展政策的重要依据。阿霍坎加斯（Ahokangas）运用演化理论揭示了产业集群不同阶段的演化机制和发展特点，认为区域集群的发展过程分为三个阶段：①起源和初始阶段；②增长和

---

① Arndt S. W. and Kierzkowski H., "Fragmentation: New production patterns in world economy", *Oup Catalogue*, Vol. 92, No. 17, 2001, pp. 171–801.

趋同阶段；③成熟和调整阶段①。联合国工业发展组织（UNIDO）连续公布了一系列全球价值链研究报告，分别就汽车产业群升级及其前景进行了大量分析。巴赞（Bazan）和纳瓦斯·阿莱曼（Navas - Aleman）通过对巴西制鞋产业集群的案例进行研究，发现嵌入不同的全球价值链，其升级方式是有区别的②。国内学者也大多认为，地方产业集群的升级机会需要以开放的姿态融入全球价值链中才能获得，沿着全球价值链向高端攀升是地方产业集群升级的主要路径③。张辉④在国内较早系统地将全球价值链理论与地方产业集群结合起来进行研究，探讨了全球价值链的空间等级体系、动力机制和治理等问题，并结合案例进行实证研究。任家华利用全球价值链理论研究地方产业集群的升级机理，提出要培育集群创新能力的内在机制和构建有利于创新升级的外部机制⑤。

（四）全球价值链下的"互联网 + 产业集群"升级

近年来，随着以"互联网 +"为代表的新一轮科技革命的快速兴起，全球生产组织方式、产业组织形式和国际分工模式再次发生深刻变化。产业功能价值模块的知识跨界、跨区域流动速度持续增加，产业对区域载体的依赖程度降低，使得产业网络集聚的外部性替代了地理集聚的外部性⑥，以产业链空间分布离散化为主导的全球价值网络分工体系进一步深化，并深化分工活动之间的专业化集成过程。

国内外学者已经开始关注"互联网 +"这一背景对产业集群带来的

---

① Ahokangas P., Hyry M. and Rasanen P., "Small technology - based firms in a fast - growing regional cluster", New England Journal of Entrepreneurship, No. 2, 1999, pp. 19 - 26.

② Bazan L. and Navas - Alemán L., "Upgrading in global and national value chains: recent challenges and opportunities for the Sinos Valley footwear cluster, Brazil", Aleman, 2003, pp. 136 - 1397.

③ 王缉慈：《关于地方产业集群研究的几点建议》，《经济经纬》2004 年第 2 期，第 51—53 页。朱有为、张向阳：《价值链模块化、国际分工与制造业升级》，《国际贸易问题》2005 年第 9 期，第 98—103 页。

④ 张辉：《全球价值链下地方产业集群——以浙江平湖光机电产业为例》，《产业经济研究》2004 年第 6 期，第 33—37 页；《全球价值链理论与我国产业发展研究》，《中国工业经济》2004 年第 4 期，第 38—46 页；《全球价值链动力机制与产业发展策略》，《中国工业经济》2006 年第 1 期，第 40—48 页。

⑤ 任家华：《基于全球价值链理论的地方产业集群升级机理研究》，西南交通大学，博士学位论文，2007 年，第 51—56 页。

⑥ 陈国亮、唐根年：《基于互联网视角的二、三产业空间非一体化研究——来自长三角城市群的经验证据》，《中国工业经济》2016 年第 8 期，第 76—92 页。

影响。Adebango 等①通过系统研究互联网环境给产业集群带来的转变，指出新型互联网技术可以为产业集群的发展创造良好条件，是未来产业集群转型的新方向；Hansen 认为"互联网+"型产业集群是传统产业集群的新发展，数字化水平是决定集群竞争优势的主要因素②。柳洲在分析"互联网+"推动产业集群升级的主要内容、一般路径基础上，提出了传统产业集群互联网化的电子商务驱动型升级模式和工业4.0 型产业集群升级模式③。魏津瑜通过分析"互联网+"环境下产业集群数据化、跨界性、广泛化及资产无形化的趋势，从产业集群、市场和国家三个层面阐释"互联网+"与产业集群创新相融合的综合价值，进而提出在新环境下实现产业集群转型升级的对策④。

"互联网+产业集群"利用云计算、大数据等信息技术，通过将资源、要素、市场与技术的跨界整合，将地理空间邻近型的产业集群改造为信息空间邻近的"互联网+"型产业集群，实现整个供应链的优化升级、生产制造方式变革、内部价值模块再造，具有更强的跨界融合水平以及全球资源协同配置能力。我国产业集群已经进入以数字化转型为重点，以平台化和生态化发展为方向的新阶段。"互联网+"环境将有利于降低产业集群的运营成本，提升竞争优势，为推动我国产业集群转型升级带来巨大的机遇与挑战。

---

① Adebanjo D. and Michaelides R., "Analysis of Web2.0 enabled e–clusters: a case study", *Technovation*, Vol. 4, No. 30, 2010, pp. 238–248.

② Hansen U., "E–clustering: An innovative approach for economic policy", ERSA Conference Papers No. 4, *European Regional Science Association*, 2004, pp. 1–27.

③ 柳洲：《"互联网+"与产业集群互联网化升级研究》，《科学学与科学技术管理》2015年第8期，第73—82页。

④ 魏津瑜：《"互联网+"环境下集群创新趋势与对策研究》，《科技进步与对策》2017年第6期，第15—19页。

第二章

国内外产业集群转型升级发展实践

随着全球经济一体化的不断发展,交通、通信和信息技术革命带动下的区域城市间的经济文化社会活动联系更加紧密,区域内的产业集群也随之进行转型升级。进入21世纪以来,产业集群转型升级是提升全球价值链位置,提高国际竞争力,实现跨越式发展的重要手段。由于不同国家的机遇以及产业结构、技术基础的差异,其转型升级过程中面临的问题和解决思路也会存在差异。本章按照集群发展的时间顺序,选取了美国东北部大西洋沿岸、日本太平洋沿岸以及韩国首尔都市圈三个国外典型集群以及国内重要的集群进行案例研究,通过梳理不同阶段的国家典型区域的产业集群转型升级历程,总结产业集群转型升级的关键要素和必要条件,为第四章京津冀产业集群转型升级演化规律的总结奠定基础。

第一节 产业集群转型升级发展案例选择及分析思路

一 产业集群转型升级发展案例选择

产业集群转型升级能够极大地推动自身在全球价值链位置跃升,这使其成为最受国内外学者关注的课题之一。产业动态性、产业协同和产业生命周期等理论打破了孤立的产业研究框架,产业集群的转型升级成为各国学者的重要研究问题。

随着国际贸易的不断深化,全球价值链治理理论越来越受到关注。基于所处全球价值链位置及发展水平的差异,各个国家在产业集群转型升级的过程中采取了不同的策略。其中，发展中国家往往会利用其廉价劳动力、租金或者自然资源的优势吸引海外资本或技术，通过原始设备制造提升劳动者素质，初步形成"世界工厂"式的代工集群，在激烈的外包竞争中获得优势。但是随着全球经济一体化的不断增强，国际竞争日趋激烈，这些国家往往由于创新能力和创新环境的缺乏而陷入低端锁定，无法实现向全球价值链中高端的转型升级，如巴西的钢铁集群等。另外一些产业集群完成了从原始设备制造向原始设计制造升级的过程，在全球价值链中的地位得以延伸，产业集群中出现了具有较强研发能力和自主创新能力的品牌公司。像日本、韩国等后发工业化国家采取相关政策推动本国传统产业由产业链中低端向高端转移，在全球价值链上由组装制造等低附加值环节向研发设计、营销和品牌管理等高附加值环节攀升，即通过全球产业链和价值链升级，提升其在国际分工中的地位，成功实现了传统产业的转型升级。而那些处在全球价值链上游的发达国家产业，其附加值较高，国际竞争压力较小，往往具有以核心技术为中心的绝对竞争优势。因此，顶端国家在进行产业转型升级时，一方面通过跨国公司将附加值较低的产业转移到海外；另一方面，本土产业集群承担科技研发以及品牌管理等高附加值环节。这些国家的产业集群之间通过跨国实验室进行协同创新，不断交流优化产业集群的文化和管理理念。意大利羊毛纺织业和眼镜框业、丹麦木制家具业、挪威的食品制造业都是通过产业集群创新保持了其较高的全球市场占有率，实现了向高端产品市场的转型升级[①]。

除此之外，产业集群的形成和发展往往伴随着城市化进程的发展以及都市圈的形成，这使得产业集群的转型升级变成一个系统化的问题。因此，在制定相关政策时，不仅要考虑产业以及企业的发展，还要考虑区域协调和城市规划等问题。国外城市群及城市群内部产业集群的发展在这一方面给了我们有益的启示。对于最早依托产业推动发展起来的欧美发达国家城市群，其相对成熟的发展路径和重要举措对于我国区域产业的发展具有重要启示，而其在发展过程中对"城市病"等问题的治理

---

① 杜朝晖：《发达国家传统产业转型升级的经验及启示》，《宏观经济管理》2017年第6期，第87—92页。

也应引起重视。日韩等国家区域产业的发展也为后发国家的产业集群转型升级提供了模式参考。

根据上述分析,处在不同发展阶段的国家和地区,其产业集群转型升级面临的机遇与挑战也存在差异。根据发展时间和发展水平的差异,本章选取了不同时间阶段的国外产业集群转型升级的典型案例以及国内重点区域的典型产业进行分析,如图2—1所示。

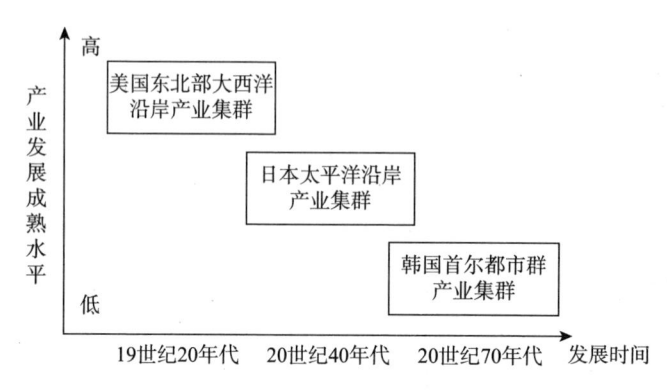

图2—1 国外典型产业集群发展水平图

得益于第一次工业革命以及独特的地理优势,美国大西洋沿岸的传统制造业最先形成集聚,一些工业化城市也开始逐步形成,成为世界上最早形成产业集群的区域之一。随着国际贸易的不断发展和技术的不断提升,这一地区通过技术改造、信息技术应用等率先实现了产业集群的转型升级。日本太平洋沿岸产业集群的发展得益于两次世界大战后的工业化变革,促进了产业集群的发展。为了推动全球价值链位置的提升,日本也正在积极推动产业转移。20世纪中后期韩国首尔区的产业开始发展起来,在政府政策扶持下,该区域的第二产业发展迅速,制造业产业园区大量涌现,但是在发展过程中,人口过度集中等问题也开始涌现,产业发展尚不够成熟。

对于国内而言,伴随着改革开放政策的实施,珠江三角洲率先融入全球价值链并开始了其产业集群的转型升级,随后长江三角洲以及京津冀地区依托其发展历史以及地理区位的优势,产业集聚也逐渐发展起来,形成了国内"三足鼎立"的趋势。

二 国内外产业集群转型升级发展实践分析思路

本章借鉴案例研究的一般思路，在梳理国内外重点区域产业集群发展历程的基础上，采用框架分析法，从产业集群形成原因、转型升级的要素以及模式等维度进行分析。通过对国内外案例的梳理和总结，可以识别出区域产业转型升级过程中的关键要素和必要条件，对于进一步总结产业集群转型升级的机制路径具有参考意义。

第二节　国外产业集群转型升级发展典型案例

一　美国东北部大西洋沿岸产业集群的形成与发展

美国东北部作为世界六大城市群之一，具有很强的综合实力和竞争力。该地区覆盖了从缅因州到弗吉尼亚州的大部分地区，包括了纽约、波士顿、费城、华盛顿等美国主要城市。绵延900多千米，总面积约13.8万平方千米，它以6.9%的国土面积集中了18%的美国人口，成为美国人口密度最高的地区之一。

这一地区也是美国产业最发达的地区之一。该地区制造业产值占到全国的30%，是美国最大的生产基地，是美国最大的商业贸易中心和世界最大的国际金融中心，同时也是美国知识、技术信息密集地区。

（一）美国东北部大西洋沿岸产业集群的发展历程

受到两次工业革命的深刻影响，美国东北部大西洋沿岸产业集群发展主要经历了三个阶段。

第一次工业革命到第二次世界大战期间是美国东北部大西洋沿岸城市群发展的主要时期。在这一阶段，区域内的制造业迅速发展起来，一些制造业集聚区开始形成。功能性城市群开始出现。在规模经济的影响下，大量的人口和产业活动在纽约集聚。城市之间的竞争和兼并也开始出现，这使得产业集聚现象日益明显，城市群初步形成。

第二次世界大战之后，随着政府城市政策的调整以及大规模的基础设施建设，大西洋沿岸的郊区化现象日益凸显，产业转型升级也初步显现。纽约等大城市交通基础设施建设等方面在这一过程中日趋完善，郊区在产业发展中的土地、劳动力和税费方面的成本更低，在这一阶段，传统工业城市中的制造业开始向郊区迁移，并得到更快的发展。各个城市之间的专业化分工也日趋明显，价值链视角下的地方产业集群"小区域集聚"的特点逐步显现出来。

20世纪70年代以来，美国东北部大西洋沿岸城市群的集聚和扩散现象更加明显。城市工业由劳动密集型过渡到资本密集型和技术密集型，城市产业之间的互补性日益增强。

（二）美国东北部大西洋沿岸产业集群的发展现状及特点

美国东北部大西洋沿岸作为世界上发展最早的城市群之一，目前已经形成了成熟的发展模式。从现实情况看，城市群内产业的发展具有鲜明的特点。主要表现如下：

1. 核心城市带动产业集群发展

这一区域内的纽约是一个世界级的大城市。在金融领域，纽约汇集了众多金融公司，是全球重要的金融中心；在政治领域，纽约聚集了联合国等重要的国际组织，形成了各类专业化的管理机构和服务部门；在经济领域，许多跨国企业都将总部设立在纽约；在商业、文化、科教等诸多领域，纽约都发挥着重要作用，也因此形成了全球化的服务和管理控制中心。

依托其强大的管理资源和发展背景，纽约在区域集群发展中发挥着重要作用。同时，区域内其他城市的发展往往会受到纽约外部效应的影响。在这一过程中，其他城市也在根据自身条件探索与纽约错位发展的路径，由此，集群内形成多元互补的城市发展格局。

2. 区域内产业层级结构日益完善

美国东北部大西洋沿岸拥有完善的产业层级结构，并在各层级城市间形成了完善的产业分工格局，几大中心城市的功能定位也各具特点，实现了错位且不同质的发展（如图2—2所示）。

纽约依托其强大的资源覆盖在产业层级构建中发挥着重要作用，其位于产业发展金字塔的最顶端，对于区域内的辐射带动作用显著。

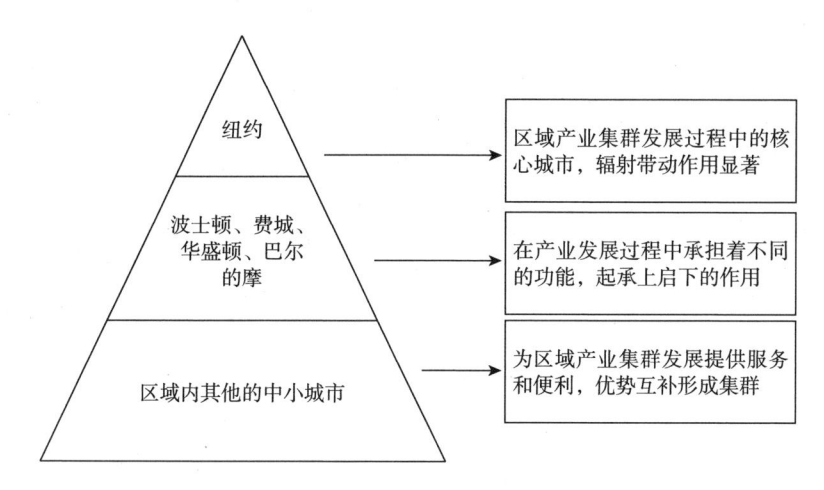

图 2—2　美国大西洋沿岸产业集群重点城市布局结构和功能图

产业层级金字塔的第二层主要是起到承上启下的过渡作用。这些城市一方面要与纽约共同发展，另一方面要统筹第三层的中小城市，带动城市周边产业发展。主要代表城市有波士顿、费城、华盛顿、巴尔的摩。

波士顿聚集了包括哈佛大学、麻省理工学院等在内的多所世界知名大学，是世界知名的高等教育中心。依托其强大的人才资源和科技实力，波士顿成为美国重要的科技中心和全球创业创新基地。金融业、生物科技、信息技术等高技术产业在这一区域发展迅速。费城是美国近海航运的重要港口之一，由于地理位置的优势，其钢铁、造船和炼油产业较为发达，目前重点向金融服务、医疗健康、旅游等方向转型。华盛顿作为美国的首都，汇集了众多国家政府机构和国际组织，是美国重要的政治中心，也是美国旅游业发展的重要城市之一。巴尔的摩与华盛顿地理位置相近，是美国第二大港口，航运业发达，相关的钢铁和汽车制造业是其重要的产业，在产业转型之后侧重于发展科技产业。

产业层级金字塔的底层是中心城市的周边中小城市。这些城市成为连接中心城市和产业群的重要纽带，并为其产业发展提供服务和便利。如果没有这些中小城市，五大城市群将彼此孤立，无法形成更大范围的区域集聚。这些中小城市的存在使得五大城市之间的互通互达更加方便，在产业规划和协作之间的机会也更多，使得城市群更加多元化。

3. 交通网络发达

产业集群的发展与交通网络的构建密不可分。美国东北部大西洋沿岸形成了多层次全方位的网络化交通系统覆盖，这使得城市间的联系更加密切，城市的空间拓展指向性更强，也为产业协同发展创造了通路。

美国东北部大西洋沿岸的交通可以分为短途交通、中途交通和长途交通三类，不同类型的交通设施建设使得不同距离的运输都可以得到满足。短途运输方面，该地区高速公路密集成网，连接了区域内的各个城市。中心城市与郊区之间的客运主要由轻轨承担，这使得中心城市的辐射范围进一步得到扩大。很多在中心城市工作的人可以选择在中心城市周边生活。据统计，区域内五个城市的轨道交通客流量占据美国全国的八成。纽约超过700万人和300万人分别居住和工作在距离地铁站2千米半径范围内。其他五个主要城市也有近三成人的工作和生活靠近当地的轨道交通系统。中途的运输以铁路为主。该区域从东北到西南方向形成了用于连接区域内的中心城市与工业区的铁路网，从波士顿开始，经过纽约到达华盛顿。远途的交通以航空和海运为主。该地区汇集了包括肯尼迪国际机场、费城国际机场在内的九个大型机场，分布在五个中心城市内，形成了发达的航空运输网络体系，成为区域内长途运输的主要形式。海运方面，东北部靠近大西洋沿岸，形成不同层次和功能的港口集群，港口之间分工合理，各具特色。例如，纽约港的集装箱货运，巴尔的摩的矿石、煤和谷物运输，费城港的近海货运以及波士顿港商港和渔港兼具的功能。

4. 区域多主体协调联动

美国东北部大西洋沿岸产业集群成功转型的重要原因之一就是区域内的协调。政府部门、非政府部门以及市场这三个主体共同协调发挥作用，形成了以政府制度制定作为引导、行业协会或联盟作为专业指导、市场作为驱动力的多元主体协同。

政府主要发挥制度制定的作用，联邦政府在全国层面进行立法，针对环境保护、基础设施建设等问题进行保障，地方政府负责政策的执行，以及在社会服务、交通等落实层面提供支持。

行业协会、联盟等民间非营利组织依靠其专业实力在区域治理中发挥作用。最为典型的是纽约区域规划协会，该协会成立于1922年，是一个由独立的民间团体组成的非营利地方规划组织，该协会参与了纽约州、新泽西州等的规划建设。除此之外，一些协会不仅发挥了地区研究和规划的作用，还起到了教育宣传的作用。比如，纽约区域规划协会与美国公共管理学会、美国规划协会、林肯土地政策研究中心等研究机构达成长期合作，形成包括地方政府、专业协会和商业化社区的发展联盟。

发达的市场竞争和合作机制则保证在城市之间资源禀赋差异的前提下，作为驱动力使城市之间进行优势互补，错位发展，实现资源合理配置以及区域协同。

（三）全球价值链视角下美国大西洋沿岸典型产业集群的转型升级

1. 钢铁产业集群：兼并重组实现转型

东北部工业区是美国钢铁工业的主要诞生地之一，该地区利用五大湖水系便利的运输以及丰富的煤矿、铁矿资源逐渐发展起强大的钢铁工业。

19世纪中后期，钢铁冶炼技术出现变革，产业链下游的铁路和机械制造行业需求快速增长，这些因素促使钢铁产业迅速发展起来，美国的钢铁产量一度达到世界首位。1901年，美国成立了钢铁集团，控制了美国当时60%的钢铁产量。此时，钢铁产业集群遵循资源式布局，东北部大西洋沿岸成为主要的产业集聚地（见表2—1）。随后，美国的钢铁产量受到经济危机影响在震荡中持续上升。第二次世界大战的爆发极大地增加了对钢铁的需求，此时在大西洋沿岸内的钢铁公司不得不被动扩大产能，这也在一定程度上促进了钢铁技术和产品档次的提高。第二次世界大战后美国钢铁产业平稳发展，但是大西洋沿岸的服务业、交通运输业等第三产业也迅速发展起来，产业结构转型初步显现。随之带来的成本上升、技术发展滞后等问题造成了美国钢铁业的滑坡和衰退。直到20世纪60年代，美国一直是钢铁净出口国，1950年，美国折算粗钢净出口数值为160万吨，而到了1960年却变为净进口20万吨。而在这一阶段，以日本为首的国家逐渐成长为国际钢铁市场的重要角色，这些新兴国家的崛起使美国逐渐失去过去的产能优势，美国钢铁工业也逐渐退出国内的主导产业地位，钢铁产业集群的转型升级迫在眉睫。

表2—1　　　美国东北部大西洋沿岸钢铁公司分布及其产能

厂名	厂址	产能
美国钢铁公司总部	宾夕法尼亚州	
商务服务中心		
ERW Mill（焊管）		电阻焊管
克莱尔顿厂		炼焦，470万短吨
埃德加汤姆森厂		炼钢，290万短吨
欧文厂		热轧、冷轧、镀层，290万短吨
研究技术中心		
美国钢管公司总部		钢管
费尔利斯厂		镀锌
东芝加哥镀锡厂		镀锡
加里厂	印第安纳州	炼钢，750万短吨；炼焦，130万短吨；热轧、冷轧、镀锌
中西部厂		镀锌、镀锡、冷轧
格拉尼特城厂	伊利诺伊州	炼钢，280万短吨；热轧、冷轧、镀锌
汽车板研发中心	密歇根州	
大湖钢厂		炼钢，380万短吨；热轧、冷轧、镀锌
双鹰镀层钢公司		电镀锌，87万吨
华盛顿特殊生产厂		剪切、定尺、矫直
洛兰钢管厂	俄亥俄州	油井无缝管，78万吨
PRO-TEC镀层公司		镀锌，120万短吨
明尼苏达铁矿公司	明尼苏达州	球团矿，1600万吨
蒂尔登采矿公司		球团矿，870万吨

资料来源：根据相关资料整理所得

在这一时期，由于效益低下，发展无望，美国的钢铁工业成了"夕阳产业"。很多钢铁企业无法吸引必要的投资以对企业进行升级改造，尽管美国各级政府及机构在这一阶段提供了大量资金和政策支持（如20世纪80年代美国政府提供的补贴超过300亿美元，钢铁企业的折旧年限从12年缩短为5年等），但这仍无法减轻钢铁工业的经营压力。1998年年末，先后共有31家钢铁公司申请破产保护或倒闭。随后，政府出台了关税配额保护等一系列措施推动区域钢铁产业的调整。在市场作用下，产业集群内的企业开始进行调整。一方面，迫于市场压力，申请破产保护和关闭的企业数量增多，钢产量在总体上有所减少。另一方面，一些企业通过联合或者并购进行低成本扩张，这使得产业集群内部的钢铁企业数量大大减少，产业集中度大幅度提高。这样一来，大大提高了集群内企业的劳动生产率，提高了产业的竞争力。由此可见，产业内部企业的重组可以淘汰部分技术落后、污染严重的小企业，将生产集中到技术设备水平较高、竞争力较强的大企业，从而增强区域产业集群的竞争力和整体实力，实现产业集群的转型升级。

2. 传统制造业集群：政府引导企业"回流"

美国传统制造业的发展与钢铁产业、石油煤炭产业的发展密不可分。东北部地区也是美国发展最早的制造业中心之一。石油煤炭工业、钢铁工业的迅速发展带动了区域内制造业的发展。第一次世界大战后，美国的汽车、电气、建筑、化工等产业均跃居世界首位，东北部地区成为其重要的制造业发展中心。但随着布雷顿森林体系的崩溃，苏联、日本、西德等国家日益参与到国际竞争中，美国的制造业优势受到威胁。另外，全球价值链的形成使得全球分工出现差异。中国、东南亚等廉价劳动力的优势迫使美国将制造业的一些低端环节转移到海外。20世纪70年代，随着国外成本优势的不断增强，美国的一些传统企业，如普通工业机械、汽车、机电产品等大量向海外转移，美国进入了"去工业化"的时代，这使得美国国内传统装备制造业在全球的地位有所下降。

传统制造业发展受限，东北部沿海地区的第三产业迅速发展，但是这也造成了一些问题的出现。区域经济虽然成功向高端产业转移，但制造业占区域GDP的比重却逐年下降，制造业增速无法赶上区域经济的整体增速，就业率也随之下降。2008年金融危机以前，以美国东北部大西洋沿岸地区为代表的区域形成了过度依赖金融业、服务业、房地产业等虚拟经济的增长模式，"产业空心化"态势严重。

2008年，金融危机的爆发使美国政府开始反思虚拟经济过度发展带来的弊端，并认识到实体经济在区域发展中的重要作用。特朗普政府大力推行"制造业回流"战略，鼓励和引导海外制造业回迁，同时大力支持科技创新、实行更加量化宽松的政策、吸引高技术人才移民等一系列措施，以重新获得其在制造业领域的竞争优势。

在这一区域的传统制造业转型升级过程中,政府政策成为"回流"的重要因素。然而,根据全球价值链治理理论,全球化分工模式是必然趋势。通过政策调控能否实现大规模制造业回流,进而推动区域产业集群的发展仍是未知数。

3. 医疗产业集群：产业与中心城市的双重转型

医疗产业是指一切与健康以及疾病治疗相关的商品和服务行业,医疗产业细分门类众多,就业基数庞大。医疗产业具有很强的商业潜力,经济规模也很大,因此受到包括美国在内的很多国家的重视。美国的医疗产业是其经济的重要组成部分,产业分布主要在中心城市,深刻影响着中心城市的经济与空间结构及其转型。

美国东北部大西洋沿岸的匹兹堡最早是美国制造业集群的核心城市之一,其钢铁和机械产业长期领先全美,但随着美国进入去工业化阶段,匹兹堡市经济一度萧条,其产业转型升级也面临巨大考验。但随着城市定位的调整,高新技术产业逐渐成为城市的发展中心,医疗产业集群的形成和转型与城市的转型形成良好的互动,在区域产业发展中发挥了巨大作用。

早在20世纪初,匹兹堡就意识到了城市治理的重要性,并采取一系列措施进行城市改造。在随后的几十年时间里,匹兹堡市政府议员与企业家形成良好互动,从改造中心商务区、治理污染和建造廉价住房等方面着手,推动城市走向复兴。实际上,匹兹堡医疗行业实力雄厚,阿勒根尼县共有28家综合医院,其中不乏美国知名的医疗机构,匹兹堡大学医疗中心则十分重视医疗研究,在生物医药领域跻身全美前列,为匹兹堡地区的医疗产业集群转型升级奠定了重要基础。

20世纪中期以后,匹兹堡的制造业就业人数持续下降,银行等投资机构开始调整自身的投资方向,并向制造业不断施压以促使其增加利润。中心城市去工业化使得许多制造业向郊区以及国外转移,城区则为一些新兴产业集群的形成和发展创造了条件。在市政府的支持下,旅游文化产业、IT产业迅速发展,宾夕法尼亚州建立起了四个先进技术中心,推动大学与企业的合作,匹兹堡也兴建了技术中心,鼓励匹兹堡大学与卡内基—梅隆大学将新技术商业化。

在这一背景下,医疗产业集群也迅速发展起来,逐渐服务于城市复兴。匹兹堡州政府和联邦政府大力扶持医药产业发展，制定了包括减税、立法、贷款资助在内的一系列政策，医药行业的商业化开始起步。匹兹堡大学医疗中心迅速发展起来，为医疗技术产业化创造了条件①。

随着城市转型的不断展开，医疗产业集群的规模也不断扩大。以匹兹堡大学医疗中心为例，匹兹堡大学医学中心直接隶属于匹兹堡大学。截至2019年，该中心拥有超过80000名工作人员、30多家医院、4200张注册床位、400个定点门诊和医生办公室，每年住院167000人次、门诊300万人次、急诊40万人次、手术超过13万例，每年为近160万人提供医疗保健服务。匹兹堡大学医疗中心现已发展成为运营20个学术、社区及专科医院和400个门诊部的学术研究医学中心，其提供的医疗服务覆盖宾夕法尼亚州西部29个县，直接和间接产生的经济效益达到265亿美元。到目前为止，医疗中心逐渐成为了商业化的学术—医疗产业复合体，即拥有医院、实验室和专业研究人员的大型综合机构，最终成为独立的医疗产业集团，在重视医学研究、保持行业领先地位的同时，实现了成果转化的快速商业化。与此同时，产业集群积极整合内部资源，不断兼并扩张。

这一医疗中心不仅占据了美国国内中西部地区的医疗市场，对于邻近国家，如加拿大的医疗产业也造成一定范围的冲击。产业集群的转型也促进了城市的转型，匹兹堡也逐渐从一个传统工业城市转型成为发展均衡、创新驱动的城市，金融、先进制造业和医疗产业成为城市发展的重要基础。

（四）美国东北部大西洋沿岸典型产业集群发展的关键要素及路径

美国东北部大西洋沿岸城市群产业集群的转型升级经历了上百年的历史，在产业生命周期的不同时期出现过低谷，也出现过繁荣，针对不同时期的发展所面临的问题，美国东北部大西洋沿岸提出并实施了具有针对性的建议和举措，帮助其渡过发展困境。根据上述三个典型产业发展的案例，美国东北部大西洋沿岸产业集群实现转型升级主要依托以下关键要素。

---

① Andrew T. Simpson, "Health and renaissance: academic medicine and the remaking of modern pittsburgh", *Journal of Urban History*, No. 1, 2015, pp. 19–27.

1. 区域产业结构调整

产业的集聚和扩散过程，是城市经济发展的动力，因此，产业结构的改变决定着区域经济发展方向。美国东北部大西洋沿岸城市发展起步较高，从出口产品和技术复杂性的角度来看，长期一段时间内都处于价值链较上游的地位。以工业革命为契机，重工业和制造业发展迅速；20世纪70年代，制造业衰退，该地区抓住第三产业发展的契机，金融业等现代服务业迅速发展；80年代中后期，科学技术的快速发展使得这一地区成为了全美的科研阵地。新技术的发展为传统企业改造提供了支持，也创造了新兴产业，提升了产业集群的经济实力。美国大西洋沿岸城市圈产业集群的转型升级，正是遵循了从生产型产业到服务业产业的转变。

2. 区域城市协同分工

美国大西洋沿岸城市群作为当今世界最为成功和完善的都市圈，有其独有的发展经历以及完整的城市体系。纽约市是都市圈产业集群中经济实力最强的中心城市，其集聚能力和辐射实力在城市圈产业集群的发展和演化过程中起到了非常重要的作用。都市圈的发展离不开错位发展、互相促进的完整的城市体系。五个中心城市相互影响，分工明确，资源互补，奠定了良好的城市发展基础。纽约都市圈发展动力主要是来自科技创新推动生产力发展、交通通信发展促进城市网络形成、合理的城市规划提高都市圈经济效率，这些重要因素共同造就了纽约都市圈完善的区域经济体系，使其成为世界经济发展的中心。

美国大西洋沿岸产业集群转型升级迅速的原因之一在于城市群之间发挥各自的比较优势，合理布局产业。不仅在全球价值链的环节中始终着力发展技术复杂性高、产品附加值高的产业，而且在城市群内部也区分发展，形成了在价值链中的不同环节，相互补充，避免了趋同，例如在金融贸易领域居于主导地位的纽约、美国重要的重工业基地费城、重点发展微电子产业的波士顿，以及多重职能的政治经济文化中心华盛顿。产业格局分工明确，在城市群相互协调发展的同时，有利于产业集聚对周边区域城市形成辐射，促进辅助城市的快速发展，最终提高城市群的整体发展水平。这种分工明确的产业布局对于产业集群的发展和产业链的形成起到关键作用，成为美国大西洋沿岸城市群持续发展的重要基础，这对于中国城市群产业集群转型升级具有重要参考意义。

3. 交通体系建设

实际上在美国大西洋沿岸产业集群转型升级的过程中，交通体系的建设发挥着重要作用。从交通上，大西洋沿岸产业群保持了一种开放的姿态，内部城市之间互联，与其他地区保持沟通，使自身始终在全球价值链体系之中。交通体系主要涵盖了公共交通运输和货物运输体系两个层面。在公共交通运输体系中，地铁和铁路比例超过一半，城市群内主要城市公共交通（包含政府、私人运营的公共交通）超过1/3，遍布整个城市群，并与公共地铁、轻轨相互配合，形成便捷的交通网络。货物运输同样如此，有轮渡、火车等多样选择，为城市群产业集群的发展创造了便捷条件。政府坚持实行"公交优先"的政策，通过多种优惠措施鼓励市民多乘坐公共交通。另外，通过加重燃油税、过路费等方式减少私家车的出行频率，这对于交通阻塞、环境问题愈发严重的中国来说有较大的借鉴意义。

4. 政府、非政府管理的协调功能

美国大西洋沿岸城市群的跨区域管理是典型的非政府组织与政府组织相结合的成功模式。其中，纽约市政府和纽约区域规划协会以及纽约都市圈委员会等非政府组织主要起草城市群的管理和规划方案，政府和非政府机构之间的紧密协作对这一区域的发展起到了重要作用。非政府组织与政府组织之间形成互补，非政府组织的行为对政府行政管理体制进行有效补充，在都市圈的科学规划方面起到重要的作用。而政府组织在改革和竞争中发挥关键作用，在基础设施建造以及当前设施的改革和发展中进行投资支持，为产业集群的发展创造有利的条件。因此，在城市群产业集群的发展过程中，既要有一定的行政力量的参与，也要充分考虑发挥非政府组织的作用。

产业结构由第一产业向第二、三产业的转型使得区域产业的集聚效应不断增强，区域经济发展更加完善是区域产业集群转型升级的关键；区域内产业结构的调整促使各城市之间形成良好的分工体系，这一分工体系保证了城市功能的充分发挥，是实现产业集群转型升级的重要基础；良好的交通网络构建促进了区域内人力资本、资源的充分流动，充分发挥了集群临近的重要作用，为产业集群内产业结构的调整和城市分工的实现提供条件，进而为转型升级提供了动力；区域内政策环境的改善、政府与非政府组织的互动与互补也保证了集群的效率，从而使得集群环境得到改善。总体而言，美国东北部大西洋沿岸产业集群转型升级关键要素及作用机制如图2—3所示。

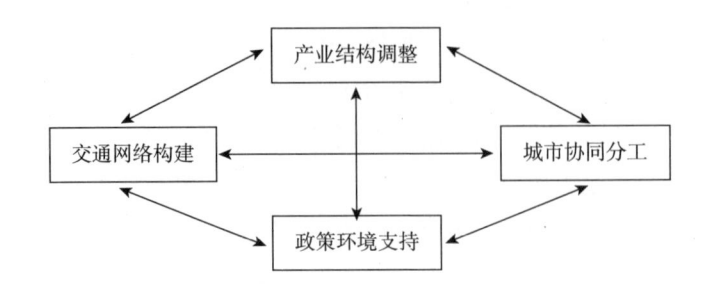

图2—3 美国东北部大西洋沿岸产业集群转型升级关键要素及作用机制

二 日本太平洋沿岸产业集群的形成与发展

日本太平洋沿岸城市群（又称东海道城市群）是日本最大的城市群之一，该城市群包含了东京、大阪以及名古屋三个小的城市圈，涵盖了从千叶到神户的大部分地区。这一地区濒临太平洋，隔东海、黄海以及日本海，与日本、朝鲜相望，具有明显的区位优势。该地区是日本的人口聚集区之一。这一地区占日本国土面积的24%，但却拥有日本全国60%的工厂和人口，其工业生产占全国工业总产值比重高达80%之多，劳动力丰富，工业分布密集。

（一）日本太平洋沿岸产业集群的发展历程

日本太平洋沿岸经济带的崛起主要经历了三个阶段。发展初期，该地区以出口导向型的加工装配制造业为主，在承接欧美地区产业转移的基础上，进行消化再吸收，发展具有特色的本土产业。例如最早以缫丝和棉纺织业为代表的日本纺织业就在这一段时间内发展起来，成为日本对外经济的主要增长来源。

1950年朝鲜战争爆发，带动日本太平洋沿岸经济带进入发展的第二个阶段。此时，大量的战争"特需"激活了日本工业，借此机会，日本太平洋沿岸经济带的主要城市开始布局重化工业，帮助日本度过了经济危机并进入复兴阶段。在此期间，日本政府出台了一系列措施鼓励民间投资，这些投资被应用于生产设备向着先进化、大型化的方向改进，产量因此得到大幅度提高。这也使得日本形成经济增长的三大引擎：个人消费、商品出口以及设备投资。

20世纪70年代以来的日本正式开始了全面的产业转型升级。石油危机致使石油和原材料价格迅速上涨，这对于日本经济而言既是挑战又是机遇。太平洋沿岸经济带抓住机遇，进行了产业发展的战略调整。一方面，汽车、电子等加工装配制造业替代重化工业成为支柱产业；另一方面，高附加值、高知识密集度的技术密集企业在政府的扶持下迅速发展起来。诸如半导体集成电路等高技术产业迅速成长起来，出口导向型的发展战略初步形成。80年代初，日本政府提出"技术立国"的方针，为了响应这一方针，政府加大对于太平洋经济带技术密集类和知识密集类产业的支持。过度集中的工业带和重工业的从业者向外拓展，将五大工业带在内的周边工业区联结起来形成了带状的大工业带。这一地区集中了日本工业产值的75%，在不断扩张的基础上成为世界著名的工业带之一。

目前，日本太平洋经济带原有的工业地带已经近于饱和。交通运输的发展和产业自身实力的增强使得很多企业开始向地价低廉、劳动力充足的地区进行迁移。近几年，日本的主要产业开始有以太平洋沿岸经济带为中心向外扩散的趋势。一些企业开始在东南亚、印度等地区投资建造厂房，加工原料，然后将半成品运回日本，再加工之后销往世界各地。

（二）日本太平洋沿岸产业集群的发展现状

日本太平洋经济带是日本的重要工业带，其工业生产占全国工业总产值比重高达80%之多。日本太平洋沿岸经济带目前已经形成"三湾一海"（东京湾、大阪湾、伊势湾和濑户内海）的稳定工业布局。

东京湾地区是日本发展最早也是最快的地区之一，第二次世界大战之后逐渐成长为全国第一的经济区域，也被建设成为日本重要的海陆空交通枢纽。这一地区在核心城市的带动下也形成了很多的工业带，例如京叶工业带、京滨工业带、川崎鹤见地区等。京叶工业带发展较晚，主要为石化和钢铁工业，企业规模大、设备新。位于南关东的京滨工业带以东京、川崎、横滨为中心，是日本经济发展最快的地区，也是重要的工业地带以及高技术产业研究与开发基地的集中区域。南关东工业产值约占关东地区4/5，占全国26%。工厂与城市密集，区内经济紧密联系。该地区的机械工业、重化工业位于全国领先地位。产业布局上形成了明显的集聚。川崎鹤见地区的钢铁、石油化学、造船产业形成了成熟的集群；江东地区主要发展轻工业，尤其是中小企业密集区；东京南部与川崎、横滨内陆为汽车、精密机械、电机集中区；东京中部以印刷出版业发展著称。

大阪湾的发展以阪神工业带为代表，是近畿地区的经济核心，也是日本纺织工业的发源地。阪神工业带以纺织、服装和酿酒等传统产业为主，作为近畿地区的经济核心，钢铁、机械和家用电器、化学加工行业也发展迅速。大阪南部是日本著名的纺织工业区，播磨作为新兴的工业区也快速成长。和歌山地区的钢铁和石油产业较为发达。第二次世界大战之后，为拓展工业发展区，日本实行了填海造陆，泉北新临海工业带的重化工产业借机发展起来。京都工业带除了高级纺织和陶瓷，电机产业成为其主要的现代工业，同时这里旅游业发展较好。

伊势湾的发展以名古屋工业带为代表，是东海地区的经济核心。名古屋工业带位于中部地区，处于本州岛最高最宽地域，有"日本屋顶"之称。这一地区的轻工业和重工业均较为发达，尤其是最知名的汽车产业、纺织产业以及陶瓷工业。该地区主要工业中心为名古屋、四日市、丰田等，次中心骏河湾一带则发展起造纸和人造纤维工业。濑户内海地区是日本造船发展最集中的地区，也是濑户内海新兴工业地带的主要部分。产业布局上以造船、钢铁、石油化工、化纤为主，汽车等机械制造业为辅。

可以看出，日本太平洋经济带的发展因自然条件优越，临港经济发展优势凸显，以石化、造船、机械等为代表的临港工业均已实现规模化发展，修船与海运物流等相关新兴产业发展迅猛。日本在长期的发展过程中形成了庞大和先进的制造业基础，目前正在努力实现产业的转型升级。一方面将缺乏比较优势的环节向欠发达地区和国家转移，实现在全球价值链中地位的优化升级，同时促进本国服务业和高技术产业的发展。另一方面，在这一过程中搭建全球化的营销网络，为产业的全球化发展创造条件，为价值链环节的进一步升级奠定基础。

（三）全球价值链视角下日本太平洋沿岸典型产业集群发展

1. 纺织业集群：技术创新实现转型升级

纺织行业是日本传统的制造业。通过对纺织产业发展历程的探寻，我们可以窥见日本经济发展的基本脉络。第二次世界大战以前，纺织服装业是日本在工业革命期间建立的支柱型产业。20世纪初，日本纺织制造业的产值占到日本工业总产值的1/2，纺织品出口占到出口总额的近六成，极大地促进了日本经济的腾飞。但到了1985年，日本纺织品进口数量增多，出口下降，纺织产业开始走向衰退，日本经济也因此走向萧条。如何对传统的纺织产业进行调整成为日本经济发展的重要方向[①]。

日本太平洋沿岸是日本纺织工业重要的集聚地之一。爱知县的三河、知多、尾州，以及滋贺县的湖东，京都府的丹后等地具有悠久的棉麻纺织品生产历史，形成了完善的产业链条。早在第一次工业革命时期这一地区就成立了大阪纺织公司。第一次世界大战以后，依托低成本优势以及新型设备投资的优势，日本太平洋沿岸的纺织企业承接了大量来自欧美西方国家的纺织品生产订单，成为重要的代工生产基地，在全球价值链中的生产制造环节占据重要地位。这一时期集群内企业不仅积极地从西方国家引进人造纤维制造技术，还及时地进行设备更新（如将老旧的英式走锭精纺机更换为更为先进的美式环锭精纺机）来提高劳动生产率。

经过第二次世界大战后短暂的出口停滞，20世纪70年代，日本恢复纺织品出口，并逐渐迎来了产业的二次繁荣。70年代甚至超过欧美成为全球价值链出口第一的贴牌生产基地。该阶段，美国已经开始引入更加先进的化纤技术和制造机械，但是日本太平洋沿岸纺织服装产业仍旧是建立在其低廉的劳动力和大量资源投入基础上的劳动密集型产业，发展方式粗放。从产品构成来看，天然纤维等上游产品的生产与出口大幅度减少（如1970年的棉丝生产量仅为第二次世界大战前的2/3水平），生产部门的资源与重心开始逐渐向附加值高的化纤、纱线和织物等中游产品以及纺织成品和服装等下游产品倾斜。70年代之后，韩国等周边亚洲新兴国家经济增长较快，全球产业中心开始有转移的趋势。两次石油危机和日元升值使得区域内的纺织服装产品生产和出口都受阻，日本逐渐失去低成本的优势。也是在这一时期，日本将自身的生产基地向韩国、中国台湾以及东南亚转移，同时扩大进口，导致太平洋沿岸的纺织产业开始衰退。

---

① YongIl Park and Kym Anderson, "The rise and demise of textile and clothing in economic development: the case of japan", *Economic Development and Cultural Change*, Vol. 39, No. 3, 1991, pp. 531 – 548.

日本出台了一系列政策用于支持太平洋沿岸衰退的纺织服装产业，主要是通过加大相关的技术投入，以促进产业的升级发展。从这一阶段起，日本太平洋沿岸地区纺织产业开始聚焦于高性能与高功能纤维领域，为集中产学研多方力量，承接新能源产业技术开发机构（NEDO）与经济产业省在革新型新构造材料技术研发领域的项目，在2013年10月成立了新构造材料技术研究联盟（ISMA）。该联盟共有39个成员，其中37家为企业，另有一家国立研究所（产业技术综合研究所）以及一所国立大学（名古屋大学）。联盟成员中既有专攻单一领域的企业，也有在多个领域都有研发实力的企业。以CFRP的开发为例，共有19家来自纺织、碳纤维制造、汽车等行业的企业联合产业技术综合研究所、名古屋大学等进行产学研合作，力争扩大日本在该领域的技术领先地位。

与此同时，太平洋沿岸地区纺织产业开始大力培养服装设计领域的高端人才，以成为国际化时尚之都为目标将中心城市东京进行重新定位，力争跃升至全球价值链的高端环节。一方面，鼓励企业进行多角化经营，以先进技术作为媒介拓展纤维产业的链条，与汽车、航空等产业进行纵向横向的交叉延伸。另一方面，按照"雁阵模式"加快海外投资，将低端的生产环节转移到低成本的国家，国内聚焦于技术开发、服装设计这些高附加值的环节，从OEM向ODM转变，最终变为OBM。经过这些努力，日本目前的化纤行业达到了全球领先，高性能纤维开发、绿色纤维开发都形成了各自独特的优势。例如，日本东丽公司开发的碳纤维被称为"新材料之王"，该企业也是全球最大的碳纤维生产制造厂商。品牌方面，"三宅一生""优衣库"等成长为世界级的品牌，东京时装周也以其严谨专业的风格成为了世界十大时装周之一。至此，日本传统的纺织工业集群在改进技术和培育品牌的创新式发展下，重新焕发了活力。具体的中日纺织产业技术创新和品牌运营比较情况如表2—2所示。

表2—2　　　　　　中日纺织产业技术创新和品牌运营比较

	日本	中国
创新主体	大型企业	中小企业
技术创新模式	简单模仿→创造性模仿→自主创新	以模仿创新为主，不断加大自主创新力度

续表

	日本	中国
技术创新内容	纺织产品的创新，管理模式的创新	生态纺织物、智能制造、新材料研发等
品牌运营模式	SPA 模式，快时尚品牌模式	实体性服饰品牌经营模式，B2B 模式，C2C 模式

资料来源：根据相关资料整理所得

2. 汽车制造业集群：龙头企业带动下的转型升级

名古屋工业带内的爱知县是日本最发达、工业化程度最高的地区之一，也是日本国内领先的制造业中心，汽车产业是这一区域的支柱产业。这里聚集了全球最大的汽车厂商丰田公司、丰田参股的大型汽车零部件制造商点状公司，以及三菱、铃木和大众集团等其他主要汽车厂商的若干工厂。爱知县拥有集零部件制造和汽车组装于一体的综合性汽车产业集群，区内共计 14 座汽车制造厂，其中 6 座为组装厂，8 座为零部件生产厂。在爱知县汽车产业的发展过程最典型的发展模式就是龙头企业带动下的轴轮式集群发展。

轴轮式产业集群是指众多相关中小企业围绕一个特大型成品商形成的产业集群。在一个处于中心地位的大企业带动下，各中小企业一方面按照其要求，为大企业加工、制造某种产品的零部件或者提供某种服务；另一方面又完成自身相对独立的运作，实现自身的发展[①]。

在爱知县汽车产业集群发展的过程中，以丰田为代表的龙头企业发挥着重要作用。产业集群内部呈现金字塔的构造，顶端是丰田公司，下面包括了一次下承包企业（100 多家）、二次下承包企业（5000 多家）、三次下承包企业（3 万多家）以及众多的四次以下承包企业。这些企业之间既有组织联系，也有地域联系，呈现出柔性和动态化的关系。

除此之外，很多丰田的供货商将自己企业的总部设立在了爱知县丰田城或者在丰田城半径 5 小时车程范围内的区域，这些供货商围绕在丰田周围形成一个集群，这也使得丰田要求的准时供货、到货不进库房，按计划直接上生产线、即时作业成为可能。而丰田标准化的生产链条保

---

① 曹洪军、王乙伊：《国外产业集群的发展模式及其启示》，《宏观经济研究》2004 年第 10 期，第 38—40 页。

证了产品的生产质量，降低了生产的成本。正是基于这种集群效应下的精益生产制度，2007年丰田汽车的年产量超过美国通用汽车，成为了全球第一大汽车生产商。

轴轮式集群的下承包制是集群内层及之间的主要组织联系方式，相互持股、人事参与、技术指导等成为企业间联系的重要手段，企业之间形成竞合关系，既有正式交流又有非正式交流，形成一个紧密的企业群网络。

实际上，丰田模式下的产业集群也在受到国际化的冲击。大部分的本地供应商并不擅长创新，也不参与全球竞争。为了降低生产成本，丰田公司开始选择与国际上主要的大型供应商建立联系，通过规模经济压低价格，这使得国内的生产量出现下降。丰田公司比照全球多家公司设定零件价格和制造标准，让本土供应商更多地参与产品开发和规划，同时为其提供教育支持，帮助本地供应商实现必要的技术升级，从而推动整个汽车制造业集群的转型升级。

3. 研发产业集群：政府和市场的共同驱动

研发产业集群是指从事研究与开发活动，并向市场提供产品或服务的企业集合。研发产业是一种新兴的高端服务业，其发展具有创新程度高、集聚的空间范围广阔等特点。日本太平洋沿岸依托其悠久的发展历史，研发产业集群发展迅速。在其发展过程中，政策驱动与市场驱动发挥着重要作用。

从整体来看，日本的研发产业发展极其迅速。从20世纪中后期到21世纪初，从事研发活动的企业数量翻了一番，到2006年其科研经费总额已经占到当年GDP的3.36%，超过了美国在内的发达国家，位列世界第一。从地理位置上看，日本的研发产业集群分布与太平洋沿岸经济带基本保持一致。包括了三大主要区域：以东京都为中心的关东地区、以大阪府为中心的近畿地区和以爱知县为中心的中部地区并向南部进行了延伸。

太平洋沿岸工业带的研发企业集群主要涵盖了机械制造、运输机械、电子电器等重点行业。其空间分布呈现日本特色的地域性。以东京为中心的关东地区的研发机构所属行业齐全，集中了钢铁和金属制造业的四成研发机构，东京都主要汇聚了信息服务业的研发机构。而中部地区主要集中了运输机械、石油化工和纺织机械的研发企业，如爱知县以运输机械的研发企业集聚为主①。

太平洋沿岸工业带研发产业的发展首先得益于其雄厚的产业基础。东京圈内包括东京大学、筑波大学等在内的大学数量一直约占日本大学总数的1/3。另外，以成人教育、终生教育和职业教育为主的继续教育大学也不断增加。高校和研究机构为研发企业提供了科技人员的保证。日本的研发机构具有大都市指向型的特点，而大都市圈基础设施便利，信息资源丰富，为研发企业的信息交流创造了良好的条件。

大都市同时接近消费市场，容易获得技术和市场的最新情报信息。东京人口约占日本人口总数的1/10，东京同样也是日本人口最稠密的地区之一。东京地区是全国的政治、文化中心，汇集了众多的行政机关和跨国公司总部等，这些机构和团体为东京的最新产品研发提供了巨大的需求空间，也形成了一个巨大且多元的消费市场，这为以东京为代表的研发产业集群的发展以及竞争力的形成创造了条件。

日本政府为了促进产学合作，实施了一系列的优惠措施。这些措施包括了行政立法、税收优惠等其他行政措施。一系列措施的颁布和执行极大地促进了区域内研发产业集群的发展，如表2—3所示。

表2—3　20世纪80年代至90年代研发产业产学研合作主要推动政策

重要年份	措施
1981	产学官三位一体的科研体制（日本科技厅和通产省）
1982	"综合研究联络会议""研究开发专业委员会"（日本学术振兴会）
1983	国立学校与民间企业等的共同研究制度（文部省）
1986	《研究交流促进法》；官民特定共同研究制度
1987	神户大学、富山大学和熊本大学设立三个地区共同研究中心
1996	《科学技术基本计划》中把产学官合作作为基本国策
1998	制定《大学等技术转让促进法》
2000	制定《产业技术力强化法》

---

① Takumi Hirai, "Search on the establishment of R&D institutes of japanese companies", *Osaka Prefectural Institute for Advanced Industry Development*, *Research Conference*, Oct. 9, 2007.

续表

重要年份	措施
2001	每年召开产学官合作负责人会议和产学合作促进会议
2002	《产学官合作促进税制》

资料来源：根据相关资料整理

（四）日本太平洋沿岸经济带产业集群转型升级的发展模式

1. 日本太平洋沿岸经济带产业集群转型升级的关键要素

日本太平洋沿岸经济带的建设极大地促进了日本经济的发展，从全球价值链角度分析，其接受产业转移和发展高新技术产业的过程也为中国产业集群的转型升级提供了有益的启示。

（1）产业结构调整

产业布局是经济带建设推动城市化的基本条件。该地区经济带建设初期阶段将工业布局作为重点突破环节，将工业基础建设作为主要内容和城市化推进的主要驱动力。在中期阶段，重化工业不再是产业布局的核心，开始向中小城市转移。金融、信息和技术研发产业成为核心城市的发展重点。最终，形成从核心向外围相对合理的产业布局，在这一过程中也完成了城市化进程。

根据空间分工和产业协作规律，以主导产业培育、产业结构调整和升级为核心，不断地推动都市圈内、跨都市圈的产业分工合作，进而形成功能协调的经济一体化区域。具体的措施如下：①都市圈中着力建设培育工业、住宅、研究院以及物流中心等功能性城市；②培育核心城市的主导产业并形成专业化的分工；③培育以核心或次核心城市为依托的产业集群，在圈域内形成产业链条，强化产业的分工协作和关联发展；④加强跨都市圈产业的分工与协作，促进更广泛地区的产业协调发展。通过上述措施，一方面，优化都市圈内部的产业空间布局，促进产业的协调发展，尤其是产业链上下游企业的关联发展，另一方面，促进资源在更广泛的区域流动，即通过跨都市圈的资源配置，实现产业在广域地区的协调发展。

（2）区域城市分工

在太平洋沿岸经济带的发展过程中，城市空间开发是重要的组成部分，为经济带城市功能的完善提供了物质保障和基础。在经济带形成的过程中，空间开发的模式和特点不断发生变化，从而提高城市承载力，更好地发挥城市生活服务和生产服务功能，为人口、产业的集聚提供空间载体和物质保障，同时为经济带统一性、协调性和层次性发展奠定基础。

以太平洋沿岸几大城市圈之一的东京都市圈为例，在发展初期，由于政策、经济、区位等条件的优势，人口、产业以及城市中枢管理职能不断向东京中心地区集中，带来了交通堵塞、环境恶化等问题，成为东京进一步发展的掣肘因素。为了解决上述问题，实现城市功能的分散和合理布局，在不同时期，日本采取了不同策略对东京都市圈进行规划和建设。其中，首都圈第一次整备规划，主要通过限制学校和工厂的兴建，控制人口和产业向东京进一步集中。第二次整备规划，将东京的城市定位进一步明确，部分非核心功能向外迁出。第三次整备规划，继续将东京市的行政管理职能向外迁移。第四次整备规划，分散了城市的业务管理和国际交流功能。第五次则加强了对于非核心城市生活功能的培育，如教育、文化和休闲功能。最终，东京都市圈的各城市实现了不同的职能分工，包括行政中心城市、金融商业中心城市、物流枢纽中心城市、教育科研中心城市、产学研联合城市、各类工业城市、近郊科研发育型城市、近郊行政城市、住宅型城市等类型城市，其各司其职，并相互关联、相互促进，在"集聚"的前提之下，实现了内部城市的"分散"化专业分工，共同推动都市圈的健康、协调发展。

(3) 政策环境支持

第二次世界大战期间，日本太平洋沿岸经济迅速发展起来。在整个发展过程中，政府的政策支持起到了重要作用。在优化基础设施建设、规范区域经济发展等方面发挥了重要作用。

以交通建设为例，在太平洋沿岸经济带内，政府大力支持交通运输系统的完善。以新干线为核心的铁路建设构成经济带交通的空间骨骼。高速公路在内的道路建设则为人口的广泛流动创造了良好的基础设施条件，同时公路与铁路、航空、港口充分连接，形成一体化的交通格局。而港口和机场则为经济带各主要城市的功能进一步扩张创造了条件。交通通信基础设施的完善为经济带内人口城市间与城乡间广泛流动、产业关联发展提供了重要保障条件。

从行政立法来看，日本太平洋沿岸经济带在发展过程中，形成了涵盖从中央到地方多个层次、系统和相对完善的法律和规划体系。1950年，国土开发基本法《国土综合开发法》（2005年全面修订为《国土形成规划法》）的颁布实施，到《首都圈整备法》等都市圈整备法的出台，再到《北海道开发法》等地方城市经济带开发促进法的推出，形成了相对完备的法律体系。同时，都市圈建设规划等规划的颁布实施，使得日本形成了体系完整、层次分明、覆盖范围广泛的规划体系。这些系统、完善的法律和规划体系，为太平洋沿岸经济带的建设提供了有效的法律保障，为协调空间开发、产业扩张、人口城市化提供了基本的政策指南。这些政策对于推动经济带内部城市的发展和城乡协调发展具有重要意义。

（4）技术创新与产学研合作

产业集群可以通过知识外溢、技术引进和学习效应等实现跨越式发展和转型升级。日本太平洋经济带产业集群在发展转型的过程中充分体现了技术创新的重要性。一些中低端产业利用集群内部的技术、资本和知识等资源，通过改进生产技术、培育自有品牌等方式，减少生产链条中高端环节的生产成本，在相关领域实现国内价值链的整体提升，进而实现在全球价值链中的位置。

产学研合作作为技术创新实现的重要途径，在日本产业集群的发展中发挥了重要作用。太平洋沿岸集中了大量的优质科研院所和高校，除此之外，职业教育等多层次的教育体系也逐渐得到完善，这为产业发展提供了源源不断的人才资源，使得知识更新和溢出的效率提高，为产业集群的转型升级创造条件。

2. 全球价值链视角下日本太平洋经济带产业集群的发展模式

总体上看，日本太平洋经济带产业集群的发展模式为生产者和购买者共同驱动的结果。以汽车、造船为代表的现代制造业以生产者驱动的发展模式为主。相关产业尽可能降低价值链高端环节的成本，统筹全球范围内的生产要素。在购买者驱动的模式下，太平洋沿岸经济带将价值流向了市场销售和品牌化的阶段。跨国公司利用要素成本差异有选择地在不同的国家安排生产，同时利用其品牌优势在国际市场占据优势，获得利润。随着目标市场以及区域生产要素禀赋的不断变化，能够出现产业转移的不同空间形态，所以日本太平洋经济带产业集群崛起始终处于动态变化中。

在这一过程中，日本太平洋沿岸经济带的开发过程的侧重点随着时间变化也有所改变。最开始，区域内的价值创造集中在外汇、资源和劳动力，随后向着土地和税收转变。在产业发展过程中，继续向技术、资本和知识转换等要素转变，为构建国家价值链，提升区域消费能力、区域市场容量与商务规范，保护知识产权成为重点。目前开始向引领全球价值链阶段的市场成熟度、商业价值输出能力以及财富伦理等方面转换的阶段转变。

日本太平洋经济带产业集群的发展，归因于其区位市场禀赋与区位要素是依靠生产者驱动和购买者驱动的双重机制的作用，其作用机制往往是兼有购买者驱动与消费者驱动内涵的混合型驱动（见图2—4）。这种生产性崛起的低阶段向高阶段过渡的特点在我国几大经济圈的发展当中也有所体现。区位市场和区位要素的共同作用使得经济圈的发展呈现不同的结果，这也是区域资源禀赋作用的结果。环渤海（京津冀）现今正处于区位要素与区位市场的相互确认与磨合期，主要表现为自有区位市场（京津）对外围区位市场（东北亚—亚太）的嵌入性需求，以及两重区位市场分别对自有区位要素（京津冀）的整合性要求。

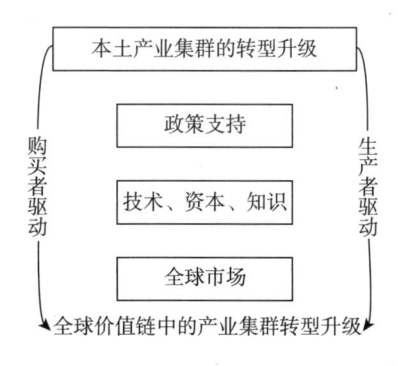

图2—4　日本太平洋沿岸经济带产业集群转型升级关键要素及发展模式

三 韩国首尔都市圈产业集群的形成与发展

首尔都市圈形成于 20 世纪五六十年代中期，由 3 个市和道（首尔特别市、仁川广域市和京畿道）及其管辖的 27 个市、6 个郡和 33 个自治区组成，土地总面积 11726 平方千米，占韩国国土总面积的 11.8%，人口 2000 多万，占韩国总人口的近一半。首尔市以 600 多平方千米的面积聚集了 1000 多万的人口（1999），超过首尔都市圈的半数。首尔都市圈产业在韩国经济中有着举足轻重的地位。以 2011 年统计数据为例，首尔都市圈的 GDP 产值达到 540 万亿韩元，占到全国的 48.97%。其中，制造业产值为 119.5 万亿韩元，占全国的 37.35%。首尔都市圈产业的迅速发展为产业集群的发展提供了实践经验。但是在产业集群快速发展过程中，相伴产生的人口过度集中等问题也阻碍了其进一步的发展，解决城市病也成为该地区产业发展过程中的重要内容。

（一）韩国首尔都市圈产业发展历程及现状

首尔都市圈的三个市和道的产业结构布局各有特色，各有侧重。在形成过程中主要经历了以下四个阶段。

20 世纪五六十年代是韩国首尔都市圈开始发展的时期。在这一阶段，韩国经济逐渐恢复。为了尽快使国家的发展走上正轨，韩国政府积极推进"进口替代产业化"方针，努力培养国内工业，通过国产化实现过去从国外进口到产品自给自足的转变。1962 年，韩国开始实施《经济开发 5 年计划》，逐渐形成外向型经济增长的模式，侧重于出口导向型轻工业的发展。在这一时期，首尔都市圈作为国家工业化的主导地区，以第二产业为主流，开办了大量工厂，创造了大批工业岗位，汇集了大量人口。1960—1970 年，韩国的年均人口增长率为 2.1%，而首尔都市圈和首尔市分别达到了 5.3% 和 8.2%。此外，由于当时韩国的教育设施集中在首尔都市圈，尤其是大学和政府管辖的研究所大部分位于首尔市，使得首尔都市圈的高级人才储备相对其他地区具有较大的优势，从而具备了较大的生产技术优势。这一时期，首尔都市圈的工业等主要集中在首尔市区。凭借丰富的人力资源和技术，首尔市着重推进电子装备和零部件装备制造的发展，形成了首尔都市圈制造业产业中心——首尔九老区综合出口产业园区。

20世纪七八十年代，韩国首尔都市圈的产业发展进入繁荣期。受到两次能源危机的影响，发达工业国家将部分能耗高、资本密集的重化工业向外转移。借助国际产业结构调整的契机，加之国内重工业薄弱，韩国政府将产业发展战略重点放在了重化工业上。1973年，重化工业发展计划作为韩国的一项战略规划开始实行。造船、钢铁、汽车等作为重点发展产业，政府也对重化工业进行了大规模投资。20世纪70年代前期，国民生产总值年均增长率达到11.2%，创造了该时期发展中国家经济增长的最高纪录。同时，韩国的产业结构也向工业化方向前进了一大步。1976年，第二产业占国民生产总值比重超过第一产业。但是过度重化工业投资造成韩国国内产业结构严重失衡。20世纪80年代，韩国调整经济战略，将发展重心从重工业转向高科技和技术密集型产业。在这一时期，首尔都市圈的产业发展紧跟国家政策导向，第二产业，尤其是制造业在全国占据了主导地位。1990年，首尔都市圈制造业产值达到35万亿韩元，占到全国的37.42%。从都市圈内部看，此时首尔市的制造业产值比重开始下降，仁川市和京畿道的比重则保持在相对稳定的水平。

进入20世纪90年代以来，韩国首尔都市圈的产业发展开始进入转型期。此时，韩国继续致力于向技术密集型产业升级，大力发展信息技术、机械设备、材料、生命科学、航空航天、海洋等尖端技术产业。首尔都市圈也开始了产业结构转型升级，形成了技术驱动、信息密集、以知识为基础的产业发展模式，培育了诸多小规模企业。这一阶段发展较为典型，呈现出以下几个特点：①第二产业比重大幅下降，第三产业地位持续上升。制造业是首尔都市圈的支柱产业，但在90年代，该区域制造业比重大幅下降，企业数量和就业人数也出现大幅削减，取而代之的是第三产业比重大幅上升。到1999年，首尔都市圈第三产业从业人数占到该地区的82.9%，企业数量占到九成。②高附加值电子类产业与传统产业齐头并进。在这一期间，首尔都市圈将具有高附加值高技术含量的电子类产业作为结构革新的突破口，为韩国的半导体、家用设备和信息技术设备制造产业在全球市场上获得较强的竞争优势，起到了领头羊的作用。与此同时，印刷出版业、服饰制造业和家具制造业等传统制造业依然在全韩国占据重要地位，相关从业人数高居全国首位。③三个市和道分工协作，第二产业从市区向邻郊扩散趋势明显。首尔市的第二产业在整个都市圈的占比逐年下降，京畿道地区的第二产业占比则逐年上升。三个市和道形成了不同的产业分配协作格局。以 1999 年数据为例，首尔市以第三产业和高技术制造业为特色，其附加值在整个都市圈比重均超过八成；仁川市则在重化工和传统家具制造业方面占据重要地位，其附加值在首尔都市圈比重超过 28%；京畿道制造业体量最大，高技术电子类设备制造业附加值占比最高。

21 世纪初至今，首尔都市圈的第二产业继续向郊外扩散，首尔特别市和仁川广域市的第二产业比重不断下降，而京畿道地区承接第二产业的转移，产值和比重则不断攀升。首尔都市圈已形成以首尔的现代服务业、京畿道和仁川的现代制造业为主导的分工协作的产业格局。首尔特别市以服务型制造业为主体的特点更加明显，仁川广域市依旧以重化工业发展为主，京畿道以技术密集型和重化工业为主。

目前，首尔都市圈三个市和道在产业结构布局上形成了各自鲜明的特点。首尔特别市的服务业产值占都市圈 GDP 的比重超过七成，占全国 GDP 比重超过三成，是带动首尔都市圈主导全国服务产业的主力军；京畿道和仁川广域市对于全韩国制造业产值方面的贡献均超过首尔特别市，全国占比分别为 30.31% 和 4.03%，而首尔特别市只有 3.01%。

三个市和道的产业布局各有侧重。其中，首尔特别市以第三产业为主，尤其是服饰皮毛制造业和印书出版业，同时，高技术含量电子设备也是该市除服务性制造业外占比最大的产业。仁川广域市以重化工业发展为主。京畿道产业结构以技术密集型产业和重化工业为主导，电子类设备制造业、冶金及非金属矿物及合金制品业企业数量占比均较高。

(二) 首尔城市功能疏解的举措

根据现有的相关研究，产业集群与城市化的互动发展是区域经济发展过程中一个十分显著的现象。而这种互动发展是一个多阶段的动态演化过程，由创新机制、选择机制和扩散机制共同作用驱动，二者从萌芽起步阶段向耦合发展阶段再向创新整合阶段不断地转换和跃迁[①]。因此，产业集群过程中出现的城市化问题也要引起足够的重视。

---

① 于斌斌、胡汉辉：《产业集群与城市化的共同演化机制：理论与实证》，《产业经济研究》2013 年第 6 期，第 1—11 页。

20世纪50年代中后期到21世纪初的近50年时间里,首尔呈现出急速发展的态势,作为第一大城市,首尔的人口出现爆炸式增长,50年内人口总数由不到250万人增长到1992年的1061.2万人。0.6%的国土面积上集中了韩国20%的人口、22%的经济总量和近40%的公共机构,由此承受着过度集中化带来的种种问题与后果。

最初韩国经济各方面主要考虑的是将各种资源集中到首尔以促进经济发展,没有考虑到分散功能的问题,而到了20世纪60年代中后期,人口、功能、资源高度集聚,阻碍了产业集群和城市群的进一步发展。60年代后期,首尔开始考虑实施城市功能的疏解,由此采取了一系列的措施,这对于我国城市群产业集群的发展,尤其是京津冀地区的产业集群发展中遇到的问题的解决具有参考价值。

20世纪60年代后期至70年代末,首尔主要采取了疏解工业职能的举措。出于安全因素考虑的京畿道"江南"发展模式使得首尔高度城市化,人口也迅速增长。从70年代开始,首尔开始对其城市环境进行治理。通过强制保持绿地规模延缓周边城市化地区的无序蔓延。大力建设卫星城市,发展工业复合设施,促进工业新城建设的同时,将中心城市的工业职能向外疏解。例如,1971年制定的《污染防治法》授权首尔市长可以责令污染企业搬出首尔,1979年迁出企业1813家。工业外迁政策的实施,对于促进人口外迁和疏解城市功能起到了重要作用,也为首尔周边城镇发展提供了机会。

与此同时,首尔的部分国家政府行政机构也开始迁往京畿道,果川成为承接行政职能的新城。20世纪70年代的10年间,共向首尔以外的地区迁移七个主要国家行政机构,外迁公务员5500人,此外"新村促进运动"的实施也减少了农村向城市的移民。

20世纪80年代到90年代,首尔人口持续快速增长,住房短缺问题随之越来越严重。为此,首尔政府于80年代通过在城市限制发展区域建设新城镇吸纳不断增加的人口,这期间在木洞等九个新城镇规划建设了新的住宅区,提供新住宅共计30余万套,对于控制中心城区的人口数量起到了重要作用。

与此同时,为推进区域协调发展,限制大城市过度集聚和扩张发展,韩国政府还采取了其他一系列重要举措。如继续依据《环境保护法》将污染企业强行迁出首尔,对工厂、学校等人口集中诱发设施的新、扩建项目进行总量控制,继续执行向首都圈外分散国家公共机关。同时,加强区域规划及区域管理政策与法规的制定实施,促进区域协调发展。这些综合举措的实施,有效缓解了人口向首尔的快速集聚,首尔人口在1992年达到峰值后开始减少,而包括京畿道地区在内的首尔周边地区的人口则呈现上升趋势,到2005年京畿道的人口开始超过首尔。

2000年以来,韩国政府开始实施公共机构再布置政策,同时也启动了第二阶段的新城发展。2004年韩国实行的《新行政首都特别法》将韩国政府机关从首尔迁到了韩国中部地区。同年8月关于"世宗市"行政首都建设的法案通过,并于2007年7月开工建设,计划将韩国主要国家行政机关迁往新行政首都,在2020年和2030年分别形成拥有30万和50万人口的城市。截至目前,经过三个阶段的迁移,韩国政府机构的搬迁已经基本结束,世宗市人口由10.3万人增长到19.7万人。与此同时,韩国政府于2007年起同步推进了在全国范围内10个新城(包括釜山、济州岛等)搬迁安置国家公共机构的计划,2013年有127个政府核心的部门和公共机构迁出首尔,3.67万名政府工作人员移居到其他城市。

首尔通过长期坚持实施多项疏解措施,取得了进一步推进国家公共部门再安置、保持稳定的人口增长以及寻求首尔新城市职能的效果。通过不断将国家行政办公机构迁移到全国各地区及建设新的行政首都世宗市,现在的首尔已转型成为韩国的经济中心和京畿道网络的核心城市。如何发挥好经济首都的功能作用,增加城市综合竞争力与吸引力,成为其下一步的发展目标。

(三)全球价值链视角下首尔都市圈典型产业集群的发展

1. 纺织服装产业集群:"走出去"助推成功转型

韩国首尔地区的东大门市场位于韩国首尔市中心,市场内有30多个商场、3万多个商店以及5万多个制造厂商,这里聚集了服装设计、面料供应、生产加工和物流等相关行业,整个集群服装设计力量雄厚、面料供应齐全、小批量生产方式灵活多变、交货能力迅捷。东大门从最初的传统市场到现代化时尚服装圈主要得益于韩国政府全面升级服装产业的政策选择。

20世纪60年代开始,首尔都市圈的纺织服装行业开始起步。最初韩国的纺织服装行业引进的是日本淘汰的纺织设备,主要是通过投资或合资的方式经营,再加上政府政策的支持,纺织产业迅速发展起来。这一时期,产业集群内缺少信息和及时的沟通,对外交流沟通受到限制,政府利用自身掌握的信息和技术资源协助产业集群的发展。随后韩国政府开始实施技术引进自由化,准许自由引进先进技术。1975年之后,首尔地区的纺织服装产业开始衰退,原因是区域内主动将生产制造环节转移到国外的新兴国家和地区,产业集群尝试进行技术创新。此时的创新路径主要是简单模仿创新,集群内的企业主要把精力投入到对国外先进生产技术的消化吸收中。

20世纪90年代后期,韩国的纤维产业发展遭遇瓶颈,从出口产品技术复杂性和价格的角度来看,都是受到全球价值链的低端锁定。如表2—4所示,由于劳动力成本的上升,服装加工制造业等劳动密集型产业比重逐渐减小。在这一时期,韩国经济出现增长,国内的消费水平也有所提高,韩国本土服装企业成长起来,一些自主品牌得到发展。由此可见,旺盛的国内需求是这一时期韩国服装产业发展的主要特点。这一时期,只有纺织类大型企业进行了技术创新,但也仅仅处在初级阶段,以模仿创新为主。由于无法摆脱低价为主的出口方式,这一阶段韩国纺织服装企业出口也出现大幅度下降。总体上看,此时区域内纺织服装业及其纺织服装产业集群总体上处于低成本型发展阶段。

表2—4　　韩国20世纪80、90年代制造业劳动力成本变化
（以1992年为100）

1980	1985	1990	1991	1992	1993	1994	1995	1996	1997	1998	1999
42.4	59.2	83.4	93.3	100.0	106.8	113.1	125.5	132.8	128.0	125.1	113.1

数据来源：根据相关资料整理

进入21世纪以来,世界市场飞速变化,国际竞争进一步加剧,韩国首尔地区开始积极探索服装产业转型发展的方式,主要包括培育自我品牌、内销转出口、提高产品附加值。"米兰项目"规划是这一时期的典型代表。这一计划旨在实现产品高级化和高附加值化,发展时装产业以及构建纺织产业工业基础,支持纺织服装产业的技术开发。2010年以后,

借鉴中国的电商模式，韩国首尔的服装制造产业尝试向线上扩张，更加重视电商渠道的市场营销和品牌建设，使得韩国品牌国际化水平得到进一步提高。

2. 汽车产业集群：自主创新成就后起之秀

通过技术引进再消化、自我创新，韩国汽车产业在40年时间内完成了西方发达国家百余年的发展。目前，韩国的汽车制造企业长期稳居世界前五的位置。韩国汽车产业形成了自己的品牌，并在国际范围内建立了较高的知名度。尤其是首尔地区的产业集群，其技术创新的技术路径和发展战略值得借鉴。

首尔都市圈的汽车制造产业基础薄弱，起步较晚。1962年起，韩国"第一个经济开发五年计划"正式实施，零部件组装产业被确立为发展本国汽车产业的重要起点。自此，以起亚为代表的一批韩国汽车企业通过合资等方式与日本企业合作进行轿车生产。合资合作和技术引进为韩国的汽车产业发展奠定了技术基础。

20世纪70年代初，韩国大力推行"汽车国产化"政策，政府为此制订了"汽车工业基本育成计划"。这一时期，韩国首尔在引进国外技术的同时，投入大量资金对技术进行国产化改造。韩国政府要求汽车生产公司选定一个车型进行完全的国产化转型，并对产业链上下游给予税收优惠等政策。到1976年，韩国汽车国产化率超过85%，汽车整车、零部件生产都有大幅度提高。

20世纪70年代末，首尔都市圈汽车产业初步实现自主研发生产，摆脱了对于国外技术的依赖。随之而来的石油危机使韩国国内汽车市场出现萧条。为避免市场环境进一步恶化，韩国政府实行了"长期汽车工业振兴计划"用于扶持大型企业集团的发展，通过支持兼并重组等一系列强硬手段，建成了一大批具有强竞争力的整车生产和零部件生产企业。与此同时，韩国政府对本国市场和企业进行财税补贴、政策扶持，大力支持企业自主研发。在政策影响下，一系列韩国自主品牌的汽车产品问世，韩国现代在这一时期建成了年产规模8万辆的汽车制造工厂。首尔都市圈的汽车制造企业也顺势而为，投入大量资金，培养专业人才，加强自主研发。

20世纪80年代初期，韩国已经形成成熟的汽车产业体系，实现汽产业的自主研发和批量生产，自此，韩国开始打入国际市场。汽车出口稳步增长，海外厂房建设步伐加快。由于拥有最典型的金字塔形权力和治理结构的汽车行业价值链，首尔都市圈汽车产业在通过自主创新获得核心技术后，迅速向产业劣势地区转移低端环节，20世纪90年代后期，欧美亚太以及大洋洲都布局了韩国的海外汽车生产基地，形成了完备的海外生产和全球营销网络，汽车产业也发展成为韩国的出口主导产业。

首尔都市圈的汽车产业集群转型升级主要得益于政府的支持和保护。在政府的支持下，韩国汽车生产企业也逐渐通过技术引进、技术国产化以及技术创新实现了汽车产业集群的转型升级。在国内市场相对封闭的条件下，通过兼并重组和扩张，汽车生产实现了规模化，建立了独立完整的民族汽车产业体系，为韩国经济的增长提供了强有力的推动。

3. 半导体产业集群：集中式发展实现跨越式发展

半导体产业是韩国首尔都市圈发展时间最长的产业之一。该产业于20世纪60年代起步，在经历了后道封装、代工生产以及全工序生产20多年的实践之后，在20世纪80年代进入存储器自主开发的阶段。韩国政府在其中依然发挥了重要作用。半导体产业从技术引进、消化吸收、自主研发每一个阶段都与政府政策的支持密不可分。韩国政府采取了各种措施支持、引导企业自主创新，掌握行业内核心技术。韩国的半导体产业经历了从"产品升级"到"功能升级"再到"价值链升级"的过程，从简单的模仿创新到技术创新，进行充分的开发性知识搜寻、深化和提升现有技术，实现"价值链升级"①。

在政府推动下，大企业对韩国首尔都市圈半导体产业发展起到了重要作用。政府评估并选择重点的大规模企业进行集中扶持，借以提升半导体产业的整体技术水平和竞争力。通过宏观调控，将大额的资金支持提供给这些企业，保证其得到迅速发展并参与国际竞争。

政府在产业人才开发与培育方面也起到了重要作用。韩国政府大力支持官产学研合作，共同推动技术创新。在20世纪八九十年代，"超大规模集成电路技术共同开发计划"制订并实施，这一计划旨在以国家电

---

① 尚涛、陶建宏：《全球价值链中代工企业转型盲区、知识搜寻与升级机制研究》，《科技进步与对策》2018第7期，第141—147页。

子研究所为依托,联合三星、现代以及 LG 组成半导体研发开发组织,进行芯片核心技术及基础技术的开发,新技术开发风险由政府全部承担,企业只负责在扩大规模的基础上进行新工艺、新技术的开发。随后,韩国政府在 1997 年又推行了"新一代半导体基础技术开发项目",成功开发了行业内的一项先进基础技术。在这一过程中不仅新技术得到开发,一些尖端人才也得到培养。2003 年,汉城大学、全北大学、庆北大学三所大学进行联合人才培养。在政策的大力支持下,一批企业迅速成长起来。1997 年,仅韩国三星集团一家企业专利申请量翻了两倍。由此可见,韩国政府推行的官产学研合作对于半导体产业发展起到重要作用。

集群内部企业受到政策影响,将力量集中在存储器制造这一重点领域进行研发。投入大量资金、引进国外先进技术、吸引人才回流、组织自主开发,这一系列措施使得主要的半导体企业在很短时间内掌握了关键技术和工艺,在国际市场上争取到一席之地。这种具有韩国特色的集中式发展模式也成为韩国产业发展的代名词。但是,大部分韩国半导体企业没有形成自己独立的品牌,廉价低质依然是消费者心中韩国半导体产品的特点。在这样的现实情况下,三星等韩国大型企业开始探索自身品牌建设。经过几十年的发展,三星已经成为世界顶端的集团企业,半导体销售额连续多年排名世界第二。

(四)首尔都市圈产业集群转型升级的模式

纵观首尔都市圈产业发展的历程,可以发现,战略政策的导向和相关产业企业的发展对于区域的发展都起到了重要的作用,这为中国区域产业集群的转型升级提供了经验。

1. 首尔都市圈产业集群转型升级的策略

从产业集群转型升级的角度来看,韩国首尔都市圈主要采取了以下策略:

区域战略与全国战略相互依存。韩国地区产业政策并不是由地方政权来进行规划的,而是被视作中央政府制定的国家产业政策的附属政策,地区产业调整很大程度上受到中央政府的控制。在首尔都市圈的产业集群转型升级过程中,中央政府制定的产业政策起到了积极的导向作用。无论是 1962 年开始的《五年经济发展规划》,还是 1972 年开始的《国家领土综合规划》,都是中央政府为韩国发展而进行产业结构调整的政策手段，首尔都市圈产业整体结构与全国的战略目标大体一致。

同时，首尔都市圈的发展也受到中央政府的制约，突出表现在中央政府对首尔地区的人口控制政策上。由于首尔市是各种产业活动的主导地区，因此中央政府认为应当根据韩国整体布局平衡原则对其进行结构调整，从而对首尔都市圈实施了长期严格的人口控制政策。此外，一系列产业和土地分配政策，也进一步限制了首尔地区产业的发展，如1964年颁布的《控制快速城市增长的国务决策》、1967年颁发的《地方工业促进法》等。

扶持和培养中小企业。在产业转型期，首尔都市圈政府意识到中小企业的重要性，为了吸引优质投资、发展潜力企业，政府陆续出台了各种改善中小企业商业环境的产业政策，培养了诸多以新兴产业为主的"创新企业"，尤其是信息处理和计算机相关产业的公司。政府的支持方式还包括对企业选址的支持、提供管理和技术咨询、对中小企业的经济支持和市场支持等。具体措施包括设立首尔商业孵化基地、首尔创业基地；由政府创办了首尔产业促进基金，专用于支持中小企业创业；提供公共基金和信用保证等经济资助体系帮助企业融资；政府牵头建设展览中心、主办和派遣人员参加国际展览、进行相关贸易培训等。

推进战略性新兴产业的发展。自1990年开始，首尔的文化、多媒体、娱乐和信息通信技术等新兴产业经历了快速发展，这些产业为首尔的服务业和技术密集型产业提供了原动力。新兴产业的发展归功于首尔都市圈政府的战略支持。一方面，政府通过首尔产业促进基金实施了人力培训、金融和市场支持以及管理咨询等一系列政策手段，扶持不同产业不同成长期的企业，从而支持首尔的战略性产业发展。另一方面，应对日渐衰落的传统产业，政府在培养信息通信技术产业方面作出了大量系统化的努力，使得高附加值的电子设备制造业迅速发展。将信息通信技术产业作为首尔的战略性产业，通过创建"创业企业促进推广区"进行扶持。进入21世纪，政府开始专门设计规划高技术集群区，比如2002年开工建设的数字媒体城。

2. 首尔城市功能疏解的经验

首尔作为韩国的首都，在首尔都市圈发展过程中经历了功能疏解的发展历程，也为中国大城市解决当前的城市压力提供了可供参考的解决方案。由于产业集聚带来的城市问题是长期形成的,解决或缓解"城市病"也需要经过长期努力,不可能一蹴而就,需要在客观认识问题的基础上提供解决思路。

中央政府在制定政策时要注意政策的协同性,共同推进抑制城市扩张,疏解城市功能以及区域均衡发展。韩国政府在解决首尔问题时有两个重点:其一,提高首尔都市群在经济全球化冲击下的国际竞争能力,其二,解决由于人口膨胀带来的"大城市病"。为此,韩国政府采取了包括建设城市绿化带、分散城市职能以及新城建设、新村促进运动等强有力的规划和政策措施。这些措施很好地分散了首尔经济职能、控制首尔人口流入,同时也带动了周边地区的迅速成长,与中心城区协调发展。

因时因地制宜,不同阶段采取不同的战略组合及政策集成。首尔城市功能疏解的战略组合与政策集成以工业职能疏解为主,新城区建设、行政职能转移为辅,以工业化带动城市化。在进行职能疏解时,以解决住房问题为主,依托周边地区城市和区域的发展进行产业结构的调整,促进区域整体协同均衡发展[①]。

创新驱动,促进创新城市发展,进一步夯实工业发展基础。例如,2007年以来,韩国政府实施全国范围10个新城搬迁安置国家公共机构的计划,这10个城市也被称为创新型城市,其目的在于促进资源的重新配置以及探索国家稳定发展的方向。2014年韩国正式推出的《制造业创新3.0战略》被称为韩国版"工业4.0"。可见,韩国政府所倡导的创新发展和工业提升将进一步为疏解首尔的城市功能和提升首尔作为全国经济中心的作用提供强有力的支撑。

第三节　国内产业集群转型升级发展典型案例

一　长江三角洲产业集群转型升级发展

长江三角洲地区位于我国沿海中部,是中国经济基础最为雄厚、开发程度最高的地区之一。全区包括上海市、江苏省的南京、苏州等8个

---

① Yokohari M., "Beyond greenbelts and zoning: a new planning concept for the environment of Asian mega-cities", *Landscape & Urban Planning*, Vol. 47, No. 3-4, 2008, pp. 159-171.

省辖市和浙江省的杭州、嘉兴等6个省辖市。长江三角洲以全国1%的占地面积集中了7%的全国人口，是中国社会经济发展核心区域。长江三角洲地区也是全国社会经济发展水平最高、经济实力最为雄厚、潜力最大的发展区域之一；该地区是沿海经济带与沿长江产业带的重要交汇点，对于推动中国经济国际化、加快工业化和现代化、迈向全球价值链中高端具有重要的带动作用。

(一) 长江三角洲产业集群的发展历史

长江三角洲产业集群的发展与改革开放相伴而生，主要经历了三个阶段：

改革开放初期的10多年里，长三角地区主要任务是进行改革，经济表现为内生性增长，产业发展仍处在探索阶段。上海这一核心城市存量大，对外开放进度慢，产业发展受限。而江浙两省大规模的乡镇企业和城乡个体私营企业则迅速成长，成为长三角地区市场化、工业化的主要推动力。这一阶段，长三角地区的第二产业开始迅速发展，此时国内市场对于长三角地区整体经济的发展起到了决定性作用。但是核心城市上海的裹足不前却成为区域发展最主要的问题和难点。

20世纪90年代，以上海浦东新区开发开放为标志，长三角跨入充满活力、引领全国经济增长的新时期。在这一阶段长三角经济高速增长、对外开放程度大幅提高，外向型经济发展迅速。上海浦东新区的建设标志着基础设施建设的展开，要素市场也随之发展起来。企业改革进程的加快、政府职能的转变使得上海经济逐渐摆脱旧体制的约束，经济快速增长。此时，江浙地区的中小企业进行了大规模的产权制度改革，建立起了一大批产权明晰的私有企业、有限责任公司和股份制有限公司。民营经济的迅速发展促进了长三角地区产业集群的形成和发展。另外，"南方谈话"和一大批沿海沿江城市的开放促进了长三角地区外向型经济的发展。苏州新加坡工业园区的建设、昆山和吴江等地台资工业园区的崛起极大地拉动了长三角的GDP水平。

2001年以来，长江三角洲地区产业发展进入结构调整和转型阶段。经历了20世纪90年代的持续高速增长之后，上海市逐渐确立了其在长江三角洲的龙头地位。江苏、浙江调整经济发展战略，与上海进行合作，参与到长江三角洲产业集群的经济建设和协同发展之中。目前，长江三角洲地区产业发展的经济结构、市场体系、基础设施和城市布局之间的分工合作趋势日益明显,长江三角洲的经济融合趋势也越来越显著。上海也开始寻求差异化的发展,将重心转移到高端生产与服务业融合的方向,支撑建设长江三角洲世界级制造基地的目标。周边的中小型城市则依托自身的资源禀赋和发展情况,在充分规划自身发展定位的前提下承接上海的产业转移,支持上海的产业转型。

目前来看,依托其区位优势、丰富的劳动力资源以及政策支持,长江三角洲已经形成了经济实力强、社会发展水平高的城市群体。区域内形成了基础技术雄厚、产业门类齐全、人员素质增强、资源转换高效、管理水平先进的集聚,区域内各城市也具备了主导产业和优势产品。与此同时,以上海为代表的城市在要素市场的培育与发展上也走在了市场前列。以上海证券交易所、商品交易所为代表的金融市场和商品市场已经发展成熟。上海在城市功能转型的基础上发展成为中国的国际化大都市之一,对整个长江流域甚至东部地区的辐射带动作用日益明显。而浦东新区、3个沿海开放城市、8个国家级高新技术产业开发区和3个保税区以及相当数量的地方性开发区使得长江三角洲形成了多层次、全方位、多功能的全面开放格局,外向型经济发展迅速。

(二)长江三角洲产业集群的发展现状

长江三角洲地区的产业结构和工业内部结构也发生了重大改变。全区二、三产业占比明显高于全国水平。其产业集群转型升级的结果主要表现在以下几个方面:

产业附加值不断提高。区域内主要发达城市由原材料为主的工业化前期阶段向机电一体的工业化后期阶段转化,中心城市上海则更加侧重于将劳动密集型产业向外迁移,培育高技术产业和高附加值生产环节,并逐渐发展成为国际性的金融、经济和贸易中心,国际化、市场化趋势明显[1]。

高新技术产业迅速发展,园区建设取得突破。高新技术产业园区在长江三角洲逐渐形成带状分布,这主要是中心城市外扩,乡镇工业发展

---

[1] 范剑勇:《长三角一体化、地区专业化与制造业空间转移》,《管理世界》2004年第11期,第77—84、96页。

以及城乡一体化进程加快的结果。原有的一些产业集群向着集团化、国际化方向发展，外资引进和对外合作达到一定规模。农村地区以工业化促进城市化，乡镇按照城市规划建设改造，并具有现代城市功能，区域型城市正在形成。

(三) 全球价值链视角下长江三角洲典型产业集群的发展

1. 高技术产业集群发展与布局

20世纪90年代初，国务院作出开发开放浦东的战略决策。在政策带动下，上海为主导，沪宁杭为主体的高新技术产业迅速发展。目前，在上海、杭州、苏州、南京和无锡分布着六个国家级高新技术产业开发区，这一产业密集区呈现"Z"字形的带状分布，总面积约为16500平方千米，占到全区面积的16%以上，包括紧邻虹桥机场的漕河泾高新技术开发区、浦东张江高科技园区、嘉定民营科技城、金桥现代科技园区、上海大学科技园、中国纺织国际科技产业城以及江苏省的中新苏州工业园区。其中苏、锡、常火炬带更是开创了我国统筹规划、区域合作最具典型性的带状新模式。这些高技术园密集区已投入开发资金数百亿元，有近千个高科技项目进入区内，多数项目涉及国家重点发展的微电子、生物工程、新材料、航空航天和光纤通信等高新技术。通过鼓励自主创新、增加产品技术复杂性和附加值的方式，让长江三角洲在全球价值链中上升到更加上游的环节，以期能够在价值链的利润分配中获得更多的租金。

在发展高新技术产业集群的同时，传统制造业等产业集群在区域经济发展中发挥的作用依然不容忽视。长江三角洲在发展过程中充分借鉴了其他产业集群的发展经验，强化区域产业的分工合作，优势互补，增强了城市带的整体综合实力。

2. 传统产业集群的分工与协作

上海是我国最大的经济中心，由于一系列要素市场的建设，上海的金融业和贸易业在区内占有明显的比较优势，区域定位发展为国际经济、贸易和金融中心。根据上海工业发展条件，轿车、通信设备、精细化工、机电一体化设备（包括电站设备）、微电子和计算机、生物工程、出版印刷等重点产业发展迅速。技术咨询、创意设计、文化传播等信息服务业将成为上海今后的建设重点和新的经济增长点。

苏南地区是长江三角洲发展的北翼地带，工业生产总值高，产业门类发展齐全。纺织、机械、化学和家用电器产业主要集中在苏、锡、常、通地区，春兰空调、小天鹅洗衣机市场占有率位居全国前列。炼油、石油化工、汽车制造、造船、建材、电子等国家重点基础原材料工业基地主要分布在南京、镇江、扬州一带。其中，作为江苏省政治、经济和文化中心的南京以石油化工、信息服务业和旅游业为重点发展产业。苏州、昆山、张家港则依托政策支持和产业规划，将重点发展高技术产业、旅游产业。杭州市处于以上海为核心的长江三角洲南翼杭州湾经济区，区内社会经济以沪杭甬铁路、公路干线及在建中的沪杭甬高速公路为主干呈点轴状"V"形分布，依托便利的水运，区域内对外开放程度高，目前已经形成了以农业和重化工为基础，以机械、电子、精细化工、新型材料为主导的产业布局。部门结构与苏南类似，唯规模较小。

宁波港是东南沿海重要的深水港之一，具有发展港口重化工业的潜力。考虑到上海已成为全国最大的钢铁工业基地和国内钢铁市场趋于饱和的现状，该区域工业以炼油、石化工业为主。与此同时，区域内传统的轻纺工业如酿酒、制茶、丝绸、皮革在技术上依然有待突破。旅游业等第三产业在该区发展也有一定优势，未来杭州、绍兴以及舟山将成为建设重点。

综上所述，长江三角洲区传统产业分工形成以下的发展趋势：上海以发展高等级的服务业（金融、贸易、航运、信息服务业）为主，耐用消费品工业（轿车、计算机等）、装备性工业（通信设备、电站设备、机电一体化设备等）和高技术工业为行业重点发展方向，重化工业略有扩大。集群北部和南部以轻工业和机械、石油化工的发展为主，特色工业不断壮大，第三产业以旅游业、专业化市场为主，形成宁波深水港口。

（四）长江三角洲产业集群发展存在的问题

长江三角洲已经成为我国经济最为发达的地区之一，但相较于国内外发展成熟的城市群和产业集聚地区，该地区发展中出现的一些问题也成为其进一步发展的瓶颈，需要引起注意。

1. 产业过度竞争造成区域集群产业布局和结构趋同

目前，长江三角洲集群内部企业产业布局趋同的趋势加剧，极大地限制了产业集群的继续发展。一方面，区域内城市发展水平基本相似，资源禀赋也接近，消费结构和运输也大同小异，这使得集群内企业的相似度高。而这些企业一般都处在价值链的低端,低成本、大规模的粗放型生产方式使得企业核心竞争力不足,产品出现同质化,供过于求的现象严重,导致企业之间出现恶性竞争,阻碍聚群发展与竞争力提升。另一方面,长三角地区的生产要素成本上升,人口红利消失,企业的生产成本增加,利润空间降低,企业生存和发展面临重大挑战。这要求集群必须进行产业结构的调整,实现产业集群的转型升级。

2. 区域内资源与要素不足严重制约产业集群进一步发展

长三角地区在发展过程中,土地、资本等基础要素与人才、知识等高级要素的缺乏成为掣肘因素。长江三角洲从建设到现在,工业用地已经基本枯竭,土地价格上升,水资源、电力以及煤矿等资源不足也制约了集群企业的生产。除此之外,集群内部员工的素质水平总体较低,一些专业性的技术人才缺乏,人力资源无法满足产业转型升级的需要。集群内部的研发机构与部门联系较少,知识的生产、传播和利用水平相对较低,缺乏自主创新的基础和条件。

3. 集群企业自身创新能力不强,忽视知识产权保护和品牌建设

目前,长江三角洲集群内从事传统产业的企业仍占多数,这些企业规模相对较小,企业员工素质不高,技术装备水平较低,自主创新能力缺乏。这些企业主要依靠低价参与竞争,无序竞争的现象比较严重。另外,一些依托技术新发展起来的企业不重视产权建设和保护。尽管在一些行业,长三角地区的企业生产规模和市场占有率位居世界前列,但是并没有形成自己的品牌,贴牌生产、代工生产的还是大多数。

4. 集群企业关联度和合作水平低,产业布局不合理

长江三角洲一些产业依靠政府规划引导形成集群,这导致了这一类型的企业往往合作较少,企业间关联度较低,产业的布局不合理,没有形成自身的区域特色。这些问题的存在阻碍了长江三角洲的进一步发展。必须通过提升产业集群自主创新能力,推动企业从委托加工(OEM)向自主设计加工(ODM)和自主品牌生产(OBM)转变;注意培育要素市场,加强政府的引导支持;加强服务机构建设,创造更加良好的发展环境,从而推动产业集群进一步转型升级。

(五)长江三角洲集群发展的经验与启示

尽管长江三角洲的集群发展过程中依然存在问题和缺陷,但是其从

改革开放至今的发展成果也是显而易见的,其发展过程体现了产业集群转型升级的一般机理和路径,对于我国包括京津冀在内其他地区的产业集群转型升级有着借鉴意义。

1. 引导构建合理的增长极网络,充分发挥大城市增长极的溢出效应

长三角城市群内的大都市区,尤其是核心城市已经发展到城市化水平较高、经济实力较强、社会服务水平位居全国前列的阶段,这些城市对于其他临近区域也产生了辐射带动作用,城市群向着多功能、多中心、网络化和均衡化方向发展,促进了城市群整体的发展和升级。在产业链的视角之下,也需要在集群内部实现差异化发展,由核心城市发展带动整体,形成内部的价值链条,带动整体发展。

2. 明确合理分工,以创新网络辅助价值链升级

各县市间合理分工不仅可以整合有限的资源、有助于增长极网络的构建,还有利于避免增长极发展带来的过分极化效应。构建优势产业独特的创新网络,充分发掘内部资源,以实现集群整体在价值链上的升级。地区间互相协同是城市群发展战略能否有效辖射带动周围地区共同发展的关键。

目前,尽管长三角城市群在营造引导企业合理分工、促进产业转移方面做出了很多努力。例如,鼓励上海发展现代服务业和先进制造业以加快产业升级、加快四个中心建设,通过开发区共建促进产业合理转移,但也存在多个城市过度强调总部经济发展等问题。

3. 加快体制改革,建立有效的城市群治理制度

长三角地区在发展过程中,从中央到地方各级政府都发挥了重要作用。但地方政府具有中央政府派出执行机构和利益主体的双重身份,受到行政区划分的影响,区域整体经济和生态环境的治理比较缓慢。为实现都市圈整体发展,长江三角洲地区需要加快政府架构和管理体制方面的创新,设置专门的高级别城市群治理部门,对于区域内的分工合作、资源开发、生态环境保护进行统一管理。另外,治理效率的提高也是政府部门改革的重点,必须深化财税制度改革,使得区域内充分享受相关利益。

二 珠江三角洲产业集群转型升级发展

珠江三角洲位于广东省的腹地、珠江入海口处,汉族地区南部。狭义上的珠三角经济区包括广州、深圳、佛山、东莞、惠州、中山、珠海、江门、肇庆,新规划扩容汕尾(深汕特别合作区)、清远、云浮、河源、韶关5个城市,共14个城市所形成的珠三角城市群,大珠三角还包括香港、澳门特别行政区,形成大湾区。这一区域是中国发展最早的地区之一,目前已经形成全球先进的制造业基地、现代服务业基地以及科技创新与技术研发基地,也是中国参与国际竞争的重要区域之一。珠三角是我国经济建设的重要引擎和发展龙头,也成为我国人口聚集最多、创新能力最强以及综合实力最强的城市群之一。

珠江三角洲汇集了广东70%的人口,创造了全省85%的GDP,成为整个亚太地区最富活力的区域之一。2015年,珠江三角洲成为世界人口最多、面积最大的城市群。目前,珠江三角洲联合香港、澳门,力图打造继美国纽约湾区、美国旧金山湾区、日本东京湾区之后的世界第四大港区——粤港澳大湾区。目前来看,珠江三角洲产业集群发展时间长,发展模式相对成熟,对于我国其他地区产业集群发展具有借鉴意义。

(一)珠江三角洲产业集群的发展历程

珠江三角洲区域产业集群的发展以改革开放为契机,主要经历了以下四个阶段:

1979年到1984年,广东现代经济起步,产业集群开始形成。在这一时期,广东省依托其临海的地理位置以及对外开放的历史成为先行试验田,通过更加灵活多样的措施进行对外开放,这成为珠江三角洲经济发展的重要转折点。在这一时期,农村率先开展了经济体制改革,此时的经济对外开放程度依然较低,发展以内向型经济为主。珠江三角洲地区的轻工业发展迅速,抓住了国际产业转移的机遇,珠江西岸地区主要发展国内生产的进口替代,但是总体上看,产业发展水平较为落后,贸易出口总额和实际利用外资水平并不高。

1984年到1992年,珠江三角洲的产业发展进入了起飞阶段。南方视察之后,广州获得了更大的外贸和投资自主权,珠江三角洲的经济开放格局得以确定。在这一阶段,珠江三角洲进一步完善农村改革,并将建立完善的市场经济作为经济体制改革的重点，发展以乡镇企业和民营经济为主的外向型经济。

利用政策支持下的外汇资源以及国内家用电器进口替代消费的浪潮，珠江西岸大力引进国外先进的生产线和零部件建立起洗衣机等家用电器生产基地，轻工业得到高速增长。珠江东岸则充分发挥毗邻香港的地理优势以及政策优势，以其低廉的土地和劳动力承接产业转移，发展了出口导向型的加工制造业，珠江三角洲开始进入工业化阶段。产业结构由第一产业比重最大转变为二、三产业比重显著上升，产业集聚逐渐形成。

1992年到21世纪初是珠江三角洲快速发展的时期。这一时期全国改革向纵深方向发展，一大批外资引入中国，珠江三角洲也抓住机遇，大力进行基础设施建设，工业化进程加快。这一时期，民营企业快速发展、高新技术起步是珠江三角洲经济快速发展的强大动力。90年代以来，国际IT产业开始出现转移，东莞地区利用优惠政策吸引台湾等地的企业在当地建设工厂，外向型IT硬件制造业在这一时期发展起来，并迅速形成配套完善、协作明确的产业集群。但是，房地产过热等现象也开始出现，影响了经济健康发展。国内改革开放的全面普及、其他地区的后起优势也使得其产业集群的发展面临政策优势丧失、竞争压力增大的问题。而低水平的加工工业的过快增长，生产率高、附加值高的产业增长缓慢也影响了珠江三角洲的经济增速。

20世纪末21世纪初，香港澳门回归，中国加入世界贸易组织，这为珠江三角洲整合产业资源，进行产业调整创造了良好的条件。2001年开始，广东省开始对区域的信息化、城市化建设进行重新规划。2003年，政府提出构建珠江三角洲协作大平台，加快基础设施建设，加快整合高新技术产业和现代服务业，加快建设高新技术产业园区，鼓励自主创业。区域内的城市根据自身的资源禀赋制定各自的发展战略。同时，珠江三角洲开始发展现代服务业，减轻对香港的依赖，由"前店后厂"转变为"店厂合一"。

2016年"十三五"规划纲要明确提出支持港澳在泛珠江三角洲合作中发挥重要作用，推进粤港澳大湾区和跨省区重大合作，实现广州、深圳与港澳地区的联合，建设世界级城市群。2017年《深化粤港澳合作推进大湾区建设框架协议》在香港签署，随后"十九大"报告再次明确将粤港澳大湾区建设作为今后重要的发展方面。2019年，中共中央、国务院印发了

《粤港澳大湾区发展规划纲要》，并确立了基础设施互联互通、市场一体化、打造国际科技创新中心、构建协同发展现代产业体系以及共建宜居宜游生活圈等重点合作领域。在具体战略定位方面，香港的主要任务是巩固和提升其作为国际金融、航运、贸易中心和国际航空枢纽地位，大力发展创新及科技企业。澳门作为中国与葡语国家合作的重要平台，在建设世界旅游休闲中心的同时发展多元经济。广州定位为区域乃至全国的国际商贸中心、重要的交通运输枢纽以及科教文卫中心。深圳作为经济特区，将建设为全国性经济中心城市和国家级创新创意城市。大湾区以其良好的资源条件和富有潜力的发展势头足以对标世界三大标杆性湾区（纽约湾区、旧金山湾区和东京湾区），但是如何协调三地之间的关系、平衡城市定位以及变竞争为融合仍是泛珠江三角洲地区必须面对的问题。

长期以来，廉价劳动力等基本要素是珠江三角洲产业集群发展的重要推动力。随着经济全球化和地区产业集聚水平的提高，带来的基础要素成本上升、原材料价格变动、国家税收政策调整以及人民币升值等不确定性因素，将会使珠江三角洲的这些优势逐渐消失，企业的经营成本大幅度提高。珠江三角洲经济方式转变、产业结构转型升级成为必然趋势。

（二）珠江三角洲产业集群的发展现状

珠江三角洲地区近几年保持经济持续较快增长，产业结构得到进一步优化，外向型经济稳步增长。珠江三角洲地区的产业集群主要呈现出以下特征：

1. 产业集群转型升级趋势加快

一方面，传统产业集群加速向外转移。出口退税及贸易政策的调整、人民币升值这些外部要素以及区域内环保、用工规范要求的提高都使得传统产业发展面临压力。印染、电镀等高耗能高污染的企业不得不向外迁移，玩具、制鞋等劳动密集型产业也开始迁移。

另一方面，产业转型升级不断加快。传统制造业的迁出为现代制造业、高端服务业的发展提供了空间、资源和机遇。深圳在 2009 年引入德国西门子、香港超捷造织、台资聚才集成电路设计等重点项目，仅此一年深圳就承接了 243 个超千万美元的项目。

2. 产业集聚与扩散并存趋势明显

当前珠江三角洲地区的传统产业外迁趋势增强并不代表已经开始产

业扩散。邱俊、张建梅参照工业化国家从集聚到扩散的转折点数据，提出广东各经济区域集聚—扩散临界点评判指标及参考值（见表2—5）。

表2—5　　　　工业化阶段经济区域集聚—扩散临界点评判指标

评判指标	单位	临界点（参考值）
GDP增长率	%	从长期高速增长（8%以上）转入中低速（5%以下）
人均GDP	美元	3000~5000
第三产业增加值比重	%	≥50

资料来源：邱俊、张建梅：《集聚与扩散：基本规律定输赢——广东区域发展差距综合评价报告》；《广东统计年鉴2008》中国统计出版社，2008年8月第1版。

从表2—5可见，珠江三角洲的经济增长速度和第三产业比重两项重要指标依然在聚集区间内，只有人均GDP这一指标达到了扩散区间。说明珠江三角洲地区仍处在集聚与扩散并存的阶段。重化工业、新兴产业和第三产业依然处在集聚阶段，并形成了电子信息产业集群、机械工业产业集群以及汽车产业集群。只有劳动密集型加工制造业迫于成本上升出现了扩散。

珠三角核心区原有优势产业虽然出现"走出去"和产业转移的迹象，但从总体看，珠三角尚未进入产业扩散阶段，经济聚集发展的空间仍比较广阔，资金、技术集聚仍在加强①。

3. 区域内部集群整合与外联趋势增强

近年来，珠江三角洲资源整合和产业转型加快，主要得益于区域内外合作的展开和合作纵深化的推进。

珠江三角洲区域内部资源整合效率高。近年来广东省委省政府为了加快对珠三角资源要素的重新整合，包括对土地资源、水资源、城市间的交通、信息、航运、污水处理以至历史人文资源的开发利用和保护，先后出台了《珠江三角洲环境保护规划》、《珠江三角洲航道建设项目实施意见》、《珠江三角洲城镇群协调发展规划（2006—2020）》等政策。这些政策条文的颁布改善了"诸侯经济"的格局，区域要素将得到最大限

---

① 刘哲明：《产业集聚过度、技术创新与产业升级——基于珠三角产业集群的研究》，《特区经济》2010年第8期，第30—32页。

度的整合和开发。

珠江三角洲与区域外部合作密切。一方面，借助"大珠三角"的发展，加快形成包括港澳在内的区域经济一体化。2005年，中央政府先后与香港、澳门签署了《关于建立更紧密经贸关系的安排》（简称CEPA），珠三角抓住粤港澳实施CEPA的时机，积极拓展吸引外资新领域，与香港、澳门的区域经济合作进入一个新的发展阶段。另一方面，珠江三角洲的劳动密集型产业向内陆地区的转移加快，广州周边的省份与珠江三角洲之间的人才交流互通、职业资格相互认证也不断增强。

（三）全球价值链视角下珠江三角洲典型产业集群的转型升级

1. 珠江三角洲家具产业集群的升级

在改革开放以来的经济发展过程中，珠江三角洲经历了明显的出口导向型工业化过程。珠江三角洲地区GDP很大一部分来自于出口。欧美国家的需求和港澳台的外资驱动促使珠江三角洲出口导向型的劳动密集型加工制造业发展起来，产业集群也得以形成，最为典型的就是家具产业。

珠江三角洲家具制造业主要聚集在东莞一带。2013年，大岭山镇的家具制造企业就已经超过500家，家具出口占到家具工业产值的九成。厚街镇则重点发展家具会展，从而拉动东莞甚至广东省的家具产业，在该镇的会展平台，制造商可以与购买商进行直接交易。

受到金融危机的影响，2008年以后，珠三角很多家具制造企业面临裁员或者倒闭，出口导向型家具产业发展受阻。2010—2012年，广东家具出口增长率从35.7%下降至3.2%。国际市场呈现颓势，国内市场却表现得一片繁荣。2013年以来，随着国内中产阶级的崛起和消费习惯的改变，国内家具销售量持续上涨，为了减少对出口的依赖，集群内企业呈现出以出口为主转向出口和内销并进的发展趋势。

在全球生产网络和全球价值链的研究中，产业升级受到广泛关注。一方面，发展中国家供应商通过嵌入以西方发达国家市场为主导的生产网络来获得升级的机会；而另一方面，发展中国家的供应商在市场转向中的升级路径有可能产生产业降级。[①] 这一点在珠江三角洲家具制造业集

---

① Ponte S., Ewert J., "Which way is 'Up' in upgrading? Trajectories of change in the value chain for South African Wine", *World Development*, Vol. 37, No. 10, 2009, pp. 1637–1650.

群的发展过程中就得到了体现。在出口转内销的过程中，家具企业产业发展路径是多元化，也就是可能出现产业升级与降级同时发生的现象。为了加强生产商与连锁经销商之间的战略合作，制造业企业着力于品牌打造和产品内销，实现功能升级。一些企业为了满足低端消费者的需求，生产低质量低价位的无品牌产品进行销售，即产业降级。

2. 珠江三角洲汽车产业集群的转型

珠江三角洲是我国汽车产业发展较早的区域之一，但是在较长时间内发展相对较慢，集群创新能力相对不足。近几年，珠江三角洲地区在经济转型、产业升级的发展过程中，重视汽车产业发展，在引进整车和汽车零部件企业的基础上形成了珠江三角洲汽车产业链，成为国内主要的汽车生产基地之一。

目前珠江三角洲在广州建成了三大汽车生产基地：黄埔、花都和南沙开发区。黄浦地区坐落着广州本田等知名企业，广州本田由广汽集团与日本本田合资组建，规模大，效率高，生产能力强。近几年，该地区以广汽本田为中心合资组建出口基地，扩大国际市场获得更多收益。花都地区则有东风汽车与日产汽车合资建设的乘用车厂以及花都汽车城，规模巨大，涉及整车生产、零部件生产、物流贸易、出口加工等九大板块的内容，汽车城内汇集了 30 多家外资及合资企业，科技含量高，市场竞争力强。南沙开发区则建有大规模的汽车产业园，将广汽和丰田联合重组，致力于高档丰田轿车的生产。该汽车产业园区将汽车生产划分为整车与发动机生产、汽车维修检测、科研教育以及物流贸易等几大板块，日本丰田、日产相继汇集，给当地的汽车生产带来活力。

黄埔的广州本田、花都的东风日产和南沙的广州丰田，是广州汽车发展的重要领头羊，形成了珠江三角洲集群区汽车发展的基本框架。具体的产品涉及轿车、客车及零部件、轻型车、摩托车等。本田、丰田、日产主要进行轿车生产，骏威客车和五十铃客车主营客车，广州汽车集团有限公司则以主要生产零部件，轻型车以羊城为主，服务贸易以商贸公司为主。这些企业既凸显主业，又实现了整体协调稳定发展。

3. 珠江三角洲软件产业集群的迅速崛起

利用改革开放的优势，珠江三角洲高新技术产业带是科学技术部批准的全国三个产业带之一。珠江三角洲经过发展已经成为全国最大的计算机及零部件、通信器材生产地，主要的优势领域包括：通信设备、计算机、视听产品和基础元器件。目前在产业集群内也初步形成了以技术、品牌和市场为主的服务平台，在国际上也占有一定地位（见表2—6）。

表2—6　　　　珠江三角洲软件产业集群重点发展领域

软件类别	软件名称
技术开发平台	电子设计自动化、计算机辅助软件、中文信息处理系统方面的语音识别、语音合成识别、机器翻译等
网络系统	通信软件、网管软件、智能网软件、神经网络系统软件、网络平台软件、数据库管理系统软件
应用软件	计算机辅助设计与制造软件、工业控制软件、办公自动化等管理信息系统软件
信息服务软件	金融、财税、商业和保险软件，教育娱乐与多媒体软件，信息安全保密与病毒防治软件
出口软件产品	数据加工、定制软件、中文软件等

资料来源：根据相关资料整理所得

2001年，国家重点软件产业基地广州天河软件园投入运营，广州软件产业发展开始加速，IT产业带开始形成。"十五"期间，广州软件产业规模仅次于北京，位列全国第二位。但是，集群依然存在很多问题，例如中小企业居多，全国知名品牌较少，骨干企业匮乏，创新能力不足，高级软件人才较少，园区建设滞后，市场环境有待规范等。为解决上述问题，广州市设立了专项发展基金，通过财税补贴、鼓励社会投资、扶优扶强、激励创新、加强人才培养、优化市场环境等一系列举措，系统化、全面化地支持软件产业发展。

经过一段时间的发展，区域内涌现出一批上规模的软件企业，并逐渐成长为充满生机的龙头企业。以深圳地区为例，其软件出口基地孵化器入驻了包括易思博、正阳、思普、科联、慧讯等影响力较大的IT服务外包企业。诸如金蝶、金证、现代、迈瑞等这些行业内的新星企业也在深圳逐渐成长起来。2003年，时任深圳副市长刘应力率领团队，走访了香港三所知名大学，以及科学园、数码港、创投协会、生产力促进局、创新科技署等机构,与一批香港科技界、投资界、中介机构以及政府部门负责人进行了座谈,并就一些双方感兴趣的议题达成某种程度的共识。深圳与香港在软件产业方面建立了广泛紧密的合作关系,"前店后厂"模式就是在此基础上形成的。深圳生产的大部分软件是通过香港间接出口到其他国家。近年来,包括华为、中兴、美的电器等企业在内的嵌入式软件产业集群,也逐渐在珠江三角洲高新区内茁壮成长起来。通过引进人才、加强产学研合作这些外部资源支持的方式,珠江三角洲的软件产业由原来处于全球价值链的下游环节向着中上游环节稳步迈进。

(四)珠江三角洲产业集群发展存在的问题

1. 集群内技术创新动力不足

珠三角中小企业集群集聚采用的技术多为引进或模仿,自主创新少,缺乏持续的创新能力。创新的投资风险较大,对于企业这意味着更多的研发投资成本和创新风险,而珠三角地区的企业多为中小型企业,资本规模偏小,风险较低的技术模仿成为它们的首选。

2. 生产技术和生产组织简单,劳动密集型比重大

珠三角中小型企业由于规模较小,更加倾向于风险小、投资回收期短的行业,产业技术选择也局限于低技术行业,生产中低档产品。因此,陶瓷纺织、制衣、玩具、家具等行业比重大,技术门槛较低的劳动密集型制造业占七成以上。

3. 集群化成长的产业协作和关联程度低下

受到发展历史的影响,集群多是乡镇之间依托自身的资源禀赋、传统和地缘优势形成,并非完全的上下游产业链关系,往往在企业内部就可以实现产品加工的全过程。这就使得集群经济联系松散,关联度低,广州增城的服装产业、南海西樵镇的纺织品、中山市张槎镇的纺织、小榄镇的五金生产、佛山石湾镇的陶瓷生产等,大都属于这种类型。

4. 集群化成长的企业大都数以专业化市场为依托,集群内的分工难以向纵向发展

"一镇一品(数品)"是珠江三角洲中小企业集群形成的主要特点。例如,金沙的五金制品、花都狮岭的皮具以及虎门的服装行市场,这些专门的市场帮助中小企业克服了资金、营业网点建设以及拓展营销网络的劣势,连接了不同的企业。根据专业化市场交易的规模和种类,中小

企业可以获得有效信息，并以此调整生产种类、款式和规模。

但是本地专业化市场具有很强的局限性，限制了这些企业的成长。建立在专业化市场上的企业联系多是横向的，内部专业化建立的产业链联系较少，区域内的分工合作层次较低。这些中小企业的资金实力薄弱，无法建立营销网络、开拓市场，集群分工难以向纵深化方向发展。

珠江三角洲在今后的发展中要积极扶持和诱导产业集群内部的技术创新；促进集群龙头企业发展壮大，强化专业化分工与协作；建立以纵向联系为主的集群内企业间的分工与合作关系；引进高质量外资，促进区域内产业集群的跨越式发展。

（五）珠江三角洲产业集群发展的启示与经验

珠江三角洲地区是我国改革开放的先行地区。自改革开放以来，珠三角城市群以超常规的速度创造了举世瞩目的发展奇迹，已成为推动中国经济社会发展的强大引擎和重要的增长极。珠江三角洲在发展过程中的主要经验有以下几点：

1. 加强政府政策和规划引领

2008年12月，《珠江三角洲地区改革发展规划纲要》（以下简称《纲要》）颁布实施。城乡规划、基础设施建设、产业布局、环境保护和基本公共服务"五个一体化"建设成为珠江三角洲发展的重点。为落实《纲要》要求，珠江三角洲推出了三大经济圈的战略布局（"广佛肇、深莞惠、珠中江"），形成由"圈内一体"到"三圈联动"，由小及大，共同促进珠三角一体化的局面。在《纲要》这一珠三角区域一体化的指导性纲领的统筹下，广东分别制定了五个专项规划来部署珠三角一体化，分别是《珠江三角洲基础设施建设一体化规划》、《珠江三角洲基本公共服务一体化规划》、《珠江三角洲环境保护一体化规划》、《珠江三角洲产业布局一体化规划》和《珠江三角洲城乡规划一体化规划》。与此同时，为保证各项规划能够被各地方政府贯彻落实，基于历史渊源、地理位置、经济发展及文化底蕴等因素的综合考虑，广东省政府将珠三角划分为珠中江、广佛肇和深莞惠三个城市圈（经济圈）。在《珠江三角洲地区改革发展规划纲要》的统领下，广、佛、肇三市编制了《广佛肇经济圈发展规划（2010—2020年）》和《广佛同城化规划》；深、莞、惠三市政府编制了《深莞惠经济圈发展规划》和《深莞惠区域协调发展总体规划

(2012—2020年)》；珠、中、江三市也完成了《珠中江区域紧密合作规划》编制。

2. 建立完善的组织保障、合作协商和监督约束机制

为推进珠江三角洲一体化，区域专门成立了实施纲要领导小组，小组以每年至少一次的成员全体会议的方式运行，对《珠江三角洲地区改革发展规划纲要》实施过程中原则性或重大问题作出安排。与此同时，设立专职小组对于各项规划的实施进行组织、指导和推进，解决一体化进程中的关键问题。各市也成立了领导小组及办公室，专门负责本市工作的展开。这些协调机构的设立，对推进珠三角城市一体化发挥了重要作用；采用领导小组成员全体会议、专项工作协调会、经济圈首长联席会议的形式加强彼此之间的协商交流，共同解决城市发展和产业转型升级中的难题；除此之外，还建立了相对完善的监督制约机制确保方案的实施。

3. 全局考虑城市布局和产业布局，协调区域发展

珠江三角洲发展前期，曾经出现过在城市建设和规划过程中各自为政的现象，造成基础资源的浪费。为避免这一问题的发生，政府部门加强对于资源的整合，力求实现资源和产业的优化配置。一方面，借力粤港澳大湾区建设，进一步发挥香港在国际物流和金融行业的作用，以香港发达的服务业带动促进内地第三产业。另一方面，加快推进区域内产业的合理分工。高技术产业集中在深圳，软件产业集中在珠海，电子、电器等产业布局在佛山。除此之外，基础设施的建设也是重点，进一步发挥广州的交通枢纽作用，建立起公路、铁路、水运多层次的交通运输网络，形成一小时经济圈和生活圈。

4. 发挥核心城市的辐射带动作用

目前，珠江三角洲形成了广州—佛山和深圳—东莞双轴驱动的轴心。政府为发挥中心城市的作用进行了行政区划的调整，例如将花都和番禺划为广州市的两个区，将顺德和南海等县级市划为佛山市的两个区，以加强中心城市的实力。广州作为国际化大都市人口突破千万，而以广州为中心的城市圈生活着三千万人口。中心城市成为一个重要的经济增长极，经济辐射带动整个区域经济发展。

5. 充分利用外部资源推动

单个集群的创新资源是有限性，这往往会严重限制其发展，外部创新资源的利用可以有效解决这一问题。目前，珠江三角洲利用其毗邻港澳的地缘优势成为与港澳经济联系最为紧密、最深入以及融合程度最高的地区，这也深刻影响着城市群的发展质量和发展水平。优越的投资环境和完备的基础设施提高了外资吸引力，拓展了区域的对外开放范围和层次，外向型经济得以发展。通过人才的引进与其他企业开展合作，提升创新效率，减少创新成本，降低创新风险。

根据深圳市商务局的统计数据，截至 2018 年年底，深圳累计引进外商直接投资项目 82025 个，累计实际使用外资金额 998.53 亿美元。2018 年全市设立外商投资企业 14834 个，同比增长 119.54%，实际使用外资 82.03 亿美元，同比增长 10.83%。利用外资呈现出指标排名靠前、制造业增长明显、现代服务业为主等突出特点。

随着加入 WTO 和市场化程度的提高，珠江三角洲经济运行日益纳入规范化轨道。2017 年，习近平出席《深化粤港澳合作推进大湾区建设框架协议》签署仪式，2019 年 2 月 18 日，中共中央、国务院印发《粤港澳大湾区发展规划纲要》。按照规划纲要，粤港澳大湾区不仅要建成充满活力的世界级城市群、国际科技创新中心、"一带一路"建设的重要支撑、内地与港澳深度合作示范区，还要打造成宜居宜业宜游的优质生活圈，成为高质量发展的典范。以香港、澳门、广州、深圳四大中心城市作为区域发展的核心引擎，由此，珠江三角洲与港澳经济一体化趋势进一步加快，大湾区的国际影响力也将大大增强。

第四节　国内外典型产业集群转型升级要素提炼

本章通过案例分析的方法，介绍了处在产业集群生命周期不同发展阶段的国外主要产业集群的发展历程以及国内的珠江三角洲、长江三角洲两大区域产业集群的发展情况。在价值链角度通过对其典型的传统产业、制造业和高新技术三种产业在集群过程中实现转型升级的措施进行归纳总结，识别影响其转型升级的关键性要素。其中，美国大西洋沿岸产业集群起步最早，发展最为成熟。通过内部优势资源的整合，向更加成熟的阶段发展。钢铁产业集群通过区域内企业的兼并重组实现集群内部的转型升级，传统的制造业则在政府的有效引导下在区域内创造新的价值。以医疗产业为代表的高技术产业则综合运用人才、技术优势迅速成长。日本太平洋沿岸产业集群在多年发展中也形成了自己独特的外向型发展模式。传统的纺织业集群运用产业集群内部的产学研力量，借助外部资源实现价值链的升级。而汽车制造业集群则是依托大型跨国企业融入全球价值链的典型代表。高技术企业则是在政府力量的协助下构建起良好的制度环境推动产业实现转型升级。韩国首尔都市圈的发展则是全球价值链推动下产业集群转型升级的典型代表，更多地依靠技术势差，通过模范创新的方式首先弥补差距，然后加大自主研发力度实现价值链的延伸。而其对于首尔非首都功能的疏解也为京津冀产业集群发展过程中对北京城市定位提供重要借鉴。在全球价值链的推动下，以长江三角洲和珠江三角洲为代表的我国主要地区产业集群也开始逐步实现转型升级，在这一过程中，人力资本、产学研合作等关键要素的作用也不可小觑。表2—7总结了本章涉及的产业集群主要的影响因素及其影响内容。

表2—7　　国内外典型产业集群转型升级影响要素及其内容

影响要素 \ 典型集群	美国大西洋沿岸产业集群	日本环太平洋沿岸产业集群	韩国首尔产业集群	长江三角洲产业集群	珠江三角洲产业集群
人力资本	高等院校云集	重视高端服装制造业人才培养		劳动力资源丰富，高级人才缺乏	
制度环境	"制造业回流"战略	产学官三位一体的科研体制	制造业创新3.0战略	规划引导力度不够	"大湾区"建设战略规划
全球价值链驱动		低价值生产环节的转移	出口导向的品牌价值重构	要素市场的培育	传统制造业外迁，高端产业升级

续表

影响要素＼典型集群	美国大西洋沿岸产业集群	日本环太平洋沿岸产业集群	韩国首尔产业集群	长江三角洲产业集群	珠江三角洲产业集群
集群内部协同	以钢铁企业为典型的兼并重组	龙头企业带动的"丰田模式"	半导体行业的集中式发展模式	高新技术园区规划	政府推动下的内部要素资源整合
区域间协同	核心城市分工	产业布局重点突出	首都功能的疏解	城市分工明确，合作欠缺	"大珠三角"、泛珠三角的合作
区域内关联产业	多主体联动机制	纺织行业的技术研究联盟	"汽车工业基本育成计划"	开发区内部的合作机制	汽车产业链基地、软件产业链基地建设

资料来源：笔者根据相关资料整理所得

第三章

全球价值链中的京津冀产业集群发展定位

　　20世纪90年代以来,中国之所以能够迅速成为"世界工厂",京津冀地区产业之所以得以迅猛发展,很大程度上是因为国际产业结构的调整使国际分工逐渐从产业间分工向产业内和产品内分工转变。京津冀地区凭借资源禀赋和人口红利的优势,部分产业已经逐步嵌入欧美发达国家主导的全球价值链,发展并形成一系列具备一定水平的产业集群。京津冀地区作为中国产业价值链升级的前沿阵地,有很强的地域性、异质性和复杂性,同时区域间异质性和区域内同质性并存。北京作为知识型区域,具备人才高度密集、高校和科研机构林立的优势;天津作为加工型区域,海陆交通优势明显,先进制造业发展水平在区域内靠前;而河北作为北京非首都功能的主要承接对象,加工产业较为发达。三地间只有通过进一步加强合作、实现研发与生产的对接,才能够实现产业链的延伸和拓展。据此,需要对京津冀地区内各自的产业集聚水平及其产业分工在全球价值链上的位置进行进一步的深入探究。

　　本部分研究将首先对京津冀地区工业产业集群进行识别,同时分析其集聚水平的演化特征。接下来,运用投入产出分析方法对京津冀三地工业的细分产业在全球价值链中的位置及其时间演化规律进行动态分析。最后,根据上述测算结果,结合GIS工具,绘制反映京津冀产业集群集聚水平和全球价值链上位置的地学信息图谱,探究京津冀产业转型升级的基础。

第一节　京津冀产业集群集聚水平的演化

一　京津冀产业集群集聚水平的测度方法

考虑到方法的可操作性和数据的可获取性，本书选取区位熵指数（Location Quotient）来对产业集群集聚水平进行测度。该指数最早由 Robert Murray Haig 于 1928 年开发，是用来衡量一个区域特定产业重要程度的关键指标，它也被区域经济学和经济地理学领域的研究者用来衡量地区专业化的程度，这种情况下区位熵也通常被称作地方专门化率或专业化指数。其计算公式为：

$$LQ_i^j = S_i^j / V_j \tag{1}$$

其中，LQ_i^j 表示 j 地区 i 产业的区位熵。$S_i^j = X_i^j / \Sigma_j X_i^j$ 为 j 地区产业 i 占全国产业 i 的份额，$V_j = \Sigma_i E_i^j / \Sigma_i \Sigma_j X_i^j$ 为 j 地区产业在全国产业中所占到的份额。在实际应用中 X_i^j 可以选择总产值、企业数量、行业从业人数等指标。如果 $LQ_i^j = 1$ 则表明 j 地区 i 产业的专业化水平与全国平均水平持平，即 i 产业在 j 地区没有表现出明显地集聚趋向。如果 $LQ_i^j > 1$，则表明 j 地区的 i 产业专业化水平高于全国平均水平，出现明显的集聚迹象。最后，当 $LQ_i^j < 1$ 时表明 j 地区的 i 产业专业化水平低于全国平均水平，i 产业在 j 地区不存在集聚情况。由于国家统计部门提供的数据有限，国内研究者无法获得具体各地区各行业从业人数的详细指标，通常情况下采用工业总产值代替[1]。工业总产值数据在 2012 年后不再提供，研究采用工业销售总值来进行替换。

通过对国家统计局、国研网、国泰安以及万得数据库进行汇总查询，截止到 2019 年年底，可供使用的完整公开数据最新只能涵盖 2017 年统计发布的 2016 年数据，结合本研究的可用数据范围为 2005—2016 年。由于受到数据资源公开的限制，本研究未能获取最新集聚数据，但通过对 2005—2016 年基础数据进行测算，仍然能够刻画较长一段时间内的演变趋势，同时与第二节全球价值链分工数据范围形成对应。本研究从国研

---

[1] 杨加宁：《京津冀地区产业集群与区域经济增长的关联研究》，天津财经大学，硕士学位论文，2009 年，第 49—52 页。

网数据库、《中国工业统计年鉴》（数据涵盖 2005—2011 年，采用 GB/T - 2002 标准）以及《中国工业经济年鉴》（数据涵盖 2012—2016 年，采用 GB/T4754 - 2011 标准）中获取部分地区各行业规模以上企业的工业销售总值并进行跨库比对验证，参照陈诗一（2011）[①] 和孙早（2016）[②] 的方式进行行业数据的匹配和归并。

二 京津冀产业集群集聚水平的演化分析

首先，研究测算北京市、天津市和河北省所有工业行业 2016 年的区位熵，利用其体现的集聚水平对京津冀地区工业形成的产业集群进行识别。依据国家统计局发布的《中国工业统计年鉴2017》中2016年度的数据，测算后的京津冀地区集聚水平，如表 3—1 所示。北京市、天津市和河北省三地的产业集中度高于全国水平的工业行业数量大致相近：北京市有 12 个工业行业，分别是开采辅助活动，医药制造业，汽车制造业，铁路，船舶、航空航天和其他运输设备制造业，计算机、通信和其他电子设备制造业，仪器仪表制造业，其他制造业，金属制品、机械和设备修理业，电力、燃气和水的生产和供应业，电力、热力生产和供应业，燃气生产和供应业，水的生产和供应业。天津市有 15 个工业行业，分别是石油和天然气开采业，开采辅助活动，制造业（整体），食品制造业，文教、工美、体育和娱乐用品制造业，石油加工、炼焦和核燃料加工业，金属制品业，通用设备制造业，专用设备制造业，汽车制造业，铁路、船舶、航空航天和其他运输设备制造业，其他制造业，废弃资源综合利用业，金属制品、机械和设备修理业，水的生产和供应业。河北相比之下较少，只有 10 个工业行业的集中度高于全国平均水平，分别是采掘业，煤炭开采和洗选业，黑色金属矿采选业，食品制造业，纺织业，皮革、毛皮、羽毛及其制品和制鞋业，印刷和记录媒介复制业，石油加工、炼焦和核燃料加工业，金属制品业以及电

---

① 陈诗一：《中国工业分行业统计数据估算：1980—2008》，《经济学（季刊）》2011 年第 3 期，第 735—776 页。

② 孙早、刘李华：《中国工业全要素生产率与结构演变：1990—2013 年》，《数量经济技术经济研究》2016 年第 10 期，第 57—75 页。

力、热力生产和供应业。

表 3—1　　2016 年京津冀产业集聚水平

	北京	天津	河北
采掘业	0.33	0.89	1.51
煤炭开采和洗选业	0.06	0.02	1.09
石油和天然气开采业	0.23	3.93	0.43
黑色金属矿采选业	0.76	0.66	6.63
开采辅助活动	5.42	6.55	0.00
制造业	0.81	1.02	0.98
食品制造业	0.80	2.83	1.16
纺织业	0.02	0.09	1.05
皮革、毛皮、羽毛及其制品和制鞋业	0.03	0.31	2.22
印刷和记录媒介复制业	0.88	0.59	1.12
文教、工美、体育和娱乐用品制造业	0.52	1.23	0.61
石油加工、炼焦和核燃料加工业	0.94	1.58	1.26
医药制造业	1.78	0.79	0.70
金属制品业	0.45	1.55	2.00
通用设备制造业	0.63	1.10	0.78
专用设备制造业	0.86	1.12	0.98
汽车制造业	3.76	1.33	0.78
铁路、船舶、航空航天和其他运输设备制造业	1.21	2.79	0.64
计算机、通信和其他电子设备制造业	1.30	0.84	0.13
仪器仪表制造业	1.74	0.29	0.28
其他制造业	1.51	1.92	0.65
废弃资源综合利用业	0.09	2.53	0.53
金属制品、机械和设备修理业	4.32	1.11	0.34
电力、燃气和水的生产和供应业	4.61	0.68	0.97
电力、热力生产和供应业	4.75	0.64	1.01
燃气生产和供应业	4.05	0.86	0.72
水的生产和供应业	2.35	1.02	0.58
平均值	1.64	1.42	1.08

对于京津冀地区存在集聚的所有工业行业，北京市的平均区位熵要高于天津和河北，京津两地相差不大，而河北则处于三者中最低的水平。从表中可以看到，河北省高集聚水平的行业多集中在传统的采掘业和一般制造业。相比之下，北京市和天津市则更加侧重于汽车制造业、医药制造业、运输设备制造业、计算机电子和其他通信设备制造业等技术水平相对更高、更为复杂精密的工业行业。这也与京津冀地区的实际发展情况相符合。

运用2016年的截面数据测算出的区位熵能够体现京津冀地区产业集聚的最新状态。在此基础上，利用《中国工业统计年鉴》和《中国工业经济统计年鉴》中公布的2005—2016年分地区规模以上工业企业相关数据进行测算，选取一系列涵盖传统资源型产业集群、一般制造业集群和高技术产业集群范围的典型产业集群进行集聚水平演化过程的分析。

（1）传统资源型产业

组图3—1和组图3—2分别展示了京津冀地区传统资源型产业集聚水平分布情况和演化情况。在京津冀地区存在产业集聚的产业中，本书选取了以下产业作为传统资源型产业：①电力、热力地生产和供应业；②黑色金属矿采选业；③黑色金属冶炼及压延加工业；④煤炭开采和洗选业；⑤石油和天然气开采业；⑥石油加工、炼焦加工业；⑦有色金属冶炼及压延加工业。

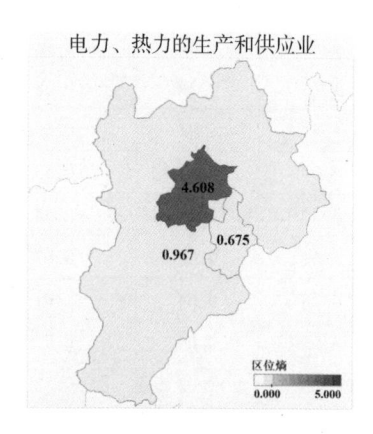

图3—1a 电力、热力的生产和供应业集聚水平分布

图3—1b 黑色金属矿采选业集聚水平分布

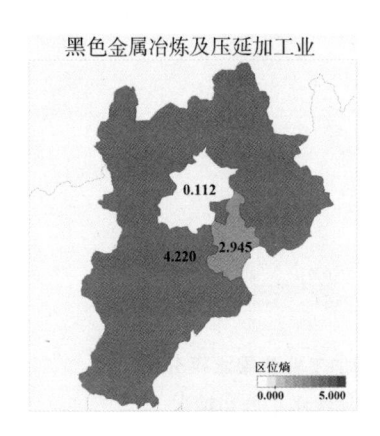

图 3—1c 黑色金属冶炼及压延加工业集聚水平分布

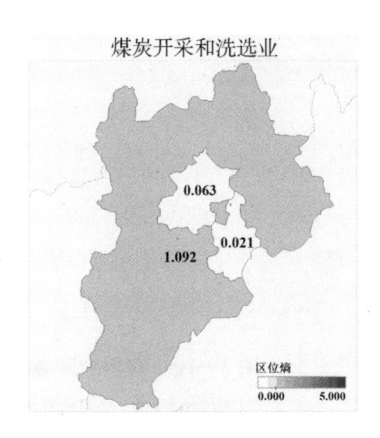

图 3—1d 煤炭开采和洗选业集聚水平分布

图 3—1e 石油和天然气开采业集聚水平分布

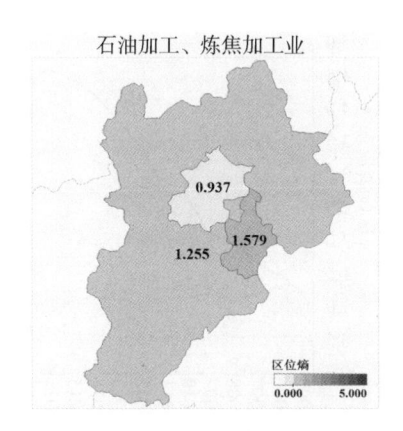

图 3—1f 石油加工、炼焦加工业集聚水平分布

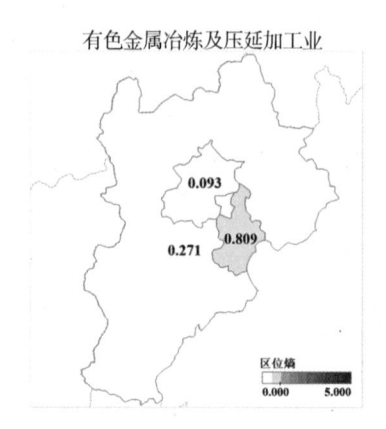

图 3—1g　有色金属冶炼及压延加工业集聚水平分布
组图 3—1　传统资源型产业集聚水平分布情况

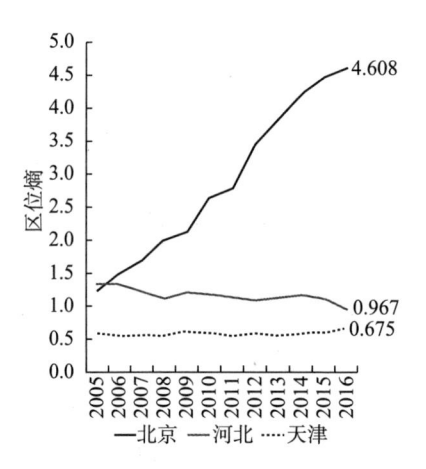

图 3—2a　电力、热力的生产和供应业集聚水平演化

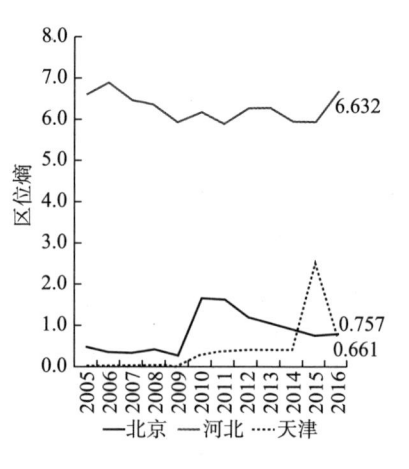

图 3—2b　黑色金属矿采选业集聚水平演化

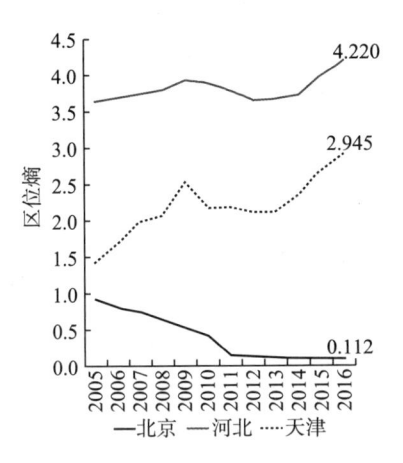

图 3—2c 黑色金属冶炼及压延加工业集聚水平演化

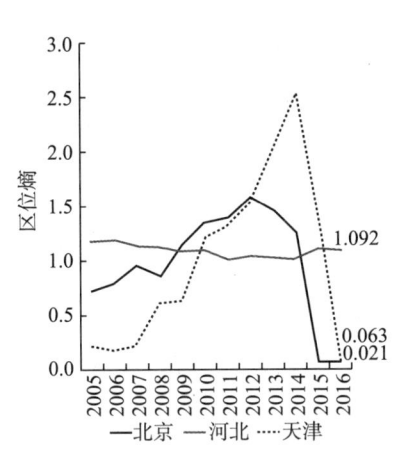

图 3—2d 煤炭开采和洗选业集聚水平演化

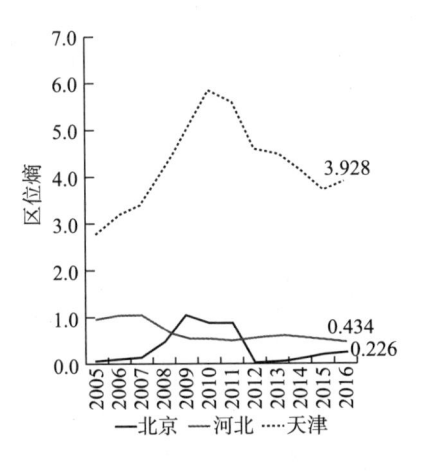

图 3—2e 石油和天然气开采业集聚水平演化

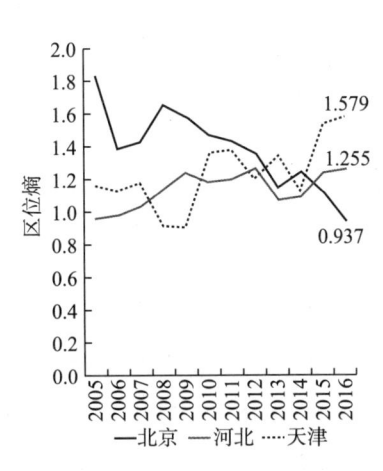

图 3—2f 石油加工、炼焦加工业集聚水平演化

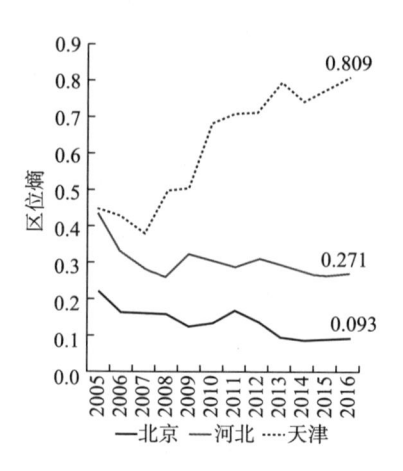

图 3—2g 有色金属冶炼及压延加工业集聚水平演化

组图 3—2 传统资源型产业集聚水平演化情况

组图 3—1 中刻画了 2016 年京津冀电力、热力的生产供应业集聚水平的最新分布状态,同时也对其集聚水平在 2005—2016 年的演化情况在组图 3—2 中进行了呈现。电力、热力的生产供应业在京津冀地区主要发生集聚的区域是北京市。通过对 2005 年至 2016 年的区位熵演变情况进行分析可以发现,河北省在 2005 年电力、热力的生产供应业区位熵是最高的,为 1.322。其区位熵高于临界水平 1,表现出较高的集聚水平。但在 2005—2016 年其变动不大,2016 年其区位熵为 0.967,下降到临界水平之下,不再具备明显的集聚特征。北京市电力、热力的生产和供应业 2005 年已经达到 1.228 的水平,具备较高的集聚水平。受到城市快速发展带来的需求快速增加的影响,北京市电力、热力的生产供应业区位熵在 2005—2016 年实现了大幅上升。在 2016 年,其区位熵已经上升到 4.608,表现了其集聚程度的进一步加强。从 2005—2016 年的区位熵变化情况来看,天津市电力、热力的生产供应业集聚程度变动不大,并且始终保持在临界水平之下。2016 年其区位熵为 0.675,没有表现出较高的产业集聚水平。

作为传统资源型产业代表的黑色金属矿采选业在京津冀地区内主要表现出明显集聚特征的区域主要是在河北省,这与其自身资源条件密切相关。根据河北省国土资源厅 2017 年发布的数据显示，截至 2016 年年底，河北铁矿保有量 93.28 亿吨，居全国第三位。因此，包含铁矿在内的黑色金属矿采选业在河北省一直保持着较高的集聚水平。相比之下，北京市和天津市受到其自身资源限制、环保要求和劳动力成本等约束，其黑色金属矿采选业集聚水平均没有超过临界水平。通过对 2005—2016 年集聚水平的演化趋势进行分析可以发现，天津市 2008 年之前黑色金属矿采选业甚至未达到统计标准，一直保持在 0 的水平。虽然发展水平不同，但是可以明显地看出，京津冀地区的黑色金属矿采选业在 2005—2016 年呈现明显的波动性。具体来看，河北省和北京市的黑色金属矿采选业集聚水平均在 2008 年小幅下降后从 2009 年年底增加，在 2010 年后开始回落，以北京市最为明显。其间，黑色金属矿采选业在北京达到了集聚水平的最高值 1.655，这说明北京市的黑色金属矿采选业在 2010 年已经出现相当明显的产业集聚。而自 2011 年起，黑色金属矿采选业在北京市的集聚水平持续下降，截至 2016 年年底降至 0.757，这说明北京市已经不存在黑色金属矿采选业的产业集聚情况了。从依据销售产值计算的区位熵来看，天津市从 2008 年开始其黑色金属矿采选业一直保持着缓慢的发展趋势，而从 2014 年起，集聚水平急剧上升到 2015 年 2.543 的最高水平，在 2016 年则大幅回落到 0.661。从 2016 年年底的数据来看，天津市的黑色金属矿采选业不再具有显著的集聚特征。

作为传统产业代表的黑色金属冶炼及压延加工业在京津冀地区内主要表现出明显集聚特征的区域主要是在河北省和天津市。河北省由于其自身铁矿、煤矿等矿产资源较为丰富，且黑色金属矿采选业一直保持着较高的集聚水平，因此其下游的冶炼及压延加工业也具有一定的基础和优势。从整体上来看，天津市和河北省的黑色金属冶炼及压延加工业呈现上升趋势。从 2005 年到 2009 年，天津市产业集聚水平上升较快，而 2009—2013 年两地产业集聚水平均有小幅回落。自 2013 年以来，天津市和河北省的黑色金属冶炼及压延加工业集聚水平持续上升，分别达到了其计算期内的最高值 2.945 和 4.220，这表示两地均出现了黑色金属冶炼及压延加工产业的明显集聚，其中河北的集聚程度最高。相比之下，受到自身资源、环境以及劳动力成本等多方面因素限制，北京市不具备发展该产业的显著优势，自 2005 年起其集聚水平便一直稳定下降，至今仍保持在相对较低的水平上。

煤炭开采和洗选业是典型的传统产业，在京津冀地区发生集聚的区域为河北省。北京市和天津市虽然在2005—2012年集聚水平均保持了较快增长的势头，先后在2012年和2013年达到各自的最高区位熵1.566和2.531，但受到环境政策和成本等多方因素影响，在峰值后均快速回落。2016年，北京市和天津市的煤炭开采和洗选业区位熵分别为0.063和0.021，不再具备明显的集聚特征，京津冀地区唯一具有较高集聚水平的只剩下河北省。根据河北省国土资源厅2017年发布的数据显示，河北省煤保有资源储量227.57亿吨，居全国第12位。河北省自身拥有一定的煤矿储量，同时期劳动力成本具备一定优势。因此，河北省的煤炭开采和洗选业的集聚水平总体上保持稳定，2016年年底区位熵为1.092，仍然具备较高的集聚水平。

在石油和天然气开采业方面，主要发生集聚的地区是天津市。天津市拥有大港油田，保有相当的油气储量。同时，经济发展水平不断提高和海陆交通愈加便捷也很大程度上推动了石油和天然气开采业的发展。河北省主要有华北油田和冀东油田，但其发展程度与天津市仍然存在一定差距。从反映区位熵水平随时间变化的折线图中我们可以看到，天津市石油和天然气开采业的区位熵在2005—2010年经历了大幅上升并到达计算期内的最高值5.859，而后开始回落。2015—2016年小有上升。2016年天津市的石油和天然气开采业区位熵为3.928，这表示当地的石油和天然气开采业具备较高的集聚水平。河北省的石油和天然气开采业区位熵在2005—2007年略有上升并于2007年达到计算期内的最高值1.029，表示当时具有较高的集聚水平。自2007年后开始回落并一直保持在较低的位置，2016年河北省石油和天然气开采业的区位熵为0.434，不再具有明显的集聚特征。北京市在2007—2009年实现了石油和天然气开采业区位熵的快速增长，2009年达到1.027，高于1的临界水平，说明当时北京市石油和天然气开采业出现了明显的产业集聚。但从2011年开始，北京市石油和天然气开采业区位熵快速下降。虽然自2014年起略有回升，但截至2016年其石油和天然气开采业区位熵只有0.226，不再具备明显的产业集聚特征。

天津市和河北省由于自身拥有一定的油气资源，其石油加工和炼焦加工业具备一定的发展便利条件。石油加工和炼焦加工业在京津冀地区主要在河北省和天津市发生集聚。从反映区位熵水平随时间变化的折线图中我们可以看到，从2005年到2016年，河北省和天津市石油加工和炼焦加工业区位熵虽然随时间有所波动，但整体上仍然是逐渐上升的态势。其中，天津市从2005年的1.151上升到2016年的1.579，在原本具有较高集聚水平的基础上进一步提高了集聚程度。河北省在2005年区位熵为0.954，尚未达到临界水平，不存在明显的产业集聚。随着时间的推移，到2016年，河北省石油加工和炼焦加工业区位熵已经上升到了1.233，出现了明显的产业集聚。相比之下，受到环境政策和劳动力成本等因素影响，北京市的石油加工和炼焦加工业总体上呈现下降态势。2005年，北京市石油加工和炼焦加工业的区位熵是1.826，是京津冀地区石油加工和炼焦加工业集聚程度最高的。而到了2016年，北京市石油加工和炼焦加工业区位熵已经下降到了0.937，低于临界水平，不再具有产业集聚的明显特征。

截至2016年年底，有色金属冶炼及压延加工业在京津冀地区内尚不存在明显集聚特征，但由于近年来的集聚水平一直呈现缓慢增加的趋势，在这里仍对其进行单独分析。从依据销售产值计算的区位熵制作的折线图中可以看出，在2005—2016年天津市有色金属冶炼及压延加工业区位熵呈现阶段性上升的态势，2016年区位熵达到了0.809，虽然距离临界水平依然具有一定距离，但总体上实现了增长。相比之下，北京市和河北省有色金属冶炼及压延加工业总体上均呈现下降的态势，2016年区位熵分别为0.093和0.271，不具备明显的产业集聚特征。

（2）一般制造业

在京津冀地区存在产业集聚的产业中，本书选取了以下产业来代表一般制造业：①纺织业；②金属制品业；③食品制造业；④饮料制造业；⑤通用设备制造业。组图3—3和组图3—4分别展示了京津冀地区一般制造业集聚水平的分布与演化情况。

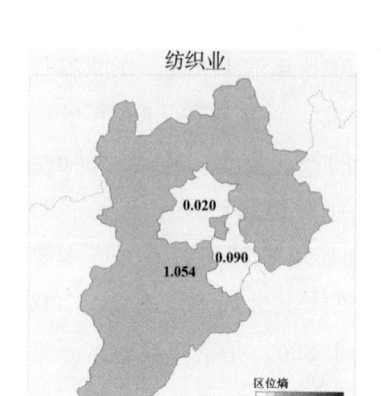

图3—3a 纺织业产业集聚水平分布

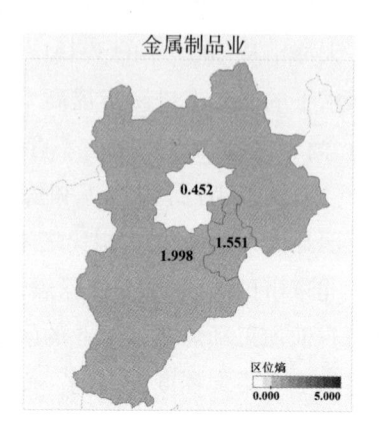

图3—3b 金属制品业集聚水平分布

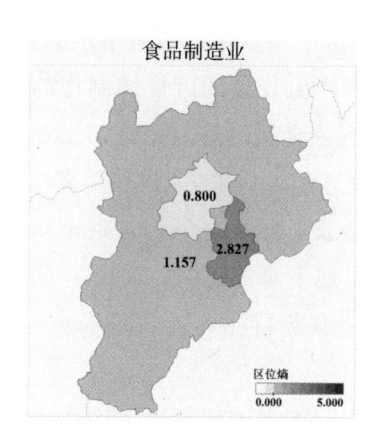

图3—3c 食品制造业集聚水平分布

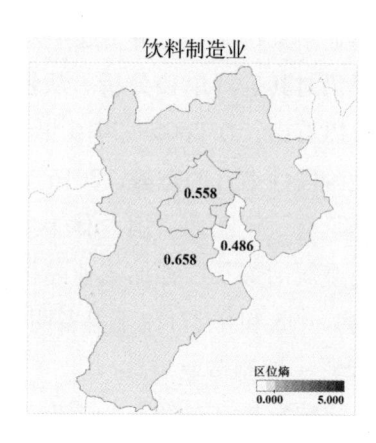

图3—3d 饮料制造业集聚水平分布

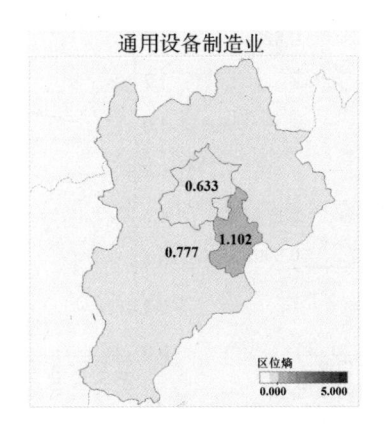

图 3—3e 通用设备制造业集聚水平分布

组图 3—3 一般制造业产业集聚水平分布情况

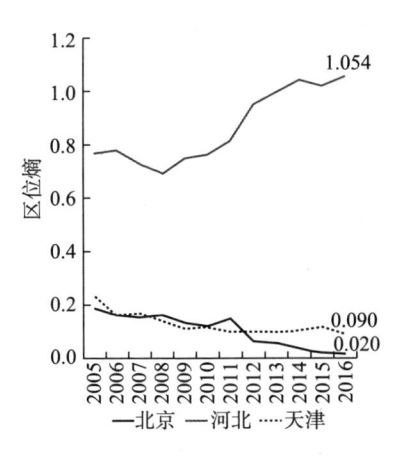

图 3—4a 纺织业产业集聚
水平演化

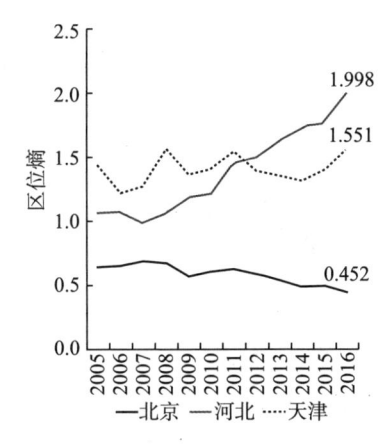

图 3—4b 金属制品业集聚
水平演化

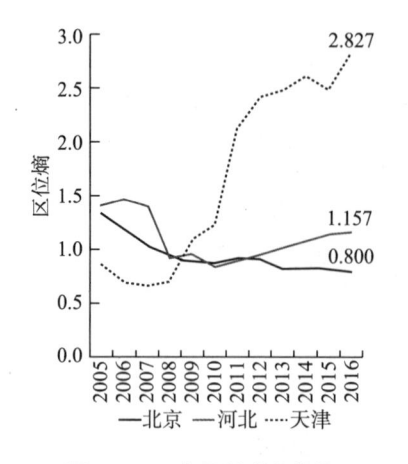

图 3—4c 食品制造业集聚
水平演化

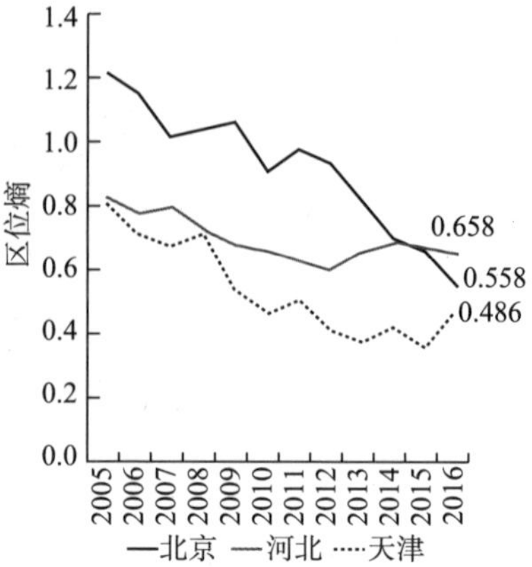

图 3—4d 饮料制造业集聚水平演化

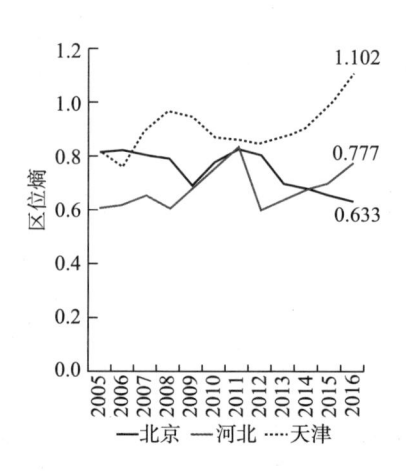

图 3—4e 通用设备制造业集聚水平演化
组图 3—4 一般制造业产业集聚水平演化情况

作为一般制造业代表，在京津冀地区内，纺织业主要表现出明显集聚特征的区域是河北省。从反映区位熵水平随时间变化的折线图中我们可以看到，2012年以来京津冀地区纺织业的发展集聚程度总体上并不显著。天津市和北京市由于其自身发展服务业和高端制造业的整体定位以及相对较高的劳动力成本，纺织业在两地并不存在显著的优势。从依据销售产值计算的区位熵来看，天津市和北京市在整个计算周期内其纺织业集聚水平均呈现稳定下降的态势,从2005年的0.19与0.234下降到了2016年的0.02与0.09。相比之下,河北省的纺织业集聚水平在2005年便显著高于北京市和天津市,在经历了2005—2008年的小幅下降后,从2008年到2016年总体上一直保持着缓慢增长的态势,其在2013年突破临界值并发展到2016年的1.054,这也表示着纺织业在河北省已经形成明显的集聚。

金属制品业在京津冀地区主要集聚的区域为河北省和天津市。从反映区位熵水平随时间变化的折线图中我们可以看到,河北省的金属制品业自2002年以来总体呈现增长态势,从2002年的1.065上升到2016年的1.998。相比之下,反映天津市的金属制品业集聚水平变化的区位熵指数则经历了更多变化,在2008年和2011年均小幅上升而后下降,其中于2011年达到计算期内的最高值1.569。截至2016年,天津市金属制品业的区位熵为1.551,总体上有所上升。河北省和天津市2016年的区位熵均超过临界水平,表示两地金属制品业的集聚水平较高。与河北省和天津市相比,金属制品业在北京市的区位熵最低,而且自2005年起整体呈现逐年下降的态势,这表示金属制品业在北京市的集聚水平逐年下降。2016年年底北京市金属制品业区位熵低于临界水平,不存在明显的集聚现象。

食品制造业方面,京津冀地区具备较高集聚水平的地区是河北省和天津市。从反映区位熵水平随时间变化的折线图中我们可以看到,从2005年到2016年,天津市的食品制造业在2008—2012年区位熵实现了较快的增长,在此之后虽然增速有所放缓,但总体上仍然保持上升的态势。2016年天津市食品制造业区位熵为2.827,表现出较高的集聚水平。河北省的食品制造业区位熵在2007—2008年经历了一次小幅下降后处于缓慢回升的趋势。2016年,河北省食品制造业区位熵为1.157,具备较高的产业集聚水平。相比河北省和天津市,北京市食品制造业区位熵虽然在2005年处于1.334,具备较高的集聚水平,但其在计算期内呈现持续下降态势。到2016年,食品制造业在北京市的区位熵已经下降到0.8,不再具备明显的集聚水平。

2016年年底，饮料制造业在京津冀地区内不存在明显集聚特征，但其历史上曾经达到过相当程度的集聚水平。通过对依据销售产值计算的区位熵制作的折线图进行分析可以发现，2005年北京市的饮料制造业区位熵为1.222，表现出较高的集聚水平。但在2005—2016年，北京市的饮料制造业区位熵呈现总体下降的态势，在2009年后便跌入临界水平之下，2016年下降至0.558，不再具备明显的产业集聚特征。天津市在2005—2016年饮料制造业区位熵总体保持下降态势，其2016年区位熵为0.486，低于临界水平1，是京津冀中最低的。河北省饮料制造业区位熵变化程度不大，且总体上有所下降，2016年区位熵为0.658，低于临界水平，但是高于北京市和天津市。

在通用设备制造业方面，京津冀区域内发生集聚的区域主要在天津市。通过对依据销售产值计算的区位熵制作的折线图进行分析可以发现，2005年北京市和天津市表示集聚水平的区位熵相近，分别为0.818和0.816，均没有超过1的临界水平。在2005—2016年，天津市通用设备制造业区位熵水平虽然略有波动，但是整体上保持了上升的态势。2016年天津市通用设备制造业区位熵为1.102，反映了其较高的集聚水平。相比之下，北京市的通用设备制造业区位熵已经降低到0.633。河北省的通用制造业区位熵在2005—2011年上升到计算期内的最高水平0.832后迅速回落。在2013—2016年保持稳定上升态势，但其2016年的区位熵为0.777，依然低于能够表现出较高集聚水平的临界值1。

（3）高技术产业

组图3—5和组图3—6分别展示了京津冀地区高技术产业集聚水平的分布情况。参照吕越等（2018）的做法，我们在存在产业集聚的产业中选取了以下产业作为高技术产业：①仪器仪表及文化、办公用机械制造业；②医药制造业；③通信设备、计算机及其他电子设备制造业；④专用设备制造业；⑤交通运输设备制造业；⑥电器机械及器材制造业。

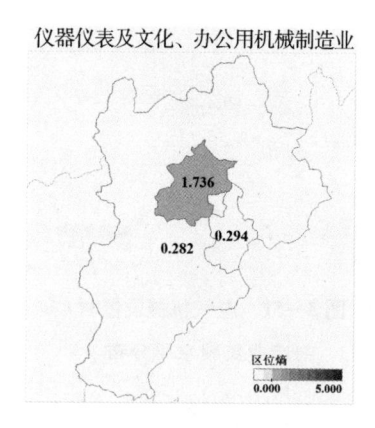

图 3—5a　仪器仪表及文化、办公用机械制造业集聚水平分布

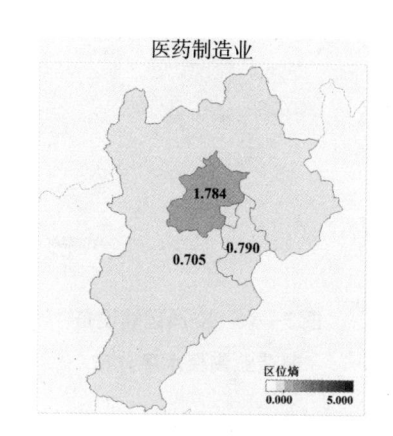

图 3—5b　医药制造业集聚水平分布

图 3—5c　通信设备、计算机及其他电子设备制造业集聚水平分布

图 3—5d　专用设备制造业集聚水平分布

交通运输设备制造业

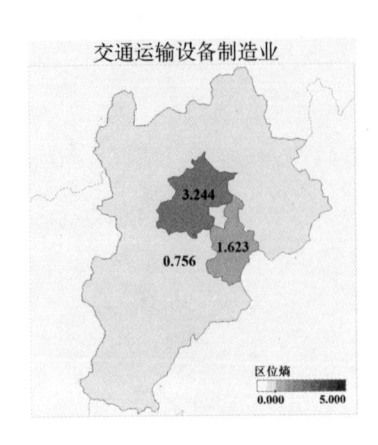

3.244
1.623
0.756

区位熵
0.000　5.000

图3—5e　交通运输设备制造业集聚水平分布

电气机械及器材制造业

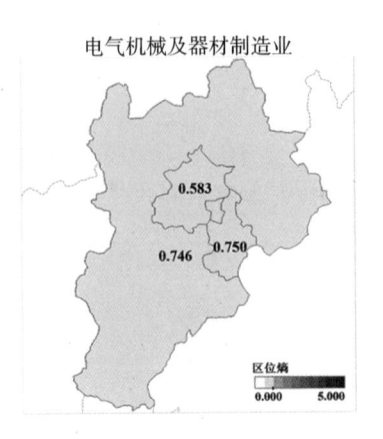

0.583
0.746　0.750

区位熵
0.000　5.000

图3—5f　电气机械及器材制造业集聚水平分布

组图3—5　高技术产业集聚水平分布情况

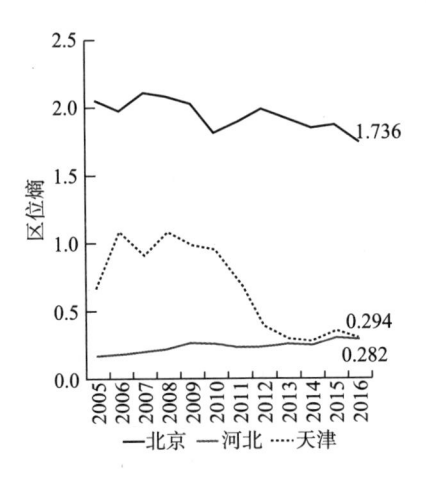

图3—6a　仪器仪表及文化、办公用机械制造业集聚水平演化情况

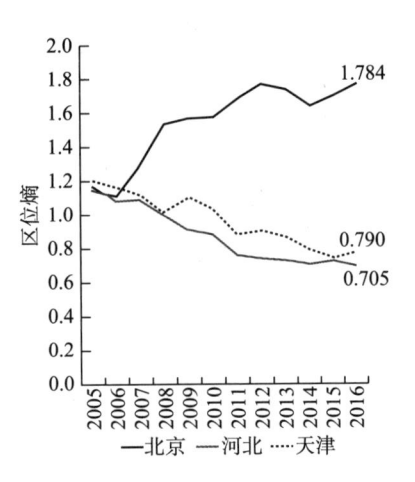

图3—6b　医药制造业集聚水平演化情况

图 3—6c 通信设备、计算机及其他电子设备制造业集聚水平演化

图 3—6d 专用设备制造业集聚水平演化

图 3—6e 交通运输设备制造业集聚水平演化

图 3—6f 电气机械及器材制造业集聚水平演化

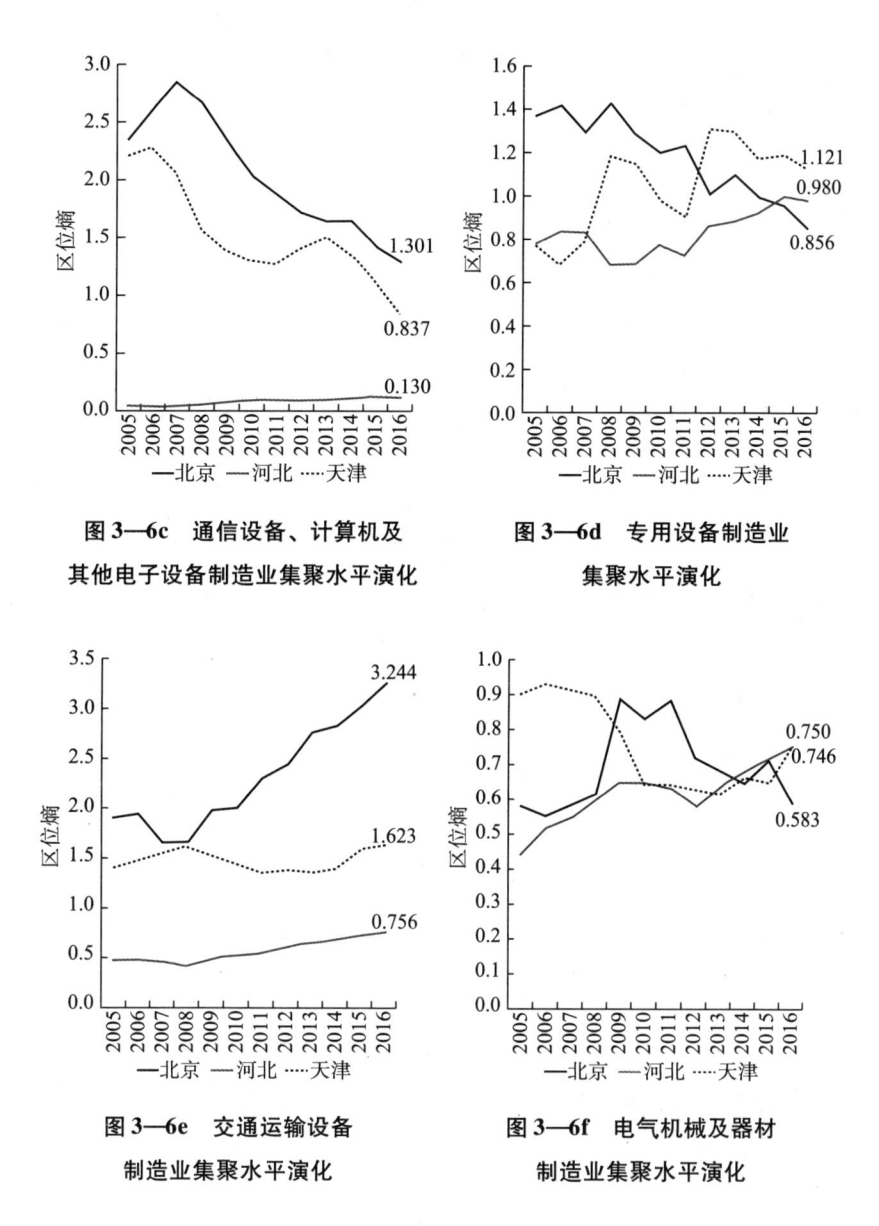

组图 3—6 高技术产业集聚水平演化情况

仪器仪表及文化、办公用机械制造业在京津冀地区集聚水平较高的地区为北京市。通过对依据销售产值计算的区位熵制作的折线图进行分析可以发现，北京市在 2005 年年初区位熵便达到了 2.041，表现出较高

的集聚水平。2005—2016年，虽然总体呈现波动下降的趋势，但2016年北京市的仪器仪表及文化、办公用机械制造业区位熵依然达到了1.736，反映了当地较高的集聚水平。天津市虽然在2006年区位熵从2005年的0.669大幅上升到1.077，表现出较高的集聚水平。但自此之后便经历波动，并且从2009年开始逐渐下降。到2016年，天津市的仪器仪表及文化、办公用机械制造业区位熵已经下降到0.294，不再具备充分的集聚水平。河北省仪器仪表及文化、办公用机械制造业集聚水平相比之下要低于北京市和天津市的水平，但总体上保持缓慢上升的趋势，从2005年的0.162上升到了2016年的0.282，但距离临界水平仍然有较远的距离。

在医药制造业方面，表现出较高集聚水平的是北京市。通过分析依据销售产值计算的区位熵制作的折线图可以直观地发现，北京市、天津市和河北省的医药制造业在2005年集聚水平依次为1.180、1.212和1.157，天津市集聚水平高于北京市，河北省水平最低。三地的医药制造业区位熵均超过了临界水平，表现出较高的集聚水平。而在2005—2016年，河北省医药制造业水平呈现稳定下降的态势，2016年其医药制造业的区位熵已经下降到0.705的低位，不再具备充分的集聚水平。天津市虽然在2009年、2012年有不同程度的小幅回升，但总体上依然呈现下降态势，2016年区位熵已经下降到0.790，同样不再具备充分的集聚水平。相比之下，北京市虽然在2013年和2014年区位熵有小幅度的下降，但整体上依然保持了持续上升的态势。2016年，北京市医药制造业区位熵达到了1.784，具备较高的集聚水平，也是目前京津冀地区中唯一超过临界水平的。

通信设备、计算机及其他电子设备制造业主要在北京市表现出较高的集聚水平。通过对依据销售产值计算的区位熵制作的折线图进行分析可以发现，北京市在2005年通信设备、计算机及其他电子设备制造业的区位熵已经达到2.609，具备了相当程度的集聚水平。在2005—2007年，其集聚水平有所上升，在此之后便一直保持持续下降的态势。到2016年，北京市的通信设备、计算机及其他电子设备制造业区位熵已经下降到1.301，虽然依然保持较高的集聚水平，但相比于2005年已经大幅下降。天津市的情况类似，天津市2005年通信设备、计算机及其他电子设备制造业区位熵为2.202，具备较高的集聚水平。从2005年到2016年，除了

2011—2013年小有回升外，整体上依然保持下降态势。到2016年，反映天津市通信设备、计算机及其他电子设备制造业集聚水平的区位熵已经下降到0.837，低于1的临界水平，集聚特征不再明显。河北省在通信设备、计算机及其他电子设备制造业方面发展相对较为落后，12年来区位熵水平仅增加0.083，距离1的临界水平还有相当大的距离。

2016年，专用设备制造业在京津冀区域内具备较高集聚水平的地区是天津市。通过对2005—2016年的区位熵演变情况进行分析可以发现，北京市在2005年专用设备制造业区位熵为1.363，表现出较高的集聚水平。但其在2008年达到计算期内最高水平1.421后开始呈现总体下降的态势。在2016年，其专用设备制造业区位熵已经下降到0.856，低于临界水平1，不再表现出明显的产业集聚特征。相比之下，天津市虽然在2005年专用设备制造业区位熵只有0.772，是京津冀中最低的。但其在2005—2016年呈现周期性上升的态势，特别是2008年和2012年上升明显。虽然从2013年开始小有回落，但是其区位熵2016年依然保持在1.121，高于临界水平，表现出较高的集聚水平。河北省从2008年开始总体上呈现缓慢增加的态势，2016年其专用设备制造业区位熵已经达到0.980，接近临界水平1，其集聚水平有望进一步提高。

交通运输设备制造业作为高技术产业的代表，主要在北京市和天津市表现出较强的集聚特征。实际上，归并后的交通运输业包括了汽车制造业和铁路、船舶、航空航天和其他运输设备制造业两大门类。北京市和天津市作为北方工业中心，吸引了一大批中外合资和国产汽车开办工厂。其中，天津市主要有一汽丰田和一汽夏利，北京市则分布着北京奔驰、北京现代、北京福田、北京汽车、北汽新能源等一大批厂家，实力雄厚。除此之外，天津市拥有法国空中客车公司的总装线，其海港发展也带动了造船业的发展。因此，体现在以销售产值计算的区位熵来就表现为集聚水平上北京市大于天津市，二者存在产业集聚且均高于河北的情况。由图3-6e可见，总体上北京市交通运输设备制造业集聚程度呈现逐年增加的态势，从2008年开始增加明显，到2016年区位熵已经达到3.244的高水平，产业集聚显著。天津市在2005—2008年区位熵小幅增加后略有回落，但总体上来看仍然显著增加，截至2016年已经达到1.623的水平，集聚特征也非常明显。相比之下，河北省虽然有以河北长安、上汽唐山等一批汽车生产企业，整体集聚发展程度与北京市和天津市相比仍然存在一定距离。2005—2016 年，其交通运输设备制造业区位熵总体上呈现稳定增加趋势，从 2005 年的 0.463 增长到 2016 年的 0.756，发展势头良好。

截至 2016 年年底，电气机械及器材制造业在京津冀地区内尚不存在明显集聚特征，但由于近年来的集聚水平一直呈现缓慢增加的趋势，在这里仍对其进行单独分析。从反映区位熵水平随时间变化的折线图中我们可以看到，天津市和北京市在 2005—2016 年电气机械及器材制造业集聚变化不明显，而河北省虽然没有出现明显的产业集聚，但是其区位熵水平总体上在缓慢上升。同时，京津冀三地的电气机械及器材制造业集聚水平在 2008—2012 年有不同幅度的下降或者停滞。从 2012 年起，三地的电气机械及器材制造业集聚水平总体上呈缓慢上升趋势，但均没有达到临界值。

第二节　京津冀产业集群全球价值链分工地位

现有研究主要利用 WIOD2013 数据，通过投入产出法对我国产业国家层面上位于全球价值链上的位置进行初步计算，并得出我国产业大多处在全球价值链的低端环节的结论。但是，已有研究鲜有针对京津冀地区在省市层面上对相关产业在全球价值链上的位置进行定量分析。而由于京津冀区域资源禀赋和战略规划的不同，三地产业的发展定位和方向也存在差异。为了更好地实现京津冀地区产业集群的转型升级，有必要对京津冀地区产业集群在全球价值链上的分工地位进行分析，需要对各自产业分工地位进行进一步的细化和深入研究。在对京津冀地区产业集群进行识别的基础上，对其在全球价值链上的位置进行定位研究有助于更为全面深入地了解全球价值链视角下京津冀产业集群发展的特征和现状，进而作为对京津冀产业集群转型升级及路径进行进一步探究的基础。

一　京津冀产业集群在全球价值链中分工地位的测度方法

全球价值链由处于多个国家的不同环节所构成，不同的国家承接不同的生产阶段，中间投入品多次跨越国境，采用传统贸易总值数据衡量特定国家价值贡献的做法已经不再可取。Hummels 等于 2001 年开创性地提出了利用垂直专业化率测算全球价值链分工地位的方式①，Koopman 等则在 2010 年首次提出了测算全球价值链时对总出口的增加值进行分解的统一框架，在全球投入产出模型的框架下对国家部门层面的出口进行了增加值来源的分解②。

表3—2　　　　　　　　G 国家 N 部门国际投入产出模型

国家	国家	中间使用							最终使用				总投入
		国家1		国家2		...	国家G		Y_1	Y_2	...	Y_G	X
国家	部门	1	...	N	1	...	N	1	...	N				
国家1	1 ... N	Z_{11}		Z_{12}		...	Z_{1G}		Y_{11}	Y_{12}	...	Y_{1G}	X_1
国家2	1 ... N	Z_{21}		Z_{22}		...	Z_{2G}		Y_{21}	Y_{22}	...	Y_{2G}	X_2
...	...	...		...		...	...		...	...	...	...	...
国家G	1 ... N	Z_{G1}		Z_{G2}		...	Z_{GG}		Y_{G1}	Y_{G2}	...	Y_{GG}	X_G
增加值		V_1		V_2		...	V_G						
总产出		X_1		X_2		...	X_G						

包含 G 个国家 N 个部门的国际投入产出模型如表3—2 所示。以其中的两个国家 s 和 r 为例，Z_{sr} 是由 s 国生产并被 r 国使用的 N×N 中间投入矩阵，Y_{sr} 是反映 s 国生产并由 r 国消耗的最终产品的 N×1 向量，X_s 是反映 s 国总产出的 N×1 向量，VA_s 表示 s 国的增加值。对于世界上的 G 个

---

① Hummels D., Ishii J. and Yi K. M., "The nature and growth of vertical specialization in world trade", *Social Science Electronic Publishing*, Vol. 54, No. 1, 1999, pp. 75–96.
② Koopman R., Powers W. and Wang Z., et al., "Give credit where credit is due: Tracing value added in global production chains", *National Bureau of Economic Research*, 2010.

国家和 N 个产业而言，其总产出可以写成如下形式：

$$\begin{bmatrix} X1 \\ X2 \\ \vdots \\ XG \end{bmatrix} = \begin{bmatrix} A11 & \cdots & A1G \\ \vdots & \ddots & \vdots \\ AG1 & \cdots & AGG \end{bmatrix} \begin{bmatrix} X1 \\ X2 \\ \vdots \\ XG \end{bmatrix} + \begin{bmatrix} Y1 \\ Y2 \\ \vdots \\ YG \end{bmatrix} \quad (2)$$

其中，$X = \begin{bmatrix} X1 \\ X2 \\ \vdots \\ XG \end{bmatrix}$ 为代表 G 个国家每个国家 N 个产业部门的 $GN \times 1$ 的

总产出矩阵，$A = \begin{bmatrix} A11 & \cdots & A1G \\ \vdots & \ddots & \vdots \\ AG1 & \cdots & AGG \end{bmatrix}$ 为对应的 G 个国家 N 个产业部门的

$GN \times GN$ 的投入产出系数矩阵，AX 代表各国总产出中的中间投入品。以 s、r 两国为例，AsrXr 表示的是 s 国对 r 国的中间产品出口。$Y = \begin{bmatrix} Y1 \\ Y2 \\ \vdots \\ YG \end{bmatrix}$ 则

表示总产出中的最终产品。（2）式经过变形后可得到：

$$\begin{bmatrix} X1 \\ X2 \\ \vdots \\ XG \end{bmatrix} = \begin{bmatrix} I - A11 & \cdots & -A1G \\ \vdots & \ddots & \vdots \\ -AG1 & \cdots & I - AGG \end{bmatrix} + \begin{bmatrix} Y1 \\ Y2 \\ \vdots \\ YG \end{bmatrix} \quad (3)$$

令 $B = \begin{bmatrix} I - A11 & \cdots & -A1G \\ \vdots & \ddots & \vdots \\ -AG1 & \cdots & I - AGG \end{bmatrix}^{-1} = \begin{bmatrix} B11 & \cdots & B1G \\ \vdots & \ddots & \vdots \\ BG1 & \cdots & BGG \end{bmatrix}$，为列昂惕夫

逆矩阵，代表各国总产出中用于生产最终产品的比例。再令 G 个国家的总增加值行向量为 $V = (V_1, V_2, V_3, \cdots, V_G)$，其中 r 国的增加值率行向量为 $V_r = (v_1, v_2, \cdots, v_N)$，对其增加值率行向量对角化得到 $N \times N$ 的对角矩阵 $\widehat{V_r}$，对其他国家进行相同的处理可以得到 G 个国家的总体增加值矩阵 $\widehat{V} = (\widehat{V_1}, \widehat{V_2}, \cdots, \widehat{V_G})$，该对角矩阵维度是 $GN \times GN$。又令 G 个国家的

总对外出口行向量为 $E = (E_1, E_2, \cdots, E_G)$，其中 r 国的对外出口行向量为 $E_r = (e_1, e_2, \cdots, e_N)$，采取同样的对角化处理，可得到维度为 $GN \times GN$ 的所有国家总体出口矩阵 $\hat{E} = (\hat{E_1}, \hat{E_2}, \cdots, \hat{E_N})$。将增加值矩阵 $\hat{V}$、里昂惕夫逆矩阵 B 与出口矩阵 $\hat{E}$ 相乘，可得到各国各产业对外出口增加值分解矩阵 VAS_E。

$$VAS\_E = VBE = \begin{bmatrix} V1B11E1* & V1B12E2* & \cdots & V1B1GEG* \\ V2B21E1* & V2B2E2* & \cdots & V2B2GEG* \\ \vdots & \vdots & \ddots & \vdots \\ VGBG1E1* & VGBG2E2* & \cdots & VGBGGEG* \end{bmatrix} \quad (4)$$

对于 r 国来说，其对外出口中的一部分被本国吸收，一部分被直接出口目的国 s 吸收，其余则被第三方国家 t 吸收。把一列中非对角线元素加总就是对某一特定国家总出口中来自国外的增加值的真实测算，以 r 国为例，其国外增加值为：

$$FV_r = \sum_{s \neq r} V_s B_{sr} E_{r*}$$

把一行中非对角线元素加总就是，一国通过中间产品出口而隐含在第三国总出口中的增加值。r 国对外出口的中间产品中包含的 r 国的国内增加值部分为：

$$IV_r = \sum_{s \neq t} V_r B_{rs} E_{st}$$

对角元素测算的是总出口中的国内增加值：

$$DV_r = V_r B_{rr} E_r$$

总出口 E_r 由国内增加值与国外增加值构成，即：

$$E_r = FV_r + DV_r$$

在根据国家—部门层面进行分解的基础上，Koopman 等建立了两个指标，其中第一个指标用来帮助衡量某国的某一部门处于全球价值链（GVC）的位置（上游还是下游）。另一个指标则可以用来衡量一国或一个部门参与全球生产链的程度。

衡量一国位置（例如，处于上游还是下游）的指标，将一国某部门中间品出口用于其他国家的情况，与该国同一部门使用的进口中间品的情况进行对比是有意义的。如果一国处于全球价值链的上游，它以给其他国家提供原材料（如俄罗斯）或/和制成的中间品（如日本）的形式参与到全球价值链中。对于这样的国家，它总出口中国内增加值的间接增加值出口份额会比其国外增加值份额高。相比之下，若一国位于全球价值链的下游，它将使用大量其他国家的中间品来生产最终产品，进而进行出口，它的国外增加值份额将高于国内增加值的间接增加值份额。Koopman 等定义一个"国家—部门"层面的全球价值链位置指数来测算一国在全球价值链中的位置，对其他国家的出口中所用本国供应的中间品与本国自己生产过程中使用的进口中间品进行对数化处理：

$$GVCPOSir = Ln\left(1 + \frac{IVir}{Eir}\right) - Ln\left(1 + \frac{FVir}{Eir}\right) \quad (5)$$

如果"国家—部门"位于供应链的上游，那么分子较大；若"国家—部门"位于供应链下游，那么分母较大。例如，对于中国的汽车制造业而言，如果日本专门为中国的装配公司提供配件，那么，日本将有较高的位置指数，而中国将有较低的位置指数。Koopman 指出，受到进口投入分配信息匮乏的影响，在使用全球价值链位置指数时应当将关注点主要放在相对排名上以减少误差的影响。

与此同时，两个位置指数相同的国家在全球价值链中的参与程度可以是不一样的。因此，位置指标需要与反映"国家—部门"在全球生产链中重要性的另一指标一起使用。根据 Koopman 等人的定义，r 国 i 产业的全球价值链参与度指数如下：

$$GVCPARTir = \frac{IVir}{Eir} + \frac{FVir}{Eir} \quad (6)$$

在分析京津冀地区在全球价值链上的位置时，本书参照余振等人（2016）的做法[①]，在国家层面的产业分工之中考虑国家内部的地区差异和地区内部的产业差异因素，对京津冀地区的全球价值链位置水平进行估算。考虑产业差异时，参考 Lopez 等（2015）的做法[②]，将一国各产业的对外总增加值视为该国内部各地区相应产业的加总，进而利用各地区

[①] 余振、顾浩：《全球价值链下区域分工地位与产业升级对策研究——以东北三省为例》，《地理科学》2016 年第 9 期，第 1371—1377 页。

[②] Lopez – Gonzalez J., Kowalski P., Achard P., "Trade, global value chains and wage – income inequality", *OECD Trade Policy Papers*, 2015.

各产业产值占所在国相应产业总产出的比重,来衡量该地区该产业对其所在国该产业出口增加值的贡献度。在考虑地区差异时利用刘修岩(2013)的研究结论[①],用各地区出口占所在国总出口的比重来调整地区内各产业的实际增加值贡献度。在综合考虑地区和产业差异后,r 国 j 地区 i 产业的全球价值链位置指数可以表示为:

$$POS_{ijr} = Ln\left(1 + \frac{IVir Vaij/Vair}{EirTj/Tr}\right) - Ln\left(1 + \frac{FVir Vaij/Vair}{EirTj/Tr}\right) \quad (7)$$

其中,POS_{ijr} 表示 r 国 j 地区 i 产业的全球价值链位置指数,$Vaij$ 和 $Vair$ 分别表示 j 地区和 r 国整体 i 产业的产值,Tj 和 Tr 分别代表 j 地区和 r 国的对外出口总量,$IVir$、$FVir$ 和 Eir 分别表示 r 国 i 产业对外出口的间接增加值、国外增加值和对外出口总增加值。

本书采用从世界投入产出数据库最新公布的世界各国家地区投入产出数据库中获取数据,世界投入产出数据库(WIOD)是由欧盟委员会资助并于 2012 年成立的数据库,截至 2019 年年末,可供使用的最新数据是其在 2016 年 11 月公布的投入产出数据,提供包括 28 个欧盟成员国以及世界上其他 15 个主要国家,一共 43 个国家 56 个部门在 2000—2014 年的投入产出数据。本书利用 R 语言对中国相关工业行业的全球价值链位置指数和参与度指数进行测算,将其与美国、日本、德国、法国、英国、意大利、加拿大、俄罗斯的水平进行对比。同时,从国研网数据库、《中国工业统计年鉴》(数据涵盖 2005—2011 年,采用 GB/T-2002 标准)以及《中国工业经济年鉴》(数据涵盖 2012—2016 年,采用 GB/T4754-2011 标准)中获取分地区各行业规模以上企业的工业销售总值数据和对外出口数据,参照陈诗一(2011)[②] 和孙早(2016)[③] 的方式进行行业数据的匹配和归并。从中国整体和京津冀地区两个层面对相关产业在全球价值链上的位置情况进行分析。

[①] 刘修岩、吴燕:《出口专业化、出口多样化与地区经济增长——来自中国省级面板数据的实证研究》,《管理世界》2013 年第 8 期,第 30—40 页。

[②] 陈诗一:《中国工业分行业统计数据估算:1980—2008》,《经济学(季刊)》2011 年第 3 期,第 735—776 页。

[③] 孙早、刘李华:《中国工业全要素生产率与结构演变:1990—2013 年》,《数量经济技术经济研究》2016 年第 10 期,第 57—75 页。

二、京津冀产业集群在全球价值链中分工地位的演变分析

(一) 传统资源型产业

1. 采矿和采石业

联合国经济和社会事务部统计司发布的第四版国际标准行业分类中，将采矿和采石业定义为包括自然产生的固态（煤和矿石）、液态（石油）或气态（天然气）矿物的采掘。采矿和采石业可采用地上或者地表开采、矿井开采以及海底采矿等方式进行。根据我国 GB/T4754 – 2002 标准发布的历年《中国工业统计年鉴》中所提供的数据，其对应的行业和部门为煤炭开采和洗选业、石油和天然气开采业、黑色金属矿采选业、有色金属矿采选业和非金属矿采选业。采矿和采石业作为基础工业，是负责生产基本生产资料的工业部门之一。同时，采矿和采石业也包括旨在制备用于市场销售的粗加工物资的辅助活动，诸如矿石的粉碎、碾磨、清洗、干燥、分类、选矿以及天然气的液化和固体燃料的黏聚等。这些工作往往是由开采资源的单位和（或）位于附近的其他单位来完成的。对于采矿和采石业，由于其自身属性，其全球价值链分工地位处于上游位置，一般是通过高耗能、高污染的方式对本国自然矿产资源进行简单的开采和提炼，向下游环节提供粗加工物资，属于典型的传统资源型和劳动密集型产业。对于采矿和采石业而言，全球价值链分工地位指数大于 0 则表示国外使用的本国增加值比例大于本国出口品中使用的国外增加值比例，也就意味着本国在生产链条上处于较为上游的位置。指数数值越高，其分工位置也就越接近上游。

如图 3—7 所示，我国采矿和采石业整体上位于全球价值链分工位置上游，主要进行的是矿产原材料的开采和简单提炼工作。对于采矿和采石业而言，处于分工地位上游意味着其在全球价值链上主要负责出口矿产原材料，实际上大部分进行的是低技术复杂度的资源开采和提炼的工作。大量出口原材料虽然能够带来净价值流入，但从长远来看却有可能被固化在高能耗、高污染的生产环节。采矿和采石业长期处于分工地位上游实际上不利于本国企业实现价值链上的延伸以及技术水平的提高。

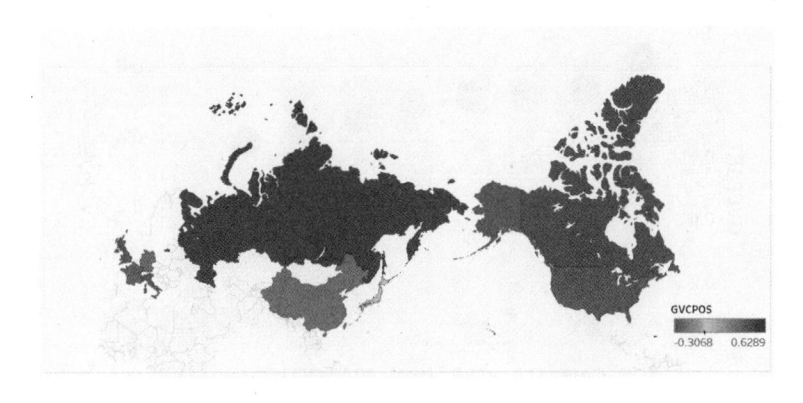

图 3—7　采矿和采石业全球价值链位置情况

在图 3—8 中，圆点对应左轴，代表各国在全球价值链上的位置指数；条形对应右轴，代表各国在全球价值链的参与程度。

如图 3—8 所示，同其他 8 个国家相比，在全球价值链分工位置上我国排名处于中后位置。全球价值链位置指数从高到低依次是俄罗斯、加拿大、意大利、英国、美国、法国、德国、中国和日本。俄、英、意、法、德、美、中、加八国全球价值链位置指数均为正数，表明这些国家在采矿和采石业的对外贸易中，国外使用的本国中间产品增加值比例大于本国对外出口中包含的国外增加值比例，处于较为上游的位置。日本虽然其位置指数大于 0，但相比于其他八个国家而言要低很多，处于最后的位置。这体现了其受到自身资源条件的限制，采矿和采石业包含的本国中间产品增加值比例相比于其他国家而言要明显更低。俄罗斯在九国中全球价值链位置最接近上游，而结合其全球价值链的参与情况来看，反映其参与水平的全球价值链参与度指数也较高，这表明参与全球价值链并作为其中的一部分对于俄罗斯而言十分重要，价值链上的位置也体现了其对矿产中间产品出口的依赖。美国虽然全球价值链位置指数为正，表现为本国间接增加值比例大于国外增加值比例，但其全球价值链参与度指数相比位置指数排名在其之后的法国、德国则明显更低。这表明相对于美国而言，参与全球价值链并作为其中的一部分对于法国和德国的采矿和采石业而言要更为重要。中国的位置指数和参与度指数在九国当中排名均较为靠后，尤其是其参与度指数是九国当中最低的。

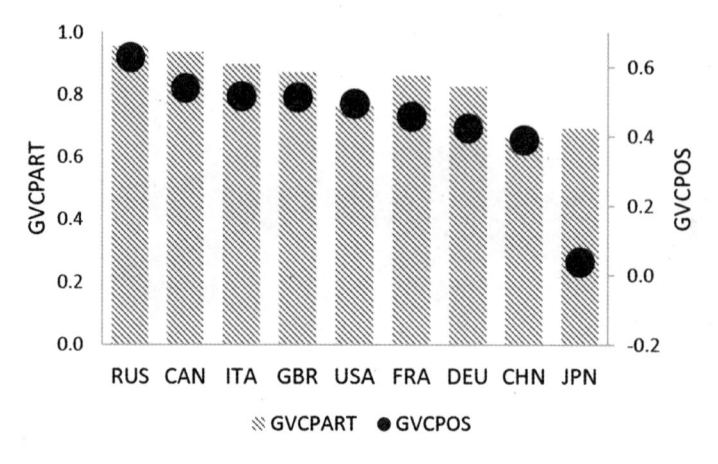

图 3—8　采矿和采石业全球价值链排名

从图 3—9 显示的我国采矿和采石业全球价值链位置指数的时间变化上来看，其分工位置从 2005 年到 2014 年整体上呈下降态势，从 2005 年的 0.5064 下降到 2014 年的 0.3904。采矿和采石业对外贸易产品中包含的国外增加值部分虽然依然少于对外出口中本国的间接增加值部分，但整体呈上升趋势，这表明采矿和采石业产能过剩及出口结构固化的情况有所缓解。京津冀三地中，河北省的分工位置最接近上游且显著高于全国平均水平，表明其在采矿和采石业方面的产值和出口增值量较大，接下来依次是天津市和北京市。2005—2014 年，河北省采矿和采石业全球价值链位置指数总体上看有所降低，分工位置呈现整体下降态势，这表明其对直接出口原料模式的依赖程度有所降低。天津市采矿和采石业的分工地位指数略有上升，一方面说明其采矿业整体生产能力有所提升，另一方面也表现出了采矿和采石业被锁定在依赖原材料出口生产环节的风险。相比之下，从 2005 年到 2014 年，北京市采矿和采石业的全球价值链位置指数总体上没有发生明显的变化。2014 年，北京市的采矿和采石业分工位置指数虽然为正数，但其水平是京津冀中最低的，且低于全国平均水平。

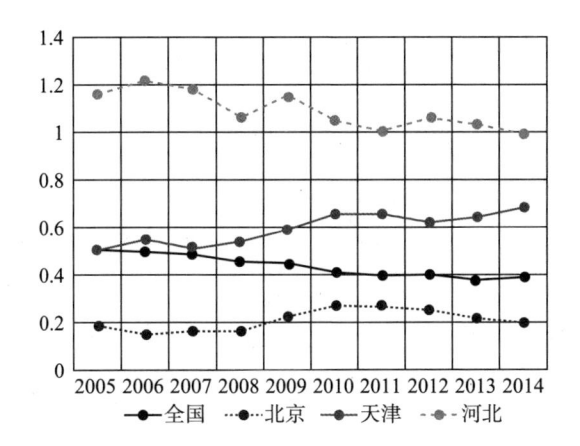

图3—9 京津冀采矿和采石业全球价值链位置变化

(二) 一般制造业

1. 食品、饮料和烟草制品的制造业

根据联合国经济和社会事务部统计司发布的第四版国际标准行业分类中给出的定义,食品、饮料和烟草制品的制造业是指将农业、畜牧业和渔业产品加工成人畜用的食物、饮料和饲料,包括不直接食用的各种中间产品的生产。这类活动往往会产生价值或大或小的相关产品。饮料的制造是指非酒精饮料和矿泉水的生产、通过发酵进行的啤酒和葡萄酒等酒精饮料生产以及蒸馏酒类的制造。烟草制品的制造则是指将作为农产品的烟叶加工成适合于最终消费的形式。根据我国 GB/T4754－2002 标准编制的《中国工业统计年鉴》中提供的数据,其对应行业是食品制造业、饮料制造业和烟草制品业,属于中低技术行业。

如图 3—10 所示,2014 年我国食品、饮料和烟草制品制造业的全球价值链地位指数总体为正值,这表示我国总体位于食品、饮料和烟草制品全球价值链的上游,食品、饮料和烟草制品制造业的对外贸易中包含在中间产品中的国内增加值部分相对于出口中的国外增加值部分要占据更大的比例。对于食品、饮料和烟草制品制造业而言,处于全球价值链的上游位置意味着其主要参与的是偏原料出口、粗加工等环节,虽然能够获得净价值流入,但对于该行业而言偏向下游的精加工等环节具备更大的附加值获取空间。

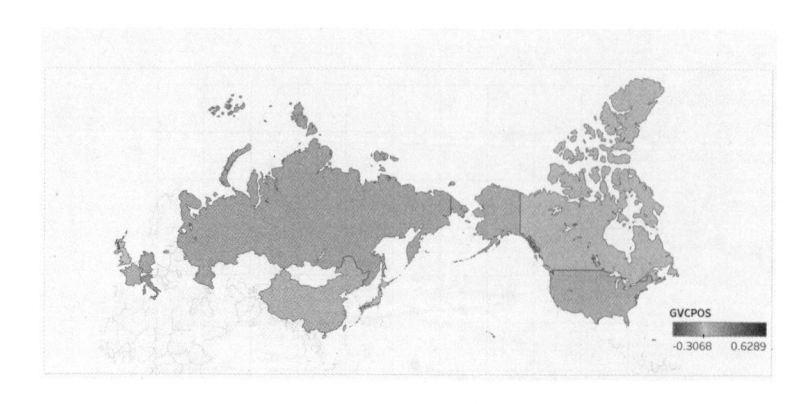

图 3—10　食品、饮料和烟草制品制造业全球价值链位置情况

从图 3—11 中可以看出，同其他 8 个国家相比，我国的食品、饮料和烟草制品制造业的全球价值链地位指数总体排名位置较为靠前。全球价值链位置指数从高到低依次是俄罗斯、美国、中国、加拿大、日本、英国、法国、德国和意大利。其中，法国、德国和意大利的全球价值链位置指数均为负值，这代表其对外贸易中的本国间接增加值要低于对外出口产品中包含的国外增加值。俄罗斯、美国、中国、加拿大、日本和英国则相反，加拿大虽然从全球价值链位置指数上看处于中游，但其参与度指数要明显高于其他国家。这说明参与全球价值链并成为其中的一部分对加拿大而言要比对于中国、日本等国家重要得多。我国的食品、饮料和烟草制品制造业虽然位于价值链上游，但参与程度却是九国当中最低的。

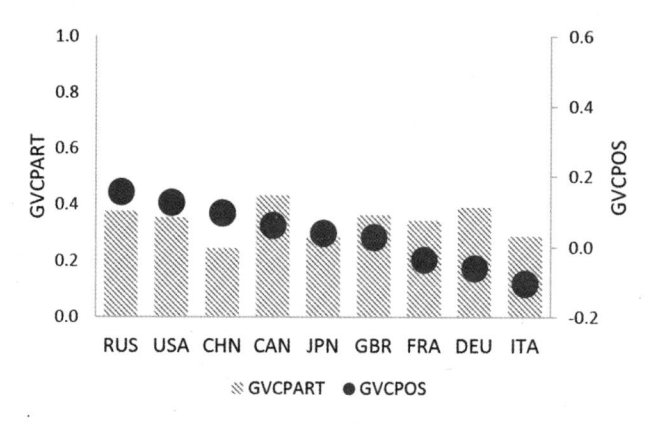

图 3—11　食品、饮料和烟草制品制造业全球价值链排名

如图 3—12 所示，从 2005 年到 2014 年，我国食品、饮料和烟草制品的全球价值链位置指数从 -0.0238 上升到 0.0966。全球价值链位置指数的提高说明在对外贸易产品中我国出口的中间产品增加值的比例要大于对外出口产品中包含的国外增加值比例，处于全球价值链上游，且位置持续提升，总体态势较好。京津冀地区食品、饮料和烟草制品的全球价值链地位指数均为正，表明三地该产业处于较为上游的分工地位，具备一定的价值捕获能力。河北省食品、饮料和烟草制品的全球价值链地位指数在三地中居首，在 2005 年至 2014 年总体上有所提升，从 2005 年的 0.0603 上升到 2014 年的 0.1933。具体来看，在 2005 年至 2009 年实现了较快的提升，在 2009 年达到计算期内的最高值 0.2061。2010 年位置指数发生了一定程度的下降，此后逐渐回升至 2013 年，2014 年略有回落但总体上依然实现了较为明显的提升。北京市和天津市的发展情况相似，虽然两市食品、饮料和烟草制品的全球价值链位置指数大于 0，但相比之下不但低于河北省的水平，同时也在我国整体水平之下。具体来看，天津市的食品、饮料和烟草制品的全球价值链位置指数在 2005 年至 2014 年间从 0.0163 上升到了 0.0939，接近我国的整体水平。北京市略有上升但是幅度较小，从 2005 年的 0.0119 上升到了 2014 年的 0.0966，距离全国整体水平仍然有一定差距，但其依然处于价值链上游，且间接增加值相对于国外增加值的比例优势也有所上升，总体趋势良好。

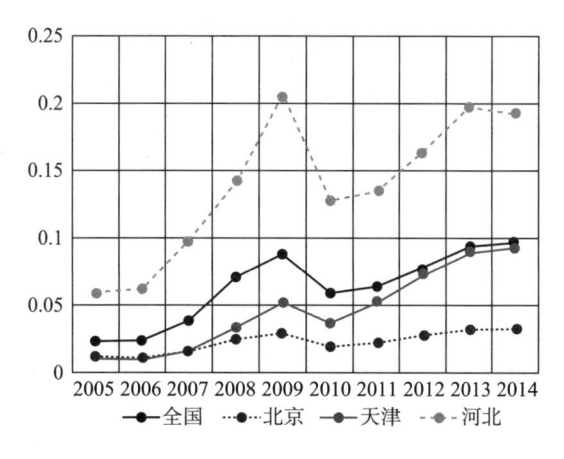

图 3—12　京津冀食品、饮料和烟草制品制造业全球价值链位置变化

2. 纸和纸制品的制造业

根据联合国经济和社会事务部统计司发布的第四版国际标准行业分类中给出的定义，纸和纸制品的制造包括纸浆、纸或纸制品的制造。其中，纸浆制造涉及将纤维素纤维与木头或废纸中的其他杂质分离；纸的制造涉及将这些纤维做成纸张；纸制品则是由纸张和其他材料通过各种切割和成形技术制成的，包括涂层和层压活动。纸品可以印刷（如墙纸、礼品包装纸等），只要内容的印刷不是主要目的。根据我国 GB/T4754－2002 标准编制的《中国工业统计年鉴》中提供的数据，其对应行业是造纸及纸制品业，属于中低技术产业。

如图 3—13 所示，我国纸和纸制品的制造业的全球价值链地位指数总体为正值，表明我国对外贸易中纸和纸制品包含的国内增加值部分要高于国外增加值部分，具有一定的价值捕获能力，处于分工地位的上游。对于纸和纸制品的制造业而言，其全球分工地位的中游和下游主要是高端纸制品的精加工等环节，相比于高耗能高排放的上游环节具备更大的附加值空间。

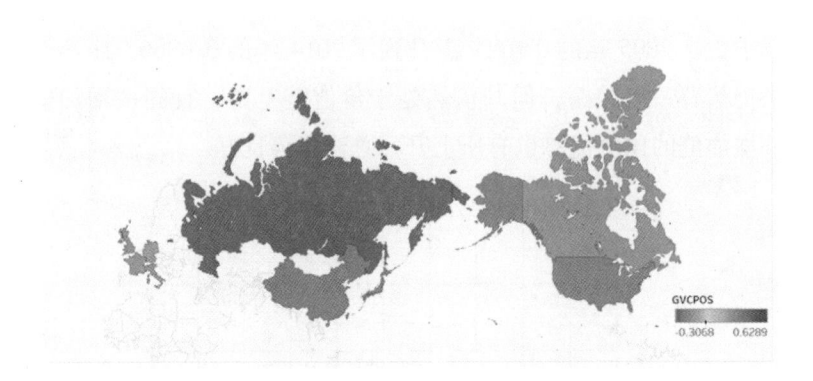

图 3—13 纸和纸制品的制造业全球价值链位置情况

如图 3—14 所示，同其他 8 个国家相比，我国的全球价值链地位指数总体排名较为靠前。全球价值链位置指数从高到低依次是俄罗斯、中国、美国、日本、英国、加拿大、意大利、法国和德国。九国的全球价值链位置指数均大于 0，这表明在它们纸和纸制品制造业的对外贸易中，代表中间产品中所含增加值的间接增值比例要多于对外出口中包含的国外增加值的比例，均处于全球价值链的上游。从反映参与程度的全球价值链参与度指标来看，俄罗斯不但处于价值链上游位置，其参与度也是 9 个国家当中最高的。中国、美国和日本的纸和纸制品制造业虽然在全球价值链上的位置接近，但日本的全球价值链参与度指数要高于中国和美国。这表明对于日本的纸和纸制品制造业而言，参加全球价值链并作为其中的一部分相比于中国和美国要更加重要。加拿大、意大利、法国和德国虽然在全球价值链上的位置在九国中排名靠后，但其对全球价值链的参与程度普遍较高，以加拿大最为明显。这体现了参与全球价值链对于加拿大等国的纸和纸制品制造业的重要程度。

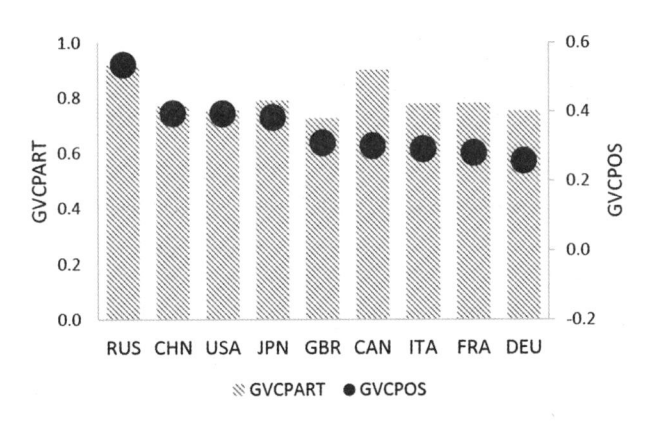

图 3—14　纸和纸制品的制造业全球价值链排名

从图 3—15 中可以看到，我国纸和纸制品制造业的全球价值链地位指数在 2005 年至 2014 年总体上没有明显的变化，从 0.3940 略微上升到 0.3955。我国纸和纸制品制造业对外贸易中国内增加值相比于国外增加值要更多，而且其比例在保持原有优势的基础上略有上升。这意味着我国纸和纸制品制造业保持了全球价值链上的价值获取能力和分工地位，同时在此基础上也有一定程度的发展。从京津冀地区来看，2014 年京津冀纸和纸制品制造业的全球价值链地位指数整体为正，说明三地的纸和纸制品产业均处于上游位置。具体来看，河北省的全球价值链位置指数是京津冀中最高的，且高于我国整体水平，而北京市和天津市的全球价值链位置指数虽然大于 0，但都低于我国的整体水平。从 2005 年到 2014

年，河北省纸和纸制品制造业的全球价值链位置指数变化波动较为明显，其在2006年至2008年持续下降后2009年有所提升，此后又经历了2010年的回落和2011年至2013年的回升。2014年河北省纸和纸制品制造业的全球价值链位置指数为0.7024，相比2005年0.7253的水平略有下降。北京市纸和纸制品制造业的全球价值链位置指数在三地中是最低的，其在2005年至2014年间变化幅度较小，仅从0.1224下降到0.0887，依然处于上游位置。天津市从2005年至2014年，纸和纸制品制造业的全球价值链位置总体呈上升趋势，从2005年的0.1661上升到了2014年的0.3144，这反映了其全球价值链分工地位更加接近上游位置。

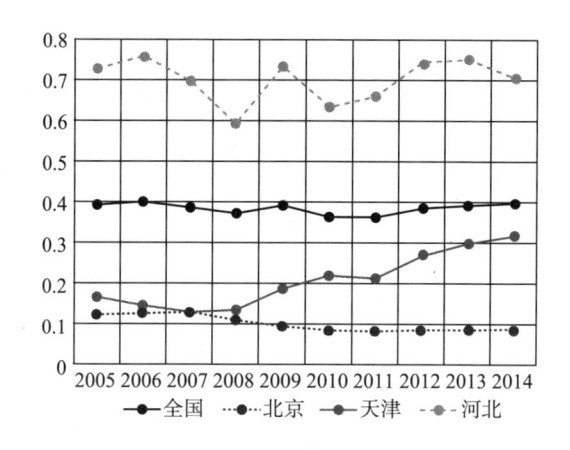

图3—15　京津冀纸和纸制品的制造业全球价值链位置变化

3. 金属制品的制造业

根据联合国经济和社会事务部统计司发布的第四版国际标准行业分类中给出的定义，金属制品的制造是指包括具有静态、不活动功能的"纯"金属制品（诸如部件、容器和结构）的制造，具体包括结构性金属制品（如建筑用金属框架及其部件）的制造、金属容器类产品（如水箱、油罐、中心供热锅炉）和蒸汽锅炉的制造、武器弹药的制造以及其他金属制品的制造（含为金属加工提供的服务活动）。根据我国GB/T4754-2002标准编制的《中国工业统计年鉴》中提供的数据，其对应行业是金属制品业，属于中低技术行业。

如图3—16所示，2014年我国金属制品制造业的全球价值链位置指数为 0.3149，这代表我国在全球价值链上的分工地位整体处于上游位置，开展金属制品制造业的对外贸易时金属制品中包含的国内增加值部分要大于国外增加值部分。金属制品制造业包含的品类丰富，处于分工地位的上游对于金属制品的制造业来说意味着较强的工业能力，同时具备向下游延伸发展的实力。

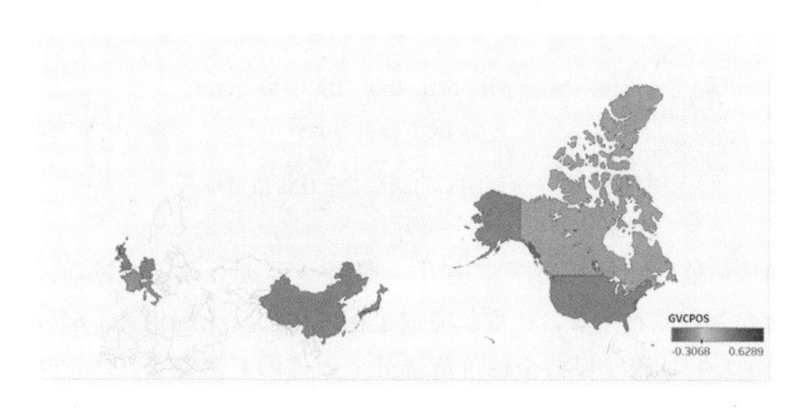

图 3—16　金属制品的制造业（机械设备除外）全球价值链位置情况

如图 3—17 所示，同其他七个国家相比（俄罗斯数据缺失），我国的全球价值链地位指数总体上依然处于相对上游位置。在金属制品的制造方面，全球价值链位置指数从高到低依次是中国、英国、日本、德国、美国、意大利、法国和加拿大。实际上，中国、英国、日本、德国和美国的全球价值链位置指数水平相当接近，意大利、法国和加拿大则较为靠后，但其全球价值链位置指数均大于 0，处于上游位置。从全球价值链参与度来看，虽然中、英、日、德、美、意位置相近，但日本的参与度明显更高。这表明，对于日本的金属制造业而言，参与全球价值链并成为其中的一部分要比其他国家更为重要，而其较高的位置指数也体现了其较强的工业实力。

如图 3—18 所示，我国金属制品制造业的全球价值链位置指数在 2005 年到 2014 年变化幅度不大。总体上看，我国金属制品制造业的全球价值链位置指数 2005 年为 0.2977，在 2006 年至 2009 年缓慢上升后缓慢回落，从 2013 年开始有所恢复并于 2014 年达到 0.3149 的水平，总体上略有上升。指标的变化体现了我国金属制品制造业对外贸易的金属制品

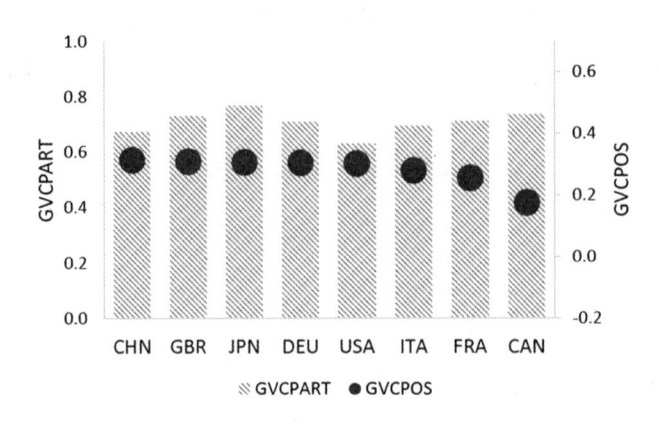

图3—17 金属制品的制造业全球价值链排名

中国内增加值的比例经历了"上升→回落→再次上升"的过程，按照2014年的最新状态来看，其重新完成了国内增加值比例相对于国外增加值比例的反超，依然保持全球价值链分工地位的上游位置。这意味着我国金属制品制造业总体上依然保持了全球价值链上的价值获取能力和分工地位，同时在此基础上也有了一定发展。从京津冀地区来看，河北省和天津市金属制品制造业的全球价值链位置总体上要高于北京市且高于我国整体水平，北京市要低于我国整体水平。河北省和天津市由于其金属制品制造业的产量和出口相对较大，其波动程度也在全国平均水平的基础上有所放大。河北省金属制品制造业的全球价值链位置指数在2009年和2010年经历了较为明显的上升和回落的波动过程，在此之后总体保持稳定提升的态势。2014年河北省金属制品制造业的全球价值链位置指数达到了0.8096，相比于其2005年的0.6220有了较为明显的提升。这表示随着金属制品产量和出口的增加，其价值捕获能力最终也获得了提高，本国中间产品增加值的相对于国外增加值部分的比例优势有所扩大。天津市金属制品制造业的全球价值链位置指数由2005年的0.3201上升到2014年的0.4162，高于我国整体水平。相比之下，北京市金属制品制造业的全球价值链位置指数最低，且低于我国整体水平。在2005年到2014年，北京市金属制品制造业的全球价值链位置指数略有下降，从0.1529下降到0.1179，但依然大于0，表示其间接产品增加值相对于国外增加值依然具有一定优势。

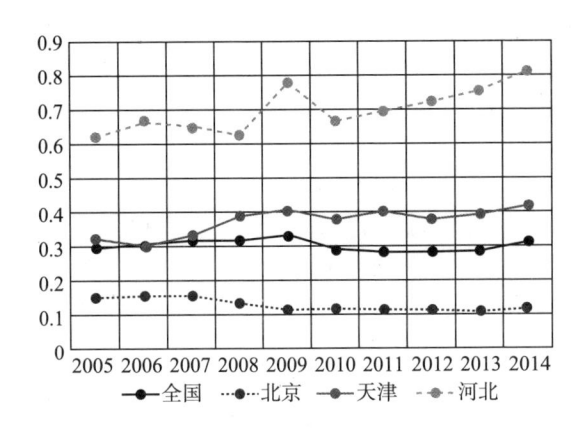

图3—18　京津冀金属制品的制造业全球价值链位置变化

4. 基本金属的制造业

根据联合国经济和社会事务部统计司发布的第四版国际标准行业分类中给出的定义，基本金属的制造包括采用电冶技术和其他冶金工艺技术，用矿石、金属锭或废料熔炼和（或）精炼黑色金属和有色金属的活动。基本金属的制造还包括通过在纯金属中加入其他化学元素制造合金和超级合金的活动。在基本金属的制造业中，熔炼和精炼的产品（通常以锭的形式）经轧制、拉制和挤压，制成薄钢板、盘条、条钢、圆钢、钢管和中空型材并在熔融状态下浇制铸件和其他基本金属制品。根据我国 GB/T4754-2002 标准编制的《中国工业统计年鉴》中提供的数据，其对应行业是黑色金属冶炼及压延加工业和有色金属冶炼及压延加工业。

如图3—19所示，我国基本金属的制造行业全球价值链位置指数大于0，表明在我国出口的基本金属制成品中国内中间产品增加值部分要高于国外增加值部分，在全球价值链上处于中上游水平。对于基本金属的制造业而言，分工地位的中上游位置一方面代表了其具备较强的基本加工能力，另一方面也意味着其有进一步向相对具有更高附加值和更高技术要求的下游精加工环节发展的空间。

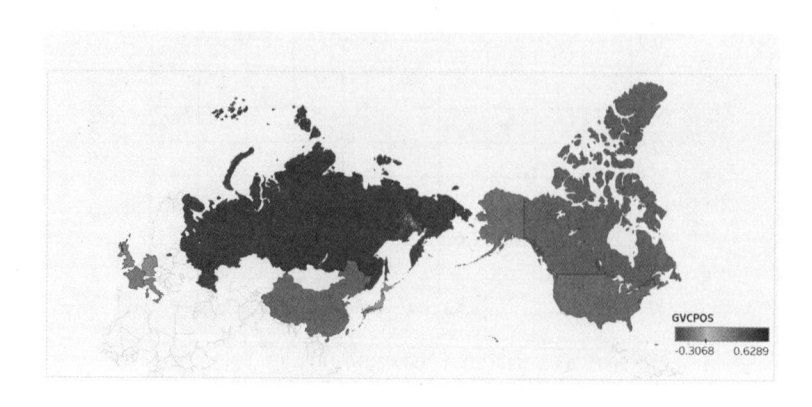

图3—19 基本金属的制造业全球价值链位置情况

如图3—20所示,同其他8个国家相比,我国的全球价值链地位指数总体排名较为靠前。全球价值链位置指数从高到低依次是俄罗斯、加拿大、中国、美国、法国、意大利、英国、德国和日本。俄罗斯、加拿大、中国的基本金属制造业位居九国前列,同时其全球价值链参与度水平也较高,这表明对它们而言参与全球价值链并且作为其中的一部分要重要得多。日本基本金属制造业的全球价值链位置指数虽然大于0,但其位置水平在九国当中最为靠后。反映日本基本金属制造业全球价值链参与程度的参与度指标水平很高,超过了位置水平在其之前的中、美、法、意、英、德六国,这反映了其基本金属的制造业对于全球价值链有着很高的依赖性,参与全球价值链并作为其中的一部分对于日本金属制造业而言相当重要。英国的情况与日本相似,同样具备相当高的全球价值链参与程度。

如图3—21所示,2005年至2014年我国基本金属的制造业全球价值链位置指数总体变化不大,2014年全球价值链位置指数为0.3871,相比于2005年0.4095的水平略有下降。这表示,整体上我国基本金属的制造对外贸易中国内增加值的比例有所降低,但总体上依然具备优势,处于全球价值链的上游位置。对于京津冀地区而言,三地基本金属的制造嵌入全球价值链的地位指数均始终为正,体现了京津冀基本金属的制造业对外贸易中国内增加值比例相对于国外增加值的优势地位。具体来看,河北全球价值链地位指数最高,且高于我国平均水平。2009年指数上升

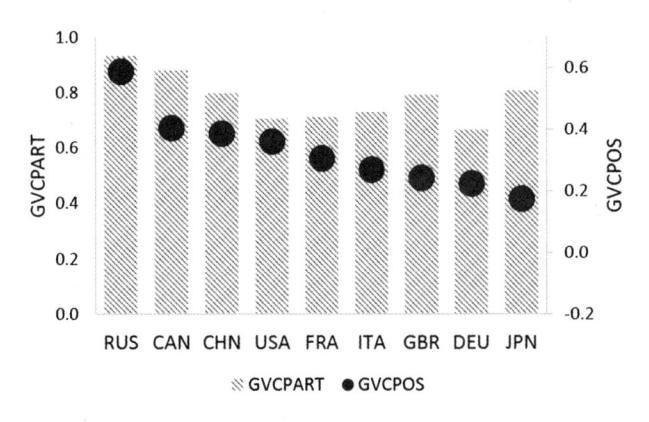

图 3—20　基本金属的制造业全球价值链排名

到了计算期内的最高值 1.2223，代表对外贸易产品中国内中间产品增加值比例达到了最高，在此之后整体下滑，在 2014 年小有回升到 1.0644 的水平，相比 2005 年 1.2016 的水平虽然有所下降，但依然处于上游位置。天津市在 2005 至 2014 年全球价值链地位指数总体保持上升，在 2009 年有相对较大幅度的上升，而在接下来的 2010 年有所回落，2014 年回升到 0.1227 的水平；相对于 2005 年的 0.3793 而言整体上有所上升，体现了其价值捕获能力的提高。北京市虽然全球价值链地位指数为正，但是低于全国平均水平并且是京津冀中最低的，2014 年的全球价值链地位指数为 0.0332，相对于 2005 年 0.2399 的水平而言整体呈缓慢下降态势。

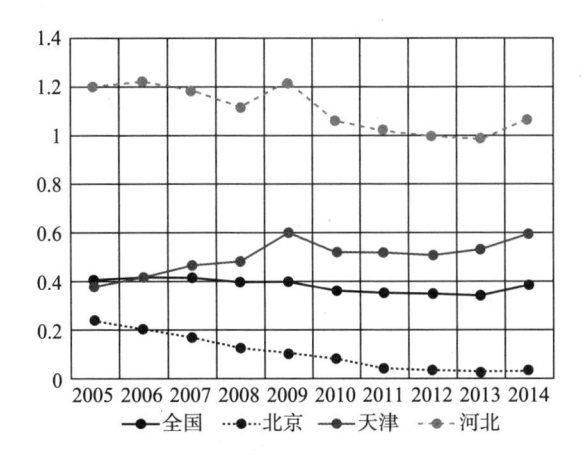

图 3—21　京津冀基本金属的制造业全球价值链位置变化

5. 其他非金属矿物制品的制造业

根据联合国经济和社会事务部统计司发布的第四版国际标准行业分类中给出的定义，其他非金属矿物制品的制造是指单一矿源物质相关的制造活动，包括玻璃和玻璃制品（例如平板玻璃、空心玻璃、玻璃纤维、工艺玻璃制品等）、陶瓷制品、瓦和陶土制品以及水泥和石膏（从原料到制成品），石料的成形和精加工也包含在内。根据我国 GB/T4754-2002 标准编制的《中国工业统计年鉴》中提供的数据，其对应行业是非金属矿物制品业，属于中低技术产业。

如图3—22所示，我国其他非金属矿物制品制造业的全球价值链地位指数大于0，这代表我国对外贸易中其他非金属矿物制品中包含的国内间接增加值比例要高于国外增加值的比例，处于全球分工地位的上游位置。对于非金属矿物制品制造业而言，其分工地位的上游主要是依靠自身在原材料资源等方面的优势对非金属矿物制品进行加工。处于上游位置一方面意味着在基础加工环节具备一定的优势，另一方面也对其向具备更强附加值获取能力的下游环节进行升级提出了要求。

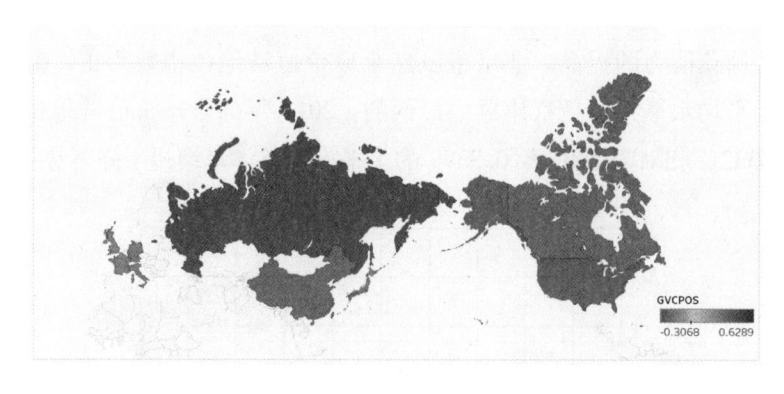

图3—22　其他非金属矿物制品的制造业全球价值链位置情况

同其他8个国家相比，我国的全球价值链地位指数总体排名处于中游水平。其他非金属矿物制品制造业的全球价值链位置指数从高到低依次是俄罗斯、美国、加拿大、中国、日本、意大利、德国、法国和英国。九国其他非金属矿物制品的制造业在全球价值链上的位置指数均大于0，这意味着这些国家非金属矿物制品制造业的对外贸易中，产品中包含的国外增加值部分要低于国内间接增加值部分，总体来说都处于偏上游的位置。中国和美国虽然全球价值链位置指数较为靠前，但二者的其他非金属矿物制品制造业的全球价值链参与度指数相近，都要明显低于同水平其他国家的水平。这表明对于其他国家的其他非金属矿物制品制造业而言，参与全球价值链并成为其中的一部分相比于中国和美国要更为重要。

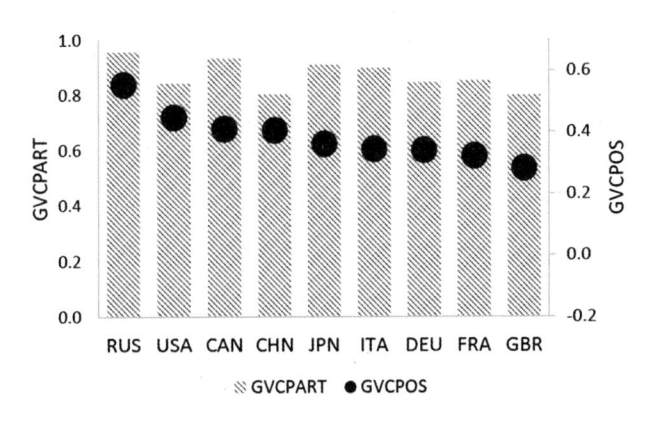

图3—23　其他非金属矿物制品的制造业全球价值链排名

在2005年到2014年，我国其他非金属矿物制品制造业的全球价值链地位指数整体上有所提升，从2005年的0.3147上升到了2014年的0.4067。指数的上升表示我国在该产业全球价值链上的分工地位情况进一步提高，呈现出向好发展的态势。京津冀地区其他非金属矿物制品制造业的全球价值链地位指数均大于0，代表三地该行业对外贸易产品中国内增加值部分均高于国外增加值部分，处于分工地位的上游位置。北京市和天津市该产业全球价值链地位指数水平相近，均低于全国平均水平。在2005—2014年，北京市其他非金属矿物制品制造业的全球价值链位置指数在2005年到2008年有小幅下降，此后总体保持不变。2014年，其全球价值链位置指数为0.1569，相比于2005年0.1885有所下降，但其间接增加值部分均高于国外增加值部分，保持了上游的位置。天津市在2005—2008年小幅上升后同样总体保持不变，其2014年的全球价值链位置指数为0.1405，相比于2005年的0.1112略有上升，体现了其分工地位的上升和价值获取能力的增强。河北省其他非金属矿物制品制造业的全球价值链位置指数是京津冀中最高的,且高于我国整体水平。2005—2014年,其全球价值链位置指数在2009年达到了计算期内的最高值0.7971后回落并总体保持不变,2014年的位置指数为0.6842,相比于2005年0.6711略有上升,保持了其间接增加值部分相对于国外增加值比例的优势,处于上游位置。

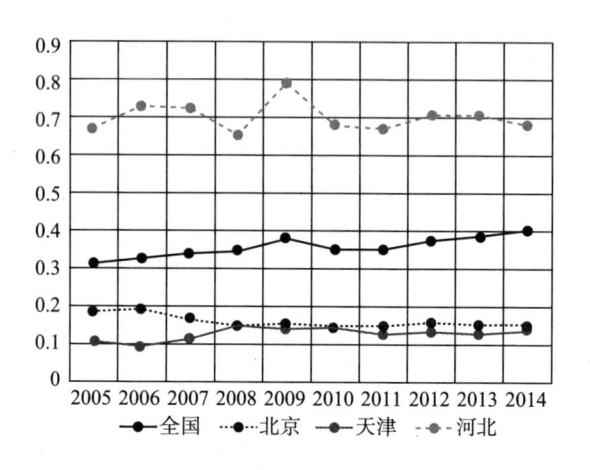

图3—24 京津冀其他非金属矿物制品的制造业全球价值链位置变化

6. 纺织品、皮革、服装和相关产品的制造业

根据联合国经济和社会事务部统计司发布的第四版国际标准行业分类中给出的定义,纺织品的制造包括纺织纤维的纺前加工和纺纱以及纺织品的织造、纺织品和服装的整理、纺织坯品的制造,服装的制造则涵盖用非自产的一切材料缝制所有品目的服装和附属品,同时还包括毛皮行业。皮革和相关产品的制造则指通过鞣制或修整将兽皮变为皮革并将皮革制成用于最终消费的产品。根据我国GB/T4754-2002标准编制的《中国工业统计年鉴》中提供的数据,其对应的行业为纺织业和纺织服装、鞋、帽制造业。

我国纺织品、皮革、服装和相关产品的制造业全球价值链地位指数大于0,表明在我国出口的纺织品、皮革、服装和相关产品中国外增加值部分要低于国内间接增加值比例,在对外贸易中表现出一定的比较优势。纺织品、皮革、服装和相关产品制造业属于劳动密集型产业,其附加值高的环节相对更加偏向中下游，这也是该行业进一步升级的方向。

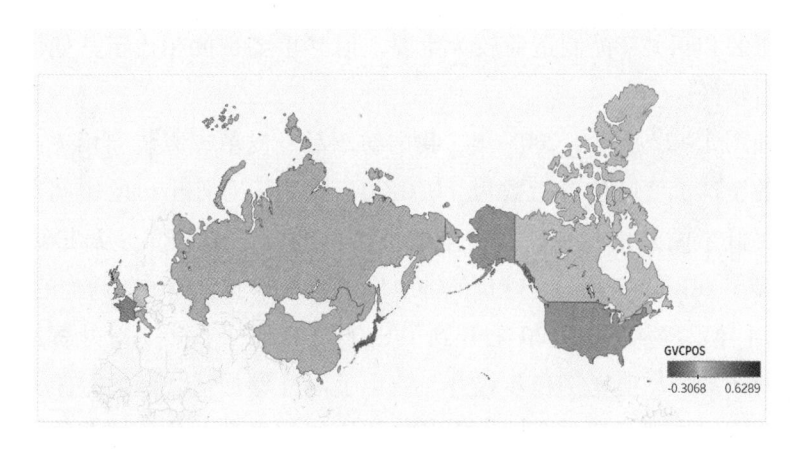

图3—25 纺织品、皮革、服装和相关产品的制造业全球价值链位置情况

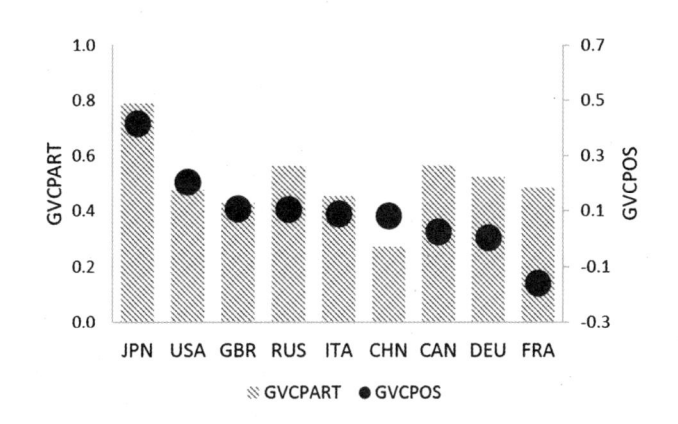

图3—26 纺织品、皮革、服装和相关产品的制造业全球价值链排名

同其他 8 个国家相比，我国的全球价值链地位指数总体排名处于中游水平。纺织品、皮革、服装和相关产品制造业全球价值链位置指数从高到低依次是日本、美国、英国、俄罗斯、意大利、中国、加拿大、德国和法国。日本纺织品、皮革、服装和相关产品制造业不但在九国当中位置最为靠前，其全球价值链参与度也是最高的，这体现了参与全球价值链并作为其中一部分对于日本纺织品、皮革、服装和相关产品制造业的重要性。从 2014 年的情况来看，美国、英国虽然位置指数排名靠前，但其参与程度要明显低于同水平其他国家，中国的参与度则是最低的。这说明参与全球价值链并作为其中的一部分虽然对于它们的纺织品、皮革、服装和相关产品制造业较为重要，但其重要程度相比于其他国家而言相对较低。

如图3-27所示，2005年，我国纺织品、皮革、服装和相关产品制造业的全球价值链位置指数为-0.0120，这表示对外出口的中间产品增加值要低于国外增加值，位于全球价值链的中下游地位。从2005年到2014年，我国该产业的全球价值链地位指数总体上呈现快速增加的态势，到2014年已经从-0.0120上升到了0.0827的水平，表明对外贸易中国内中间产品增加值比例稳步提升，缩小了国外增加值之间的差距并实现了反超。这体现了其在全球价值链分工地位的提升和价值捕获能力的增强，到达了全球价值链的上游。从京津冀地区来看，三地纺织品、皮革、服装和相关产品的制造嵌入全球价值链的地位指数2005年时均为负值。在2005至2014年，河北省的纺织品、皮革、服装和相关产品制造业有了明显提升，在2008年由负值上升为正值，这表示其间接增加值比例已经超过国外增加值的比例，实现了由下游向上游的攀升。2014年，河北省纺织品、皮革、服装和相关产品制造业的全球价值链位置指数为0.1666，高于全国整体水平，相比于2005年的-0.0357有了明显的增加。这表示

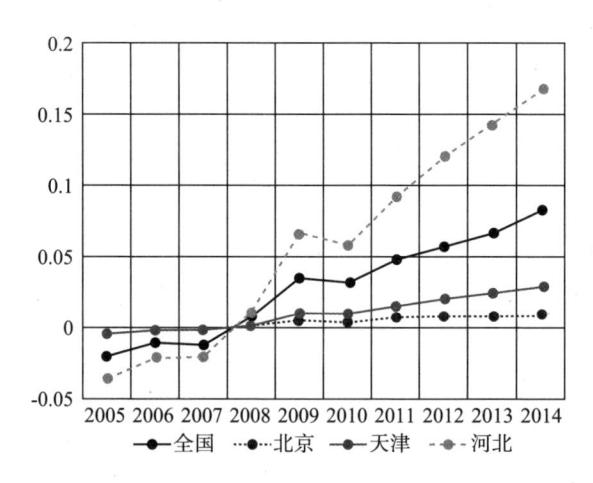

图3—27 京津冀纺织品、皮革、服装和相关产品的制造业全球价值链位置变化

在其对外贸易中国内增加值的比例的显著提升，同时也是价值获取能力增强的体现。相较于河北省，天津市和北京市纺织品、皮革、服装和相关产品制造业的全球价值链位置指数在2005年至2014年间虽然同样实现了增长，但其幅度要小一些。天津市和北京市均在2008年实现了全球价值链位置指数由负到正的转变，实现了全球价值链位置从下游向上游的攀升。2014年，天津市和北京市的纺织品、皮革、服装和相关产品制造业的全球价值链位置指数分别从2005年的 -0.0060和 -0.0045上升到了0.0290和0.0088，价值获取能力进一步增强。

7. 焦炭和精炼石油制造业

根据联合国经济和社会事务部统计司发布的第四版国际标准行业分类中给出的定义，焦炭和精炼石油的制造是将原油和煤转化为可用产品的活动。焦炭和精炼石油制造的主要过程是石油精炼，即使用裂化和蒸馏等技术将原油分离为不同的成分产品。焦炭和精炼石油的制造涵盖了自用的特定产品的制造（如焦炭、丁烷、丙烷、汽油、煤油、柴油、核燃料等）以及加工服务（如按客户要求进行的精炼，核废料的处理等），同时还包括气体的制造，诸如作为炼油厂产品的乙烷、丁烷和丙烷等。根据我国GB/T4754-2002标准编制的《中国工业统计年鉴》中提供的数据，其对应行业是石油加工、炼焦加工业，属于中低技术行业。

如图3—28所示，我国的焦炭和精炼石油产品的制造业全球价值链位置指数为正，但需要注意的是，同采矿和采石业类似，焦炭和精炼石油

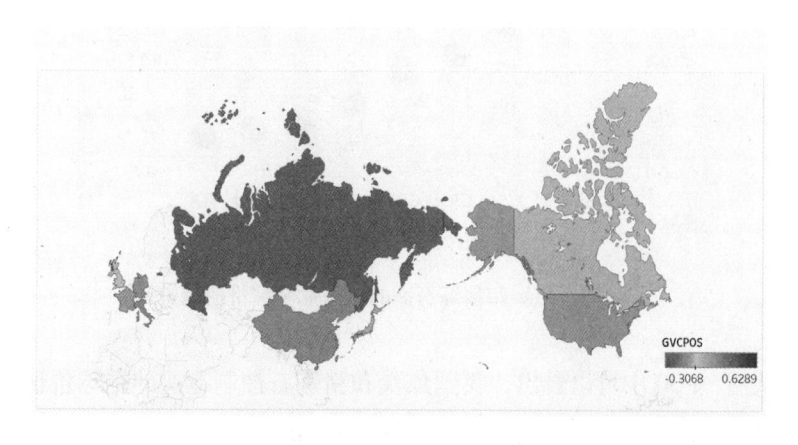

图3—28　焦炭和精炼石油的制造业全球价值链位置情况

的制造具有一定特殊性。该产业越接近上游，意味着越多的可能是直接对外出口粗加工石油化工品等，属于高耗能、高污染的类别。虽然能够凭借其资源和规模获得净价值流入，但从长远来看却有可能被固化在高能耗、高污染的生产环节，长期处于分工地位上游实际上不利于本国企业实现技术水平的提高以及价值链上的升级。

如图 3—29 所示，同其他 8 个国家相比，我国的全球价值链地位指数总体排名靠前。全球价值链位置指数从高到低依次是俄罗斯、中国、美国、加拿大、英国、日本、法国、德国和意大利。其中，俄罗斯、中国、美国、加拿大和英国的全球价值链位置指数大于 0，这表示它们的焦炭和精炼石油制造业的对外贸易中间接增加值所代表的中间产品包含的国内增加值比例要高于其产品中国外增加值部分，处于全球价值链上游。而日本、法国、德国和意大利的全球价值链位置指数小于 0，其间接增加值比例要小于国外增加值比例，处于全球价值链的下游。从全球价值链参与情况来看，九国的全球价值链参与度均达到了一定的水平，而意大利和日本的全球价值链参与度指数明显高于相近水平位置的其他国家，这反映了参与全球价值链并作为其中的一部分对于两国焦炭和精炼石油制造业而言比其他国家更为重要。

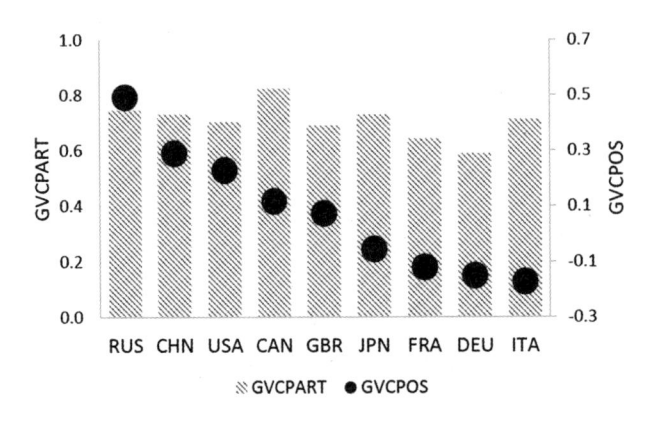

图 3—29　焦炭和精炼石油的制造业全球价值链排名

从图 3—30 中可以看出，我国焦炭和精炼石油制造业的全球价值链地位指数在 2005 年为 0.3191，其正值体现出我国焦炭和精炼石油制造业对外贸易中包含的国内增加值比例要高于国外增加值比例。虽然能够带来净价值流入，但从长远来看却有可能被固化在高能耗、高污染的低端环节。对于焦炭和精炼石油产业而言，长期处于分工地位上游实际上不利于本国企业实现价值链上的延伸以及技术水平的提高。从 2005 年到 2014 年，我国焦炭和精炼石油业全球价值链地位指数整体有所下降，从 0.3191 下降到了 2014 年的 0.2908，对外贸易产品中的国外增加值比例有所上升，但仍然低于我国出口的间接增加值，保持了上游位置。从京津冀地区来看，河北省焦炭和精炼石油产业的全球价值链位置指数水平最高，且高于我国整体水平。2005 年至 2014 年，河北省焦炭和精炼石油产业在 2009 年上升到了计算期内的最高值 0.6892，此后在 2010 年和 2011 年持续回落，2014 年恢复到 0.5836 的水平，相对于 2005 年的 0.6153 来说略有下降，焦炭和精炼石油业的产能过剩及出口结构固化的威胁得到相对缓解，对直接原料出口模式的依赖性有所减少，对于整个产业的生产链条而言影响是积极的。天津市的焦炭和精炼石油业的全球价值链位置指数在 2005 年至 2014 年虽然略有波动，但总体略有上升，从 2005 年的 0.2913 上升到了 2014 年的 0.3418。北京市焦炭和精炼石油业的全球价值链位置指数在 2005 年至 2013 年持续下降，2014 年略有回升。2014 年北京市焦炭和精炼石油业的全球价值链位置指数为 0.2389，相比于 2005 年的 0.3718 有所回落，在京津冀中排名最后，且低于我国整体水平，但仍保持上游位置。

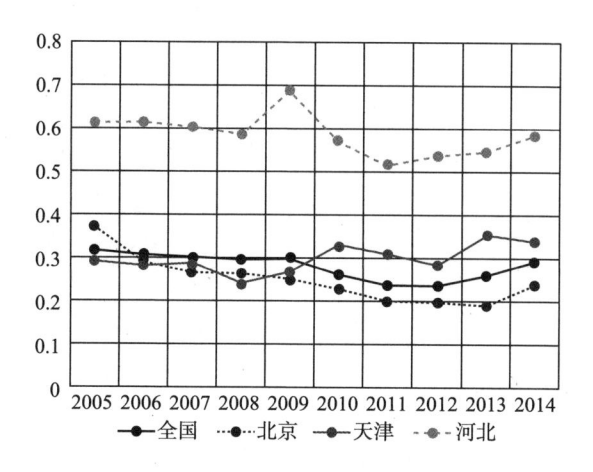

图 3—30　京津冀焦炭和精炼石油的制造业全球价值链位置变化

(三) 高技术产业

1. 汽车、挂车和半挂车的制造业

根据联合国经济和社会事务部统计司发布的第四版国际标准行业分类中给出的定义，汽车、挂车和半挂车的制造包括用于人员或货物运输的汽车的制造，各种部件和附件的制造以及挂车和半挂车的制造也归属此列。根据我国 GB/T4754-2002 标准编制的《中国工业统计年鉴》中提供的数据并未区分其他运输设备与汽车的制造，与前文相同，参照陈诗一（2011）和孙早（2016）的处理方式，本书将 2005—2011 年运输设备制造业按照 2012 年开始区分提供数据时的比例进行了拆分，因此与国际标准行业分类对应的行业是汽车制造业，属于高技术产业。

如图 3—31 所示，我国汽车、挂车和半挂车制造业的全球价值链地位指数大于 0，这表示我国对外贸易中汽车、挂车和半挂车中包含的国内增加值比例要高于国外增加值比例，具备一定的竞争力和价值捕获能力，处于全球价值链分工地位的上游。汽车、挂车和半挂车制造业的分工复杂，分工链较长。处于上游位置表示在全球分工环节上价值创造的过程中我国参与的更多是偏向于汽车零部件的生产制造。我国汽车、挂车和半挂车制造业在全球价值链上进一步转型升级的方向应当是在保证现有优势的同时，一方面向核心元部件上游拓展延伸，同时进一步加强在下游装配环节中的存在。

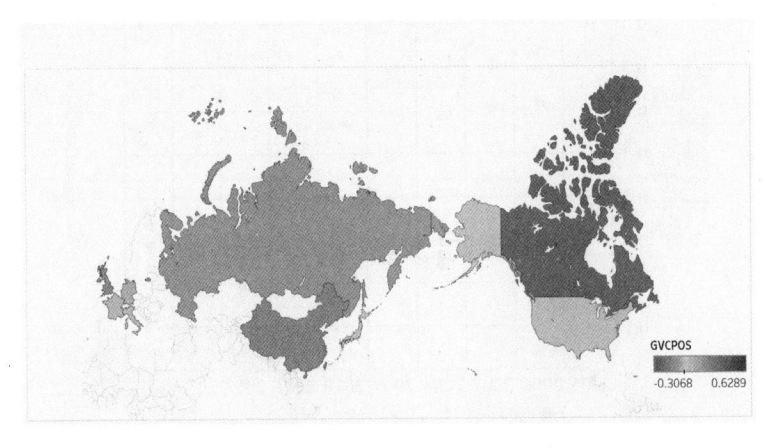

图 3—31 汽车、挂车和半挂车的制造业全球价值链位置情况

从图3—32中可以看到，我国的全球价值链地位指数与其他8个国家相比排名位居前列。全球价值链位置指数从高到低依次是中国、意大利、美国、日本、法国、德国、俄罗斯、英国和加拿大。其中，中国、意大利、美国和日本的全球价值链位置指数大于0，这表示这些国家汽车、挂车和半挂车的对外贸易中间接增加值部分相对于国外增加值部分具有一定优势，处于全球价值链上游。而法国、德国、俄罗斯、英国和加拿大的全球价值链位置指数小于0，其汽车、挂车和半挂车制造业的对外贸易中国外增加值部分相对于间接增加值部分具有一定优势，处于全球价值链下游。法国、德国、俄罗斯、英国和加拿大虽然全球价值链位置指数处于中间或较为靠后，但它们的全球价值链参与度指数却要高于排名在它们前面的美国和日本，其中法国和加拿大最为明显。这表明参与全球价值链并作为其中的一部分对于法国、德国、俄罗斯、英国和加拿大的汽车、挂车和半挂车制造业而言相比其他国家要重要得多。

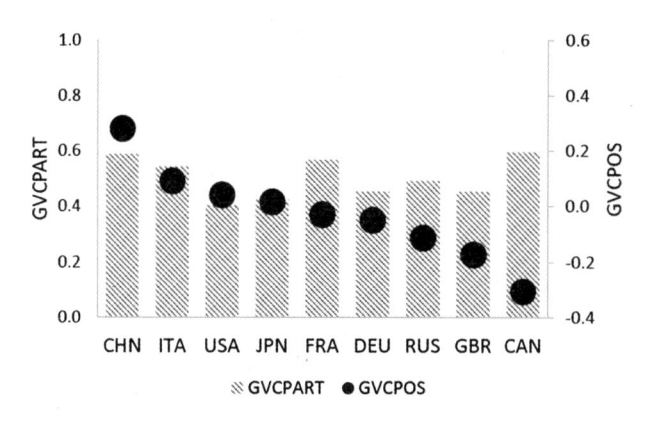

图3—32 汽车、挂车和半挂车的制造业全球价值链排名

如图3—33所示，从2005年到2014年，我国汽车、挂车和半挂车制造业的全球价值链分工地位指数在2007年至2009年实现了较为明显的上升后，在2010年和2011年有所回落。从2012年开始到2014年，该产业全球价值链地位指数再次大幅上升，整体上从2005年的0.2493上升到了2014年的0.2822。对外贸易中包含的源自本国的中间产品增加值比例相对于国外增加值部分的优势进一步扩大，表明其价值捕获能力得到进一步提升，同时也是其在全球价值链分工地位向上攀升的体现。京津冀地区的汽车、挂车和半挂车制造业的全球价值链地位指数演变情况与我国整体一致，河北省和北京市 2005 年的全球价值链位置指数水平接近，分别为 0.3384 和 0.3458，2014 年分别达到了 0.4545 和 0.4743。天津市的汽车、挂车和半挂车制造业的全球价值链位置指数 2005 年的水平为 0.2620，其在 2006 年至 2009 年明显上升，2009 年达到计算期内的最高水平 0.3621 后回落，2014 年恢复到了 0.3494 的水平，相比于 2005 年也实现了提升，这体现了其全球价值链分工地位的向好发展与价值捕获能力进一步增强。京津冀三地的汽车、挂车和半挂车制造业全球价值链位置指数均高于我国整体水平，体现了京津冀地区汽车、挂车和半挂车制造业较强的整体实力。

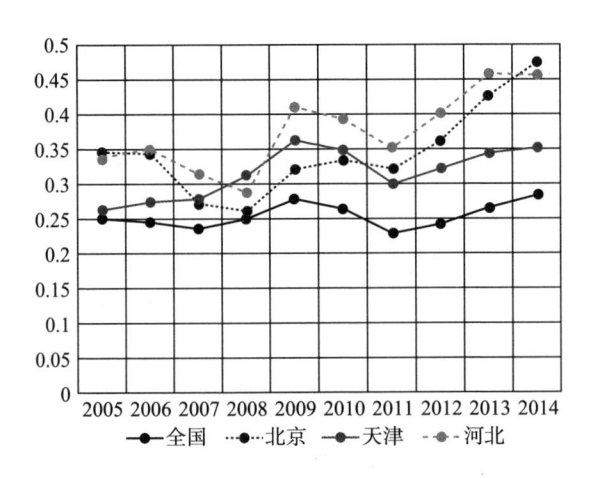

图 3—33　京津冀汽车、挂车和半挂车的制造业全球价值链位置变化

2. 其他运输设备制造业

根据联合国经济和社会事务部统计司发布的第四版国际标准行业分类中给出的定义，其他运输设备制造业包括运输设备的制造，如船舶制造设备、铁道车辆和机车、航空飞机和零部件的制造。根据我国 GB/T4754－2002 标准编制的《中国工业统计年鉴》中提供的数据并未区分其他运输设备与汽车的制造，参照陈诗一（2011）和孙早（2016）的处理方式，本书将 2005 年—2011 年提供的运输设备制造业数据按照 2012

年开始区分提供时的比例进行了拆分,因此与国际标准行业分类对应的行业是铁路、船舶、航空航天和其他运输设备制造业。

如图3—34所示,我国其他运输设备制造业的全球价值链地位指数大于0,这表示我国在对外贸易的机车、船舶和飞机等产品中的间接增加值部分要高于国外增加值部分,总体处于全球价值链的下游环节。其他运输设备制造业的分工复杂,处于下游位置表示在全球分工环节中我国参与的更多是偏向于下游的组装等环节,向具备更高技术复杂度、更高附加值水平的核心元部件上游拓展延伸是我国其他运输设备制造业在全球价值链上进一步转型升级的方向。

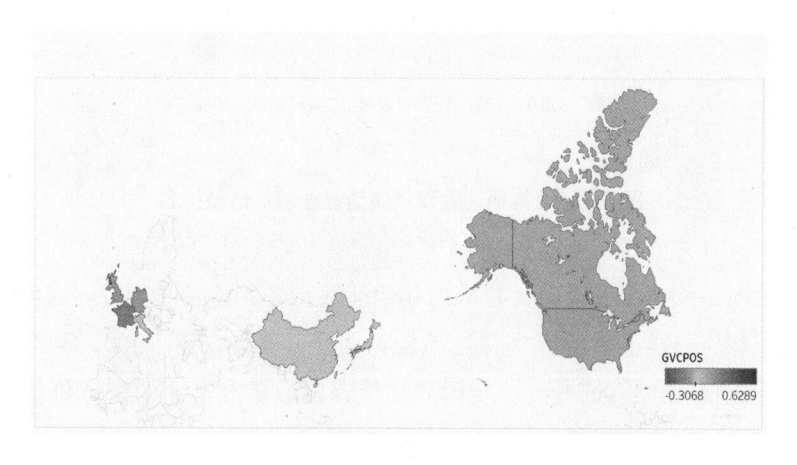

图3—34 其他运输设备制造业全球价值链位置情况

如图3—35所示,同其他7个国家相比(无俄罗斯数据),我国的全球价值链地位指数总体排名位居中游。其他运输设备的全球价值链位置指数从高到低依次是英国、美国、意大利、中国、日本、加拿大、德国和法国。其中,英国、美国、意大利和中国的全球价值链位置指数大于0,这代表它们的其他运输设备制造业对外贸易中包含的本国间接增加值部分相对于国外增加值部分具有一定的优势,位于全球价值链的上游。而日本、加拿大、德国和法国则与之相反,均处于全球价值链中游和下游的水平。值得注意的是,这些国家虽然位置相对较为靠后,但是其全球价值链参与程度依然很高。其中,日本的其他运输设备制造业虽然全球价值链位置指标水平与中国相近,但是其参与度指数高于中国。加拿大、德国和法国的参与度高于中国和日本，其中加拿大的其他运输设备制造业全球价值链参与度甚至超过了美国。这说明参与全球价值链并作为其中的一部分对于它们的其他运输设备制造业而言相较于其他位置相近的国家要重要得多。

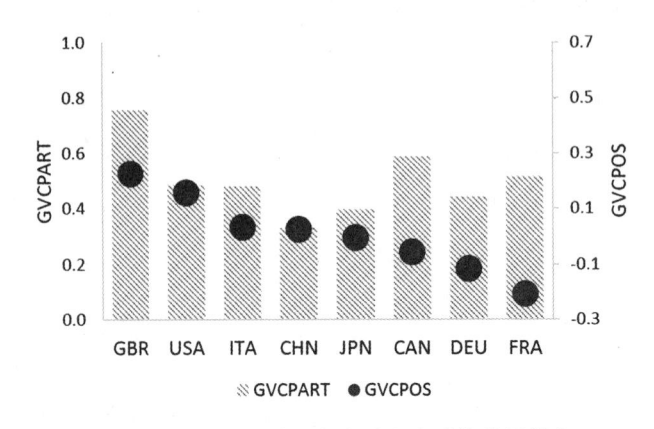

图3—35　其他运输设备制造业全球价值链排名

从图3—36可以看到，我国的其他运输设备制造业于2005年至2014年在全球价值链上的位置变化波动较为明显。具体来看，2005年到2010年，除2008年略有回升外，我国的其他运输设备制造业的全球价值链位置指数持续大幅下降，从2005年的0.0103下降到2010年计算期内的最低值-0.0966。全球价值链位置指数由正变负代表了我国其他运输设备制造业对外贸易中的间接增加值比例从高于国外增加值变为低于国外增加值部分，体现了全球价值链分工地位的恶化和价值捕获能力的逐步减弱。而在2011年至2014年，除了2012年略有回落外，总体上呈现迅速回升的趋势，2014年我国其他运输设备制造业的全球价值链位置指数上升到了0.0264，超过了2005年的水平。这反映了我国在全球价值链上的分工地位持续得到改善并有了长足发展，实现了向全球价值链上游的攀升，发展势头良好。京津冀的其他运输设备制造业起点相近，发展形势总体与我国整体保持一致。从2005年到2014年，天津市其他运输设备制造业的全球价值链位置指数从0.0114上升到了0.0517，高于我国平均水平且高于河北省和北京市的水平；河北省的发展趋势与天津市相近，从

2005 年的 0.0127 上升到了 2014 年的 0.0432，高于我国整体水平；北京市的其他运输设备制造业的全球价值链位置指数变化相较于天津市和河北省而言要平缓，从 2004 年的 0.0045 上升到了 2015 年的 0.0198，低于我国整体水平但依然处于上游位置。京津冀地区的其他运输设备制造业均处于全球价值链的上游位置，体现了京津冀地区该产业较强的价值捕获能力。

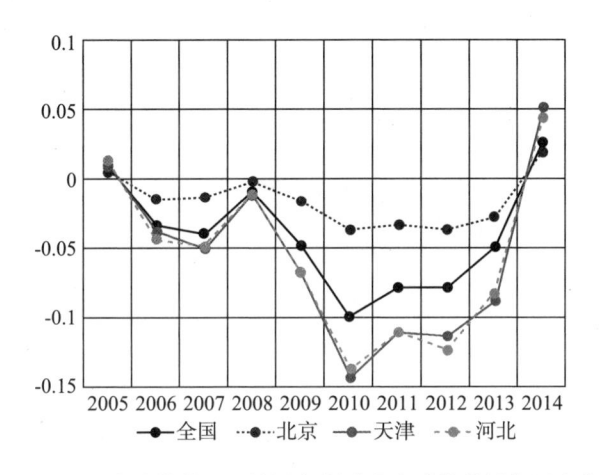

图 3—36　京津冀其他运输设备制造业全球价值链位置变化

3. 化学品及化学制品的制造业

根据联合国经济和社会事务部统计司发布的第四版国际标准行业分类中给出的定义，化学品及化学制品的制造主要涉及通过化学工艺转化有机和无机原料形成产品，大类上由基本化学品的生产以及基本化学品进一步加工产生的中间和最终产品的生产构成。前者涵盖基本化学品、化肥、相关氮化合物以及初级塑料及合成橡胶的制造，后者则包括杀虫剂、油漆、洗涤剂等除基本化学品外的其他化学品的制造以及人造纤维的制造。根据我国 GB/T4754－2002 标准编制的《中国工业统计年鉴》中提供的数据，其对应行业是化学纤维制造业和化学原料及化学制品制造业。

如图 3—37 所示我国的化学品及化学制品的制造业全球价值链地位指数大于 0，表明在对外贸易出口的化学品和化学制品中国内增加值的部分要高于国外增加值的部分，我国化学品及化学制品制造业的分工地位总体上处于较为上游的位置。一方面这表明我国化学品及化学制品的制造业参与全球分工的环节主要偏向于化工原料等基本化工品的生产，在这一部分具有比较优势。另一方面，这也说明我国化学品及化学制品制造业仍有向具更高技术复杂度和更高附加值的中下游环节发展升级的空间。

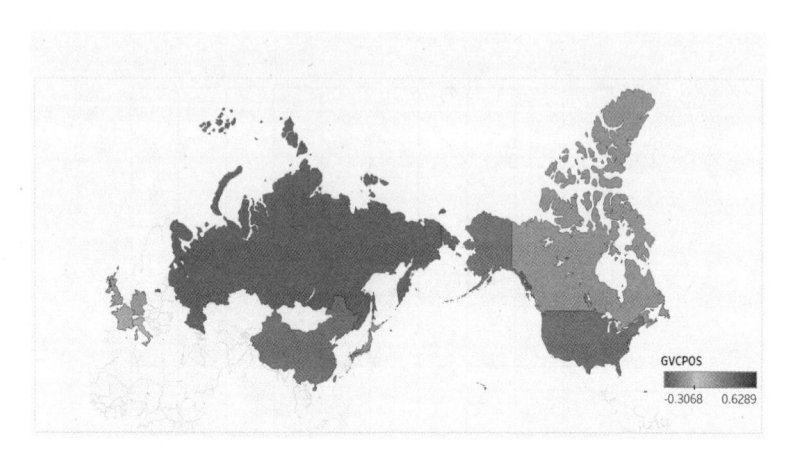

图3—37　化学品及化学制品的制造业全球价值链位置情况

从图3—38中可以看出，我国的全球价值链地位指数总体相较于其他8个国家位置更为靠前。化学品及化学制品制造业的全球价值链位置指数从高到低依次是俄罗斯、美国、中国、日本、加拿大、德国、英国、法国和意大利。九国化学品及化学制品制造业的全球价值链位置指数均大于0，这表明它们的化学品及化学制品制造业在对外贸易中中间产品包含的国内增加值比例要高于产品中包含的国外增加值比例，处于全球价值链的上游位置。从全球价值链的参与情况来看，中国和美国虽然位置指数水平相近，但中国的全球价值链参与度水平要高于美国。这说明与美国相比，参与全球价值链并作为其环节中的一部分对于中国的化学品及化学制品制造业而言要更为重要。类似地，日本和加拿大虽然全球价值链位置指数排名在美国之后，其参与度指数同样要高于美国的水平，这也体现了参与全球价值链对于它们化学品及化学制品制造业的重要性。

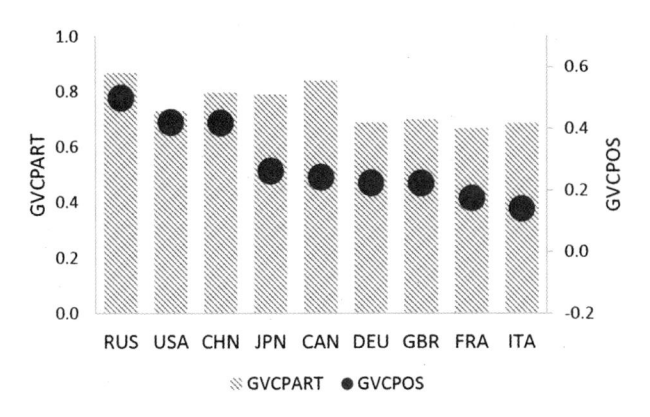

第三章　全球价值链中的京津冀产业集群发展定位 / 191

图 3—38　化学品及化学制品的制造业全球价值链排名

如图 3—39 所示，从 2005 年到 2014 年，我国化学品及化学制品的制造业全球价值链地位指数总体上呈现稳定提升的态势，2014 年已经从 2005 年的 0.3418 上升到 0.4184，表明化学品和化学制品的对外贸易中国内增加值占比的进一步提升。而从京津冀地区来看，三地在化学品及化学品的制造方面全球价值链地位指数均为正值，体现了三地出口化学品及化学制品中国内增加值部分相对于国外增加值比例的优势。其中，河北省全球价值链地位指数最高且高于全国平均水平，河北省也是京津冀中唯一高于全国水平的，这体现了其在分工地位上的相对优势。在 2005 年到 2014 年，河北省的地位指数总体有所提升，从 2005 年的 0.5841 上升到 2014 年的 0.6404。这表明其在产量和出口量提升的同时，价值捕获能力也得到了相应的提升。天津市化学品及化学制品的制造业全球价值链地位指数在三地中居中且大于 0，体现了其对外贸易中间接增加值部分相对于国外增加值的优势。从 2005 年到 2014 年，其地位指数呈现稳定提升的态势，从 0.2019 上升到 0.3238。这表明其在产量与出口量增加的同时，价值捕获能力也有所上升。北京市化学品及化学制品全球价值链地位指数虽然为正，但却是三地中水平最低的，而其产量和出口量相对于天津市和河北省也不占优势。2005 年至 2014 年，其全球价值链地位指数水平总体上有所下降，从 2005 年的 0.1332 下降到 201 年的 0.4184，这表明其在全球价值链上的位置有所下降，但总体上依然保持上游位置。

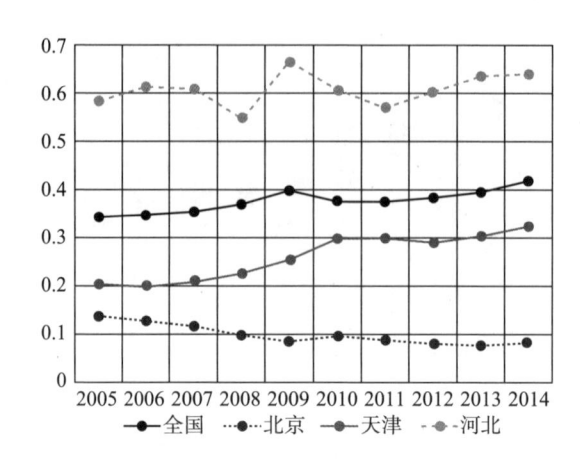

图 3—39 京津冀化学品及化学制品的制造业全球价值链位置变化

4. 电力设备的制造业

根据联合国经济和社会事务部统计司发布的第四版国际标准行业分类中给出的定义，电力设备的制造包括能够发电、配电和用电的设备的制造，同时还包括电力照明设备、信号设备和家用电力设备的制造，但不包括电子产品的制造。根据我国的 GB/T4754-2002 标准，与之相对应的是电气机械及器材制造业。电力设备的制造作为制造业的一部分，相对于采掘工业和原材料工业等基础工业而言，其产品通常不需要再加工，可供最终消费和使用。

如图 3—40 所示，我国电力设备的制造业全球价值链分工地位指数大于 0，表明在电力设备制造业的对外贸易中，我国的间接增加值比例要高于国外增加值部分，总体上位于分工上游的位置。

同其他 7 个国家相比（缺少俄罗斯数据），我国的全球价值链地位指数总体排名居中游。电力设备制造业的全球价值链位置指数从高到低依次是美国、德国、日本、中国、英国、意大利、法国和加拿大。八国电力设备制造业的全球价值链位置指数均大于 0，这表明它们的电力设备制造业在对外贸易中中间产品包含的国内增加值比例要高于产品中包含的国外增加值比例，处于全球价值链的上游位置。从全球价值链参与情况来看，中国虽然位置指数排名在英国、意大利、法国和加拿大之前，但这些国家的参与度均高于我国。这说明相较于我国而言，参与全球价

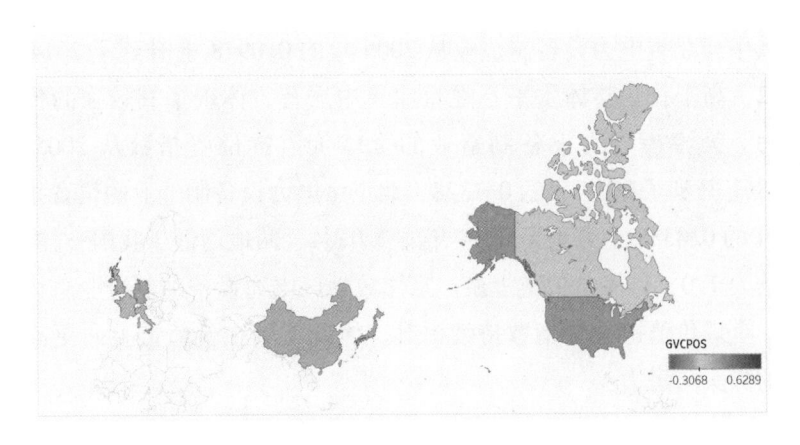

图3—40　电力设备的制造业全球价值链位置情况

值链并作为其中的一部分对于这些国家的电力设备制造业要更为重要。类似地，德国和日本虽然位置指数低于美国，但其全球价值链参与程度均高于美国，这体现了参与全球价值链对它们的重要性。

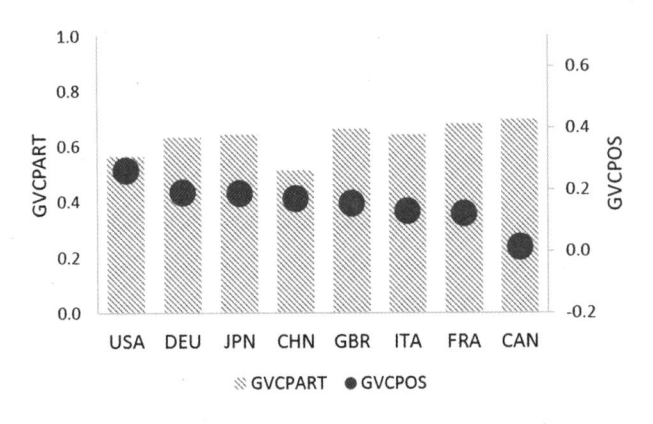

图3—41　电力设备的制造业全球价值链排名

从2005年到2014年，我国电力设备的制造业全球价值链分工指数除2010年有所回落外，总体上呈上升趋势，从2005年的0.0762上升到2014年的0.1716。这一方面表明该类产品出口中我国国内增加值比例在不断地提升，另一方面也是我国电力设备制造业在全球价值链上持续向上游位置攀升的体现。从京津冀地区来看，三地电力设备制造业的全球价值链地位指数均大于0，均位于全球价值链上游位置，且总体呈上升态势。其中河北省电力设备制造业从2005年的0.0948上升到了2014年的0.2772，高于我国整体水平且在京津冀中居首，体现了其较强的价值捕获能力。天津市电力设备制造业的全球价值链位置指数从2005年的0.0558上升到了2014年的0.1328，北京市电力设备制造业的位置指数从2005年的0.0339上升到了2014年的0.0784。两地均低于我国整体水平，但仍然大于0，位于价值链上游。京津冀地区电力设备的制造业总体发展良好，全球价值链位置指数持续提升，体现了其在价值链上向更高环节攀升的势头与潜力。

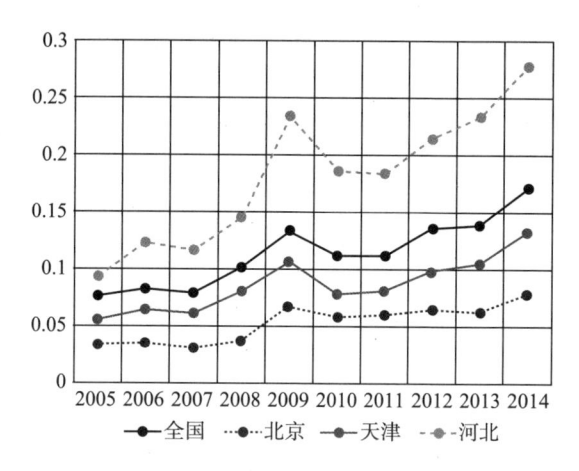

图3—42 京津冀电力设备的制造业全球价值链位置变化

5. 基本医药产品和医药制剂制造业

根据联合国经济和社会事务部统计司发布的第四版国际标准行业分类中给出的定义，基本医药产品和医药制剂的制造涵盖基本医药产品和医药制剂的制造，还包括药用化学品和植物药材。根据我国GB/T4754－2002标准编制的《中国工业统计年鉴》中提供的数据，其对应行业是医药制造业。

如图3—43所示，在基本医药产品和医药制剂的制造方面，我国2014年的全球价值链地位指数为0.3209，这表示我国对外贸易中基本医药产品和医药制剂包含的国内增加值比例要高于国外增加值比例，参与全球分工环节偏向上游位置。对于基本医药产品和医药制剂制造业而言，位于上游位置时可以进一步向上游延伸，通过技术研发创新参与到全球分工链中的研发环节中去，获得更高的增加值。另一方面也可以向下游延伸，拓展营销环节。

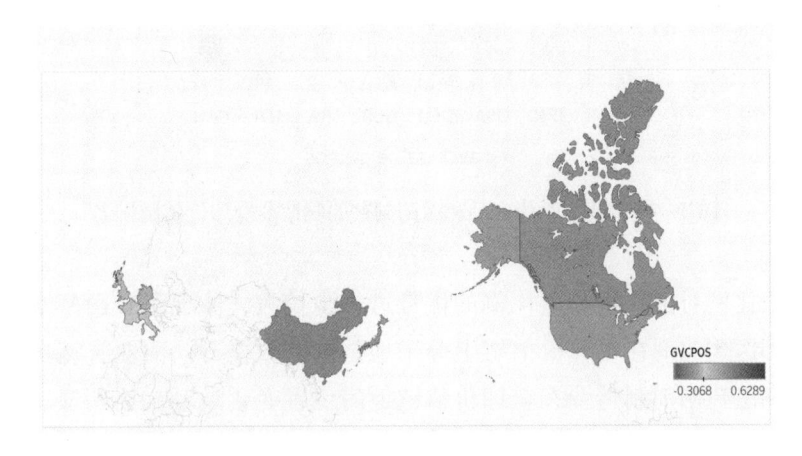

图 3—43　基本医药产品和医药制剂的制造业全球价值链位置情况

从图 3—44 中可以看出，同其他 7 个国家相比（缺少俄罗斯数据），我国的全球价值链地位指数总体排名位居前列。基本医药产品和医药制剂制造业的全球价值链位置指数从高到低依次是中国、日本、美国、德国、英国、法国、意大利和加拿大。其中，中、日、美、德、英、法六国的全球价值链位置指数大于 0，它们的对外贸易中基本医药产品和医药制剂里的间接增加值要高于国外增加值，处于全球价值链的上游。而意大利和加拿大则相反，处于全球价值链的下游位置。从全球价值链参与情况来看，中国的参与度水平也最高。英国虽然全球价值链位置指数高于法国、意大利和加拿大，但其参与度指数却是最低的。这表明参与全球价值链并作为其中的一部分对于英国的基本医药产品和医药制剂制造业而言重要程度相比其他国家要低。

如图 3—45 所示，在 2005 年至 2014 年，我国基本医药产品和医药制剂嵌入全球价值链的地位指数实现了总体提升，从 0.2349 上升到 2014 年的 0.3209。这代表我国基本医药产品和医药制剂的对外贸易中国内间接

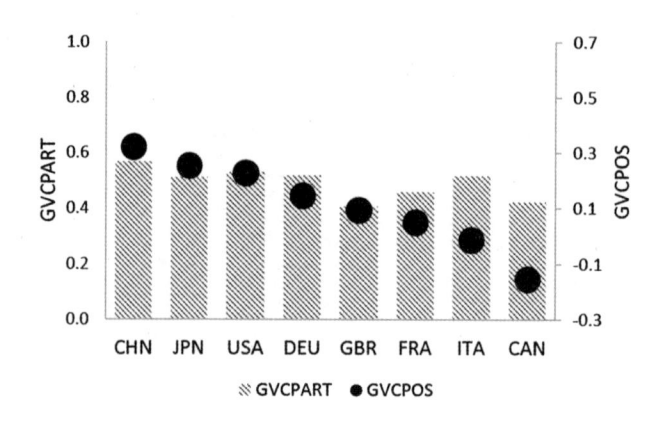

图 3—44　基本医药产品和医药制剂的制造业全球价值链排名

增加值比例对国外增加值比例的优势进一步扩大，体现了我国基本医药产品和医药制剂在全球价值链上分工地位的有效提升。河北省基本医药产品和医药制剂制造业在全球价值链上的位置变化波动较为明显。在经历了 2007 年和 2008 年的下降后，河北省基本医药产品和医药制剂制造业的全球价值链位置指数在 2009 年上升到计算期内的最高值 0.6498，在此之后再次回落，其 2014 年的价值链位置指数为 0.5340，相比于 2005 年 0.5557 的水平略有下降，表明了其中间产品包含的间接增加值比例相对于国外增加值部分的优势有所下降，但仍然处于上游位置且高于我国整体水平。天津市基本医药产品和医药制剂制造业的全球价值链位置指数在 2009 年上升到计算期内的最高值 0.3167 后略有回落并不再有明显变化，其 2014 年的位置指数为 0.2936，相比于 2005 年 0.2218 的水平有所上升，体现了其价值捕获能力的提升。北京市基本医药产品和医药制剂制造业的全球价值链位置指数在 2005 年至 2014 年间持续增加，从 2005 年的 0.1932 上升到 2014 年的 0.3306，超过我国整体水平，体现了其在价值链位置上的攀升。

6. 计算机、电子产品和光学产品制造业

根据联合国经济和社会事务部统计司发布的第四版国际标准行业分类中给出的定义，计算机、电子产品和光学产品的制造包括计算机、计算机外部设备、通信设备和类似电子产品的制造，以及此类产品零件的制造。计算机、电子产品和光学产品的制造生产工艺以集成电路的设计

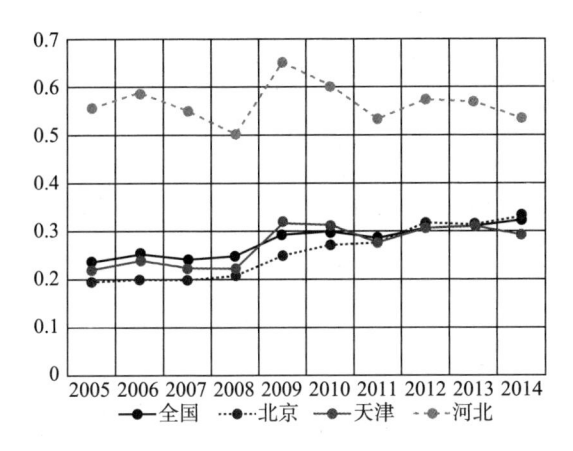

图 3—45 京津冀基本医药产品和医药制剂的制造业全球价值链位置变化

和应用以及高度专门化的微型技术为特点,属于典型的高技术产业。此外,该类制造业还包括电子消费产品的制造、测量、测试、操纵;控制设备、放射设备、电子医疗设备和电疗设备、光学仪器和设备,以及磁性媒体和光学媒体的制造。根据我国 GB/T4754 - 2002 标准编制的《中国工业统计年鉴》中提供的数据,其对应行业是通信设备、计算机及其他电子设备制造业和仪器仪表及文化、办公用机械制造业。

如图 3—46 所示,我国计算机、电子产品和光学产品的制造业全球价值链地位指数略高于 0,这代表我国在计算机、电子产品和光学产品的对外贸易中产品的国内增加值比例要略高于国外增加值比例,主要参与全球分工的环节偏向上游位置。一方面,可以进一步向上游研发环节延伸,升级获得更强的增加值获取能力。另一方面,可以向下游拓展产业链,发展营销环节,拓展品牌。

如图 3—47 所示,同其他 8 个国家相比,我国的全球价值链地位指数排名最后。全球价值链位置指数从高到低依次是日本、美国、德国、法国、意大利、英国、加拿大、俄罗斯和中国。九国计算机、电子产品和光学产品制造业的全球价值链位置指数均大于 0,这表明它们的计算机、电子产品和光学产品制造业在对外贸易中中间产品包含的国内间接增加值比例要高于产品中包含的国外增加值比例,处于全球价值链的上游位置。从全球价值链参与程度上来看,我国虽然位置指数与俄罗斯相近,但参与度指数显

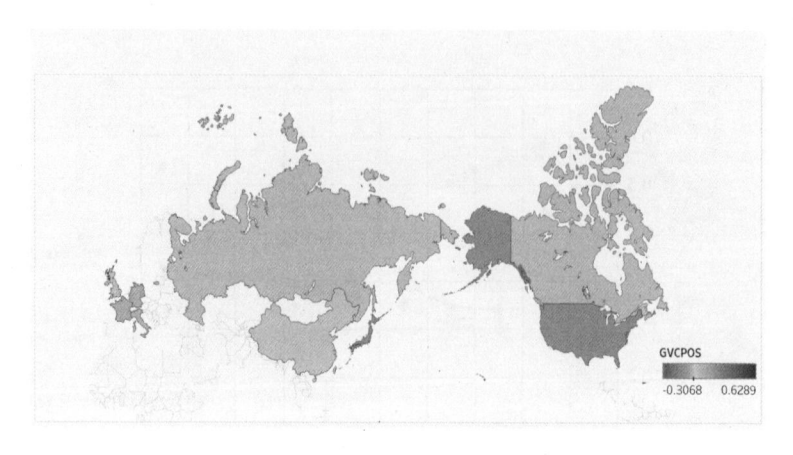

图 3—46　计算机、电子产品和光学产品的制造业全球价值链位置情况

著高于俄罗斯。这说明参与全球价值链并作为其中的一部分对于我国的计算机、电子产品和光学产品制造业而言要比俄罗斯更为重要，其参与度也要更高。类似地，美国虽然位于价值链上游，但其参与度相比位置相近的其他国家要明显更低，这也体现了参与全球价值链对于其计算机、电子产品和光学产品制造业的重要度与其他国家的差别。

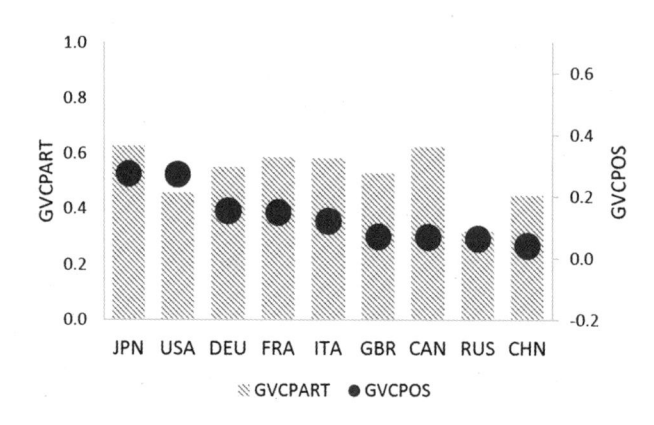

图 3—47　计算机、电子产品和光学产品的制造业全球价值链排名

从图 3—48 中可以发现，2005 年我国的计算机、电子产品和光学产品制造业的全球价值链位置指数为 -0.1088，对外贸易中国内间接增加值比例要低于国外增加值，处于全球价值链的下游。结合行业特点分析，虽然计算机、电子产品和光学产品的产量和出口量大，但我国原来所承

接的国际分工地位属于高技术产业全球价值链中附加值比例较低的环节，缺乏核心竞争力，在全球价值链中处于相对不利的净价值流出地位，容易受到发达国家主导企业的低端锁定。从2005年到2014年，我国计算机、电子产品和光学产品的制造业全球价值链地位指数上升到2014年的0.0413，这表明我国该行业对外贸易产品中的间接增加值实现了对国外增加值的反超，改善了我国的全球价值链分工地位，向全球价值链上游攀升。京津冀方面，河北省计算机、电子产品和光学产品的产量和出口量在京津冀中所占份额较少，其全球价值链位置指数在2005年到2014年有所上升，但幅度较小，从2005年的-0.0228上升到2014年的0.0174。天津市、北京市的计算机、电子产品和光学产品产量和出口量相对较大，而其嵌入全球价值链地位指数的变化也更加明显。从2005年到2014年，北京市和天津市该行业的全球价值链地位指数分别从-0.21546和-0.1552上升到0.0429和0.0539，高于我国整体水平。京津冀计算机、电子产品和光学产品制造业的全球价值链位置指数均在2013年实现了由负到正的转变且持续上升，体现了价值捕获能力的显著提升和全球价值链位置的持续攀升，发展势头良好。

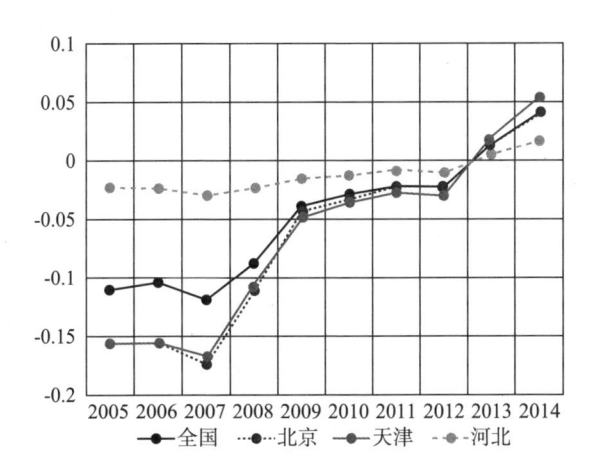

图3—48　京津冀计算机、电子产品和光学产品的制造业全球价值链位置变化

7. 未另分类的机械和设备的制造业

根据联合国经济和社会事务部统计司发布的第四版国际标准行业分

类中给出的定义，未另分类的机械和设备的制造业涵盖用于单独对材料进行机加工、热加工或处理（如装卸、喷洒、称重、打包等）的机械和设备的制造，包括产生和应用力的机械部件，以及专门制造的主要零部件。同时，该类制造业还包括固定的、移动的或手持的装置，不论这些装置是用于工业、建筑和土木工程，还是用农业、军事和家庭。用于经营场址内客、货运输的特殊设备也属于该类。根据我国 GB/T4754-2002 标准编制的《中国工业统计年鉴》中提供的数据，其对应行业是通用设备制造业与专用设备制造业，属于高技术行业。

如图3—49 所示，在未另分类的机械和设备的制造业方面，我国的全球价值链地位指数大于 0，这表示我国在对外贸易产品中出口的中间产品增加值比例要高于国外增加值比例，处于全球分工的上游环节。未另分类的机械和设备的制造业属于高技术行业，继续向上游研发环节和核心元部件的制造环节进行升级有助于进一步提升获取增加值的能力。

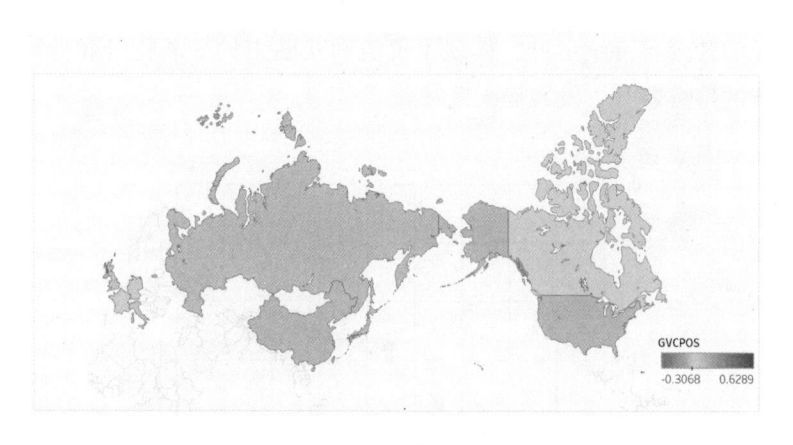

图3—49　未另分类的机械和设备的制造业全球价值链位置情况

从图3—50 中可以发现，同其他 8 个国家相比，我国的全球价值链地位指数总体排名靠前。未另分类的机械和设备制造业的全球价值链位置指数从高到低依次是美国、中国、俄罗斯、日本、英国、意大利、德国、法国和加拿大。九国未另分类的机械和设备制造业的全球价值链位置指数均大于 0，这表明它们未另分类的机械和设备制造业在对外贸易中中间产品包含的国内间接增加值比例要高于产品中包含的国外增加值比例，处于全球价值链的上游位置。从全球价值链参与程度来看，我国和美国、俄罗斯虽然位置靠前，但参与度水平要低于其他国家。这说明参与全球价值链并作为其中的一部分对于中国、美国和俄罗斯的未另分类的机械和设备制造业而言，其重要性相对于其他国家要低。

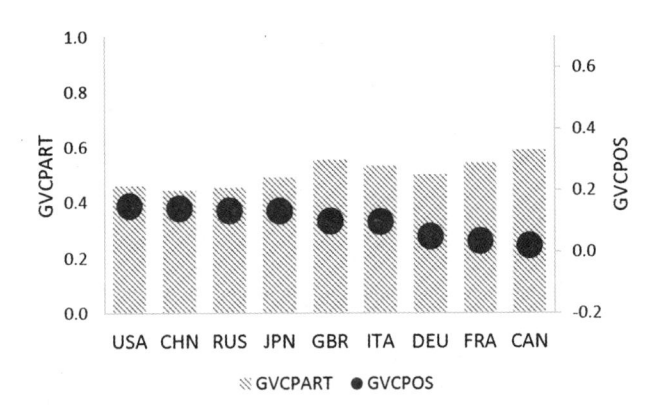

图 3—50　未另分类的机械和设备的制造业全球价值链排名

从图 3—51 中可以看出，从 2005—2014 年，我国该产业全球价值链地位指数从 0.0487 上升到 0.1420，这表示我国对外贸易产品中包含的间接增加值比例有所提升，是全球分工地位持续提升和价值获取能力进一步增强的表现。京津冀地区未另分类的机械和设备制造业的全球价值链地位指数演化情况与我国整体水平一致，除在 2007 年和 2010 年有所回落外，总体上均呈现明显提升的态势。河北省未另分类的机械和设备制造业的全球价值链位置指数从 2005 年的 0.0840 上升到 2014 年的 0.2569，高于全国整体水平且在天津市和北京市之上。天津市未另分类的机械和设备制造业的全球价值链位置指数从 2005 年的 0.0321 上升到 2014 年的 0.1577，并且从 2012 年开始超越了我国整体水平。北京市的变化程度相对较小，从 2005 年的 0.0356 上升到 2014 年的 0.0794，虽然低于我国整体水平但仍然位居上游。京津冀地区未另分类的机械和设备制造业的全球价值链位置均位处上游且保持长期提升的态势，这反映了京津冀未另分类的机械和设备制造业的价值获取能力的持续提升，是其在价值链分工环节上攀升的体现。

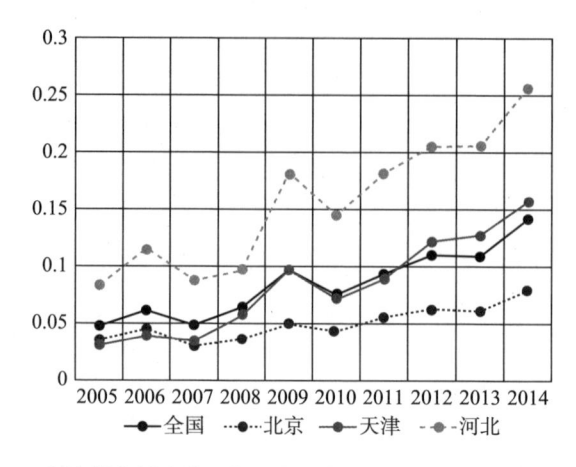

图3—51 京津冀未另分类的机械和设备的制造业全球价值链位置变化

三 京津冀产业集群与长三角、珠三角地区产业集群的比较

为着重刻画京津冀产业集群中制造业集群的发展水平，采用省份层面上的数据对京津冀地区、长三角地区和珠三角地区相关产业集群的全球价值链位置水平进行了分组测算比较。具体而言，一般制造业组是将京津冀产业集群相关的下列产业合并而成：①食品、饮料和烟草制品的制造业；②纺织品、服装、皮革和相关产品的制造业；③纸和纸制品的制造业；④焦炭和精炼石油产品的制造；⑤其他非金属矿物制品的制造业；⑥基本金属的制造以及金属制品的制造业。相应地，将京津冀产业集群相关的以下产业合并成为高技术产业组：①基本医药产品和医药制剂的制造业；②计算机、电子产品和光学产品的制造业；③电力设备的制造业；④未另分类的机械和设备的制造业；⑤汽车、挂车和半挂车的制造业；⑥其他运输设备的制造业。在WIOD最新数据基础上测算2005—2014年间三大地区相关产业集群在全球价值链上位置的变化情况。

（一）一般制造业

如图3—52所示，京津冀一般制造业的全球价值链位置指数始终大于0，其对外贸易中包含的国内间接增加值比例始终高于国外部分。从2005年到2014年，京津冀一般制造业的全球价值链位置指数从0.136上升到了 0.274，这意味着其在全球价值链上的位置正在逐渐往上游移动。

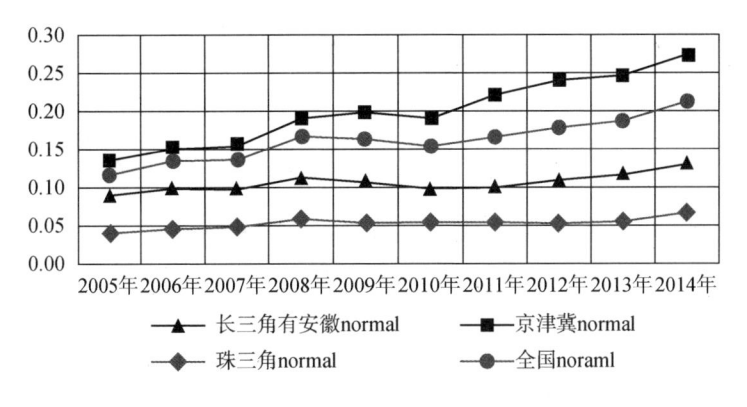

图 3—52　三地区一般制造业全球价值链位置变化

横向比较来看，京津冀地区一般制造业在全球价值链上的分工位置是三地区中最为靠近上游的，并且高于全国平均水平；珠三角地区则最低，且变动幅度较小；长三角处于两者之间，低于全国平均水平。具体来看，从 2005—2014 年，京津冀地区和长三角地区一般制造业在全球价值链上的位置指数逐渐升高，这说明两地区一般制造业的对外贸易产品中包含的国内间接增加值比例持续提升，总体上偏向于全球分工链条的上游环节。对于一般制造业中的产业而言，它们在全球价值链上位置的提升，一方面体现了它们较强的基础工业能力和在上游加工环节的比较优势，另一方面对其向下游环节延伸提出了要求。京津冀地区相对而言位置更加偏于上游，仍然有向具备更高价值获取能力的中下游位置进行延伸升级的空间。三大地区中，珠三角地区的一般制造业的全球价值链位置在三地中最为接近中下游。一方面是因为珠三角地区作为改革开放的试点区域，在参与全球分工的过程中有效地发挥了规模经济的优势，一般制造业通过"吸收—学习—模仿"提升了技术水平和创新能力，逐步实现了产业升级。另一方面，这也是地区政府推动内部要素资源整合实现有效的集群内部协同的成果。

（二）高技术产业

如图 3—53 所示，京津冀高技术产业的全球价值链位置指数在 2005—2014 年实现了持续上升，从 -0.005 上升到 0.143，其对外贸易中包含的国内间接增加值比例实现了对国外部分的超越,其在全球价值链上的位置正在逐渐往上游位置移动。

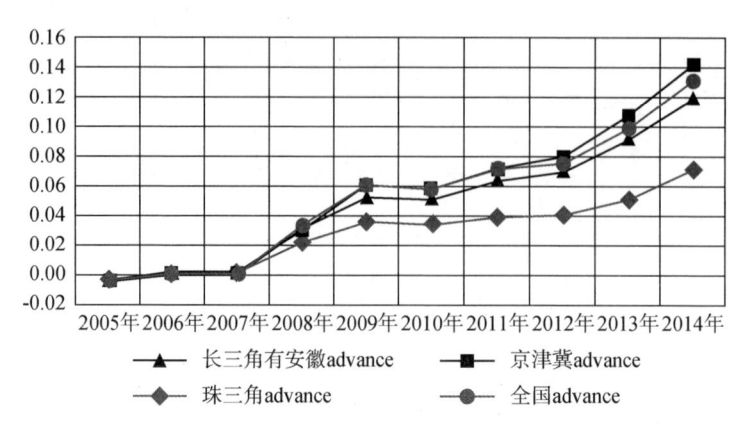

图3—53 三地区高技术产业全球价值链位置变化

横向比较来看,京津冀地区高技术产业在全球价值链上的分工位置依然是三地区中最为靠近上游的,并且同样要高于全国平均水平;珠三角地区保持相对最低位置,变动幅度较小;长三角处于京津冀和珠三角之间,低于全国平均水平。具体来看,从2005—2014年,三地区的高技术产业在全球价值链上的位置指数逐渐升高,这说明三地区高技术产业的对外贸易产品中包含的国内间接增加值比例持续提升,总体上在向全球分工链条的上游环节升级。对于高技术产业而言,其分工链条上游环节也是关键技术和复杂部件集中的环节,因此上游的价值获取能力也要相对更强,位置接近上游实际上是高技术产业得到良好发展的体现。京津冀地区高等院校云集,集聚了高质量的人力资本,这给区域内高技术企业提供了良好的创新环境。此外,京津冀地区交通便利,具备较为雄厚的工业基础。在这一背景下,发展京津冀地区高技术产业应当进一步优化区域创新环境,通过官产学促进技术创新,同时,通过产业链基地和行业平台等的建设实现区域内多主体联动机制也是进一步实现产业发展升级的方向。

第四章

全球价值链视角下京津冀产业集群转型升级演化规律

我国地大物博、资源丰富，产业分布具有明显的区域特征，东部沿海地区的劳动密集型产业主要是以产业集群的形式生产发展的①，中西部的农业产业发展也呈现出集群的特征②，由此可见，产业集群作为一种特殊的空间经济组织形式，在区域经济社会发展中扮演着重要的角色。随着全球化生产网络的转型，全球价值链垂直专业化分工不断深化，产业集群的发展也越来越受到全球生产分工的影响。在产业的全球生产分工中，不同国家位于分工价值链的不同位置，其中，处于价值链上游位置的是具有较强科技实力的国家，而科技实力较弱的国家则处于价值链的下游位置，国家创新能力的差异所带来的增加值获取能力不同是造成这一差异的根本原因。

当前，我国的产业发展进入全球市场，主要依赖于参与发达国家主导的全球产业生产网络，在嵌入全球价值链的过程中，激发学习潜力，获取知识，从而进行产业的转型升级。然而，在寻求产业集群转型升级机会的过程中，发展中国家的产业发展一方面在参与全球价值链中得到了学习和技术提升机会，另一方面由于自身技术的限制，往往只能

---

① 阮建青、石琦、张晓波：《产业集群动态演化规律与地方政府政策》，《管理世界》2014年第12期，第79—91页。Long, C. and Zhang, X., "Patterns of China's Industrialization: Concentration, Specialization and Clustering", *China Economic Review*, Vol. 23, No. 2, 2012, pp. 593 – 612.

② Zhang, X. and Hu, D., "Overcoming Successive Bottlenecks: The Evolution of a Potato Cluster in China", *World Development*, Vol. 64, 2014, pp. 102 – 112.

参与低附加值的生产活动，在全球价值链中被"俘获"和"压榨"，甚至长期被"锁定"于低端环节①。在产业集群参与全球价值链分工的众多区域中，京津冀地区作为我国的"首都经济圈"，是促进环渤海经济区经济增长、带动北方腹地创新发展的重要区域。随着全球价值链分工的不断深入，京津冀协同发展战略的持续推进，区域内的产业集群也需要顺应自身发展的规律，适应区域环境的变化进行转型升级，进而理顺区域产业的发展链条，促进区域创新网络的完善与发展。结合前文研究内容，本章将对京津冀产业集群转型升级演化规律进行探究和提炼，为本书第五章进行京津冀产业集群转型升级的实证分析奠定理论基础。

第一节　全球价值链中的京津冀典型产业集群发展演化历程

在产业集群的发展过程中，有一定的发展演化规律，学术界称之为产业集群的生命周期（Industry Life-cycle），即从产业集群出现到衰退的整个历程。纵观国内外研究，已有研究主要是根据产业集群内部发展变化的特征属性，结合产品（产业）的生命周期对集群所处不同发展阶段的特点作出描述。在产业集群发展演化过程中，一般可将产业集群的生命周期作如下划分：产业集群萌芽期、产业集群形成期、产业集群成长期、产业集群成熟期、产业集群衰退/转型期（如图4—1所示）。值得注意的是，产业集群的发展演化一般是遵循以上五个阶段，但在集群发展过程中也将存在一定的偶然性，主要表现为两个方面：一是集群可能在上述的发展周期中突然出现夭折；二是集群可能在发展过程中发生突变，即不按照一定的生命周期规律发展，而形成跨越式的发展。

产业集群的整个发展历程是一个动态演化的生命周期过程，是多种因素共同作用的结果，每个发展阶段都有其独特的发展特征。特定区域内部的优势条件和资源促成了相关生产企业的集聚，逐渐形成马歇尔所称的"专业化产业区"，在这一区域内有技术和信息的外溢，能够为企业

---

① 刘志彪：《重构国家价值链：转变中国制造业发展方式的思考》，《世界经济与政治论坛》2011年第4期，第1—14页。

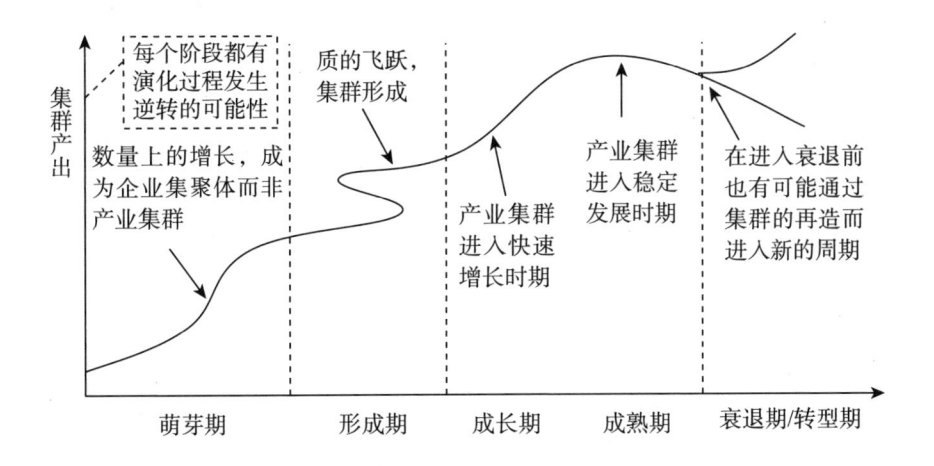

图 4—1　产业集群演化的生命周期

资料来源：根据相关资料整理。

提供共享的市场服务和中间投入品，并且存在大量潜在的劳动力供需关系①，产业集群产生萌芽并开始形成。随着产业集群内的企业数量不断增加，企业由于同质性和关联性而有目的性地聚集在一处，集聚区域内的企业因地理环境上的临近和业务合作中的频繁来往，为抢占优质资源而不断加强竞争，产业集群的发展进入成长期。经过持续的互动发展，产业集群内的核心产业逐步确定，专业化水平不断提高，开始出现区域网络内的核心龙头企业；同时，围绕着龙头企业还拥有一批相关的中小型企业，随着区域内产业链条的逐渐完善，产业集群的集聚效益开始显现，集群的发展进入成熟期。而随着集群发展进入成熟期的后期，产业集群内部的经济增长开始放缓，并出现一些实力较弱的企业破产的情况，这容易导致产业集群内部的产业链条断裂。最后，集群发展进入下坡阶段，组织内部的创新能力和核心竞争力不断下降，产业集群最终步入衰退期，而集群中的一部分企业则可以通过集群的再造进入新的产业集群周期，实现产业集群的转型升级。

从生命周期角度看，产业集群发展的这一过程是客观的规律，在实

---

① 马歇尔：《经济学原理》，朱志泰、陈良璧译，商务印书馆 1964 年版，第 280—286 页。

际发展过程中,除了遵循本土的产业集群发展规律外,企业只有参与全球竞争网络,嵌入全球价值链发展,才能为产业集群不断提升自身竞争力创造条件,从而实现可持续发展。相反,如果产业集群不进行及时有效的转型升级,形成持续成长的创新网络和空间,则必然会由形成期走向衰退期。全球价值链能够展现全球产业活动的整个过程,在全球产业分工不断深化的背景下,垂直专业化分工促使产业活动的各个价值环节在全球各地分布,但这些分散的价值环节一般都具有高度的地理集聚性[1],此时,产业集群的发展既是对全球化调整的回应,也是全球化发展的结果[2]。

在京津冀协同发展不断深入推进的过程中,区域内的各类资源持续优化配置,京津冀地区逐渐发展成为我国经济增长的第三极,特殊的行政地位和具有优势的人力资本为区域发展奠定了坚实的基础。在产业集群的发展过程中,北京的知识型产业不断集聚发展,如前文所述,受环境和经济社会发展等多方面因素的影响,北京的传统产业集聚度呈现逐年下降趋势;天津加工制造类产业成为主要集聚类型,在交通运输设备制造、通用设备制造等领域保持较高的产业集聚水平;而河北则以资源型产业集聚为主,在黑色金属冶炼及压延加工业、黑色金属矿采选业、纺织业等领域有较高的产业集聚水平。随着京津冀产业的协同发展,产业集群的集聚形态也发生着变化,京津冀协同发展是区域产业集群发展演化的关键节点,单一地方的产业集群逐渐融入区域发展的产业带中,这些区域的产业带也逐渐在全球生产分工中扮演重要的角色。在京津冀产业集群的发展过程中,目前主要形成了京津走廊高技术和生产性服务业产业带、东部沿海临港产业带、沿京广线先进制造业产业带、沿京九线特色轻纺产业带、沿张承线绿色生态产业带以及一些特色产业基地,这些典型的产业集群区域利用优质资源,逐步嵌入全球价值链中,实现产业集群的转型升级发展。

---

[1] Arndt S. W. and Kierzkowski H., *Fragmentation: New Production Patterns in the World Economy*, Oxford University Press, 2001.

[2] 王缉慈:《地方产业群战略》,《中国工业经济》2002年第3期,第47—54页。

一 京津冀产业集群演化的生命周期

20世纪90年代以来，产业集群现象在全球兴起，逐渐成为一种普遍的产业发展形态，在全球产业结构大调整的背景下，全球的经济贸易竞争不只是企业之间的竞争，而往往是全球价值链中的产业集群之间的竞争。我国的产业集群发展主要发端于改革开放以后，随着社会经济的不断快速发展，特定产业开始在一定区域内快速集聚发展。20世纪90年代中后期开始，产业集群逐渐正式形成，一些自发形成的或是政策引导的特定产业集群逐步建立，尤其是在东部沿海地区，出现了广东专业镇经济、浙江地区的块状经济等典型产业集群。到2000年左右，我国的产业集群发展开始步入转型升级阶段，为进一步保持区域经济增长的动力和竞争力，部分产业集群开始走向创新发展之路，并嵌入全球价值链的发展之中，产业集群的集聚目标也发生变化，由最初单一的降低交易成本、提高生产效率，逐渐转变为知识的交流、专业化分工合作、市场服务平台共享等多方位的功能需求，如图4—2所示。

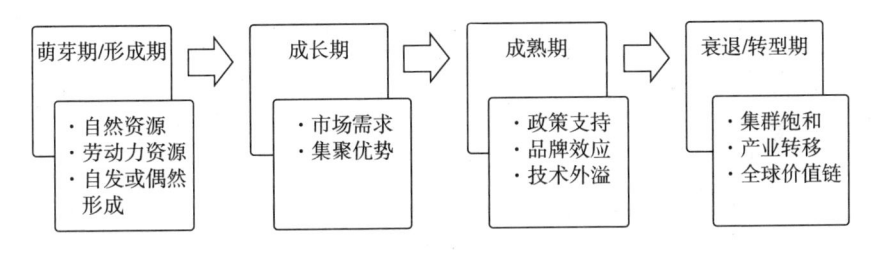

图4—2 我国产业集群发展演化阶段

京津冀地区是我国东部沿海的重要区域之一，位于环渤海的心脏地带，是全国重要的重工业基地和高新技术集聚区，也是带动我国经济发展的重点区域之一。京津冀都市圈地理位置优越，处于环渤海经济圈的中心位置，是连接我国西北、东北和华北的重要节点地带。京津冀区域包括北京市、天津市和河北省的石家庄、保定、唐山、廊坊、沧州、邯郸、邢台、衡水、承德、张家口、秦皇岛共11个地级市以及定州和辛集两个省直管市。针对我国区域产业的发展，《京津冀协同发展规划纲要》对京津冀三地产业发展作出了基本规划和定位，北京产业发展应在重点疏解非首都功能的基础上，充分发挥其人才高度密集、高校和科研机构林立的优势，优先发展高新技术产业、现代高级服务业以及文化产业等知识型产业；天津市应结合海陆交通优势，发挥加工制造优势，重点发展航天航空、生物医药、电子信息等产业；而河北省作为北京非首都功能的主要承接对象，结合自身地域特征，则应重点发展资源型产业。同时，在北京市、天津市的产业集群创新发展中要发挥好服务雄安、对接雄安的作用。伴随着"京津冀一体化"战略的不断深入推进及河北雄安新区的设立，京津冀在北方经济发展中的地位和作用更加凸显。在京津冀协同发展的各个领域中，产业的协同发展主要经历了四个阶段。

第一阶段：协同发展起步阶段（1976—1988年）

这一阶段是京津冀区域协同发展的开端。1976年，国家计划委员会组织开展了"京津唐地区国土规划总体研究"；随后在1981年，华北地区成立"华北经济技术协作区"，是中国最早的区域合作组织；1986年，成立"环渤海地区经济联合市长联席会"，推进环渤海区域合作；1988年，"环京经济技术协作区"成立，包括北京与河北环京地区的保定、廊坊、唐山、秦皇岛、张家口和承德6地、市。

第二阶段：协同发展徘徊阶段（1988—2003年）

在这个阶段，虽然"首都经济圈"和"大背景规划"相继提出，但京津冀协同发展并未取得实质性进展。在经历了七次协作会议后，"华北经济技术协作区"不复存在，而"环京经济技术协作区"则从1994年开始逐渐进入停滞状态。"环渤海地区经济联合市长联席会"的作用发挥微弱，各地方政府在招商引资、产业发展等方面展开激烈竞争，区域内的盲目竞争和重复建设情况严重。

第三阶段：协同发展规划期（2004—2014年）

在这个阶段，中央及京津冀三地相继出台大量协同发展规划。2004年2月，国家发改委在河北廊坊主持召开"京津冀地区经济发展战略研讨会"，三地签署达成"廊坊共识"；2004年11月，"京津冀都市圈区域规划合作座谈会"在河北廊坊召开，国家发改委和京津冀领导同志出席会议，明确了京津冀都市圈由北京市、天津市以及河北省的石家庄、唐山、秦皇岛、保定、张家口、承德、廊坊、沧州8个地级市组成；2006年，国家发改委提出了"京津冀都市圈"的概念。2011年的政府工作报告中，"京津冀都市圈"的概念被"首都经济圈"取而代之,并被写入国家"十二五"规划。

第四阶段:协同发展战略推进期(2014年至今)

一直以来,京津冀区域发展不协调、不平衡的问题没有得到根本的解决,主要原因在于区域发展缺乏国家层面的统筹机制,同时受到行政区划的限制,要素流动面临障碍,显性和隐性壁垒的存在使得区域之间的要素和产业难以实现统筹协调。随着京津冀区域协同发展相关讨论研究不断增多,一些研究成果也逐步落实到政府规划层面上来。从2014年2月,习近平总书记明确提出京津冀协同发展的重大战略,到2017年4月1日,雄安新区设立,京津冀协同发展不断深入推进。

当前,京津冀区域内以特色支柱产业为依托发展相关产业集群,以国家政策引导为基础,逐渐由单一省市的产业集聚向区域内产业集群、产业带发展,在区域协同发展的基础上,寻求产业集群的转型升级发展。在产业集群协同发展的同时,必须要积极加强与外部的联系,主动融入全球价值链中,与国际合作伙伴建立紧密的业务联系,通过引进国外的先进理念和技术,结合自身的创新实践,进行集群的创新发展,并不断向全球价值链的中高端攀升,提升区域产业集群的整体竞争力,发挥引领和带动国内产业集群转型升级的作用。

产业集群的发展演化一般会受到多种因素的影响,例如市场结构、行业竞争、技术发展等,同样,不同行业的产业集群发展演化的轨迹和阶段也有所不同。由于京津冀三地产业发展的典型雁阵模式[①],三地产业集群的类型根据产业的不同也存在较多类型,例如以首都钢铁和唐山钢铁为龙头的钢铁产业集群和以食品加工和纺织服装为主的衡水经济开发区都属于传统产业集群,以装备、印刷、制造为主的天津高端装备制造产业集群属于制造业产业集群,以高端技术产业为主的北京中关村移动互联网产业集群则属于高新技术产业集群。当前,京津冀区域的产业集群发展,主要包括传统产业集群、制造业产业集群和高新技术产业集群等类型,不同类型的产业集群也处于不同的发展阶段。

---

① 林宽:《我国雁阵模式的区域创新研究》,《科学管理研究》2012年第3期,第66—69页。

(一) 传统产业集群演化的生命周期

传统的产业集群主要包括在工业化进程中初级产品加工和重化工发展阶段成长起来的一系列产群[①]，一般涵盖手工业、轻加工业、冶金、石化等劳动密集型或者资本密集型产业。这类产业集群一般是基于自发形成的偶然模式而建立的，具有传统的自然资源禀赋和劳动力资源优势，产业集群整体的创新能力较弱，产品的附加值较低，受传统手工业文明和工业化革命影响较大。在我国东南部沿海地区，受当地工商业和手工业发展的传统影响，主要形成的是五金家电和特色手工业等产业集群；而在中西部地区，有赖于丰富的自然资源，则形成了煤炭、矿产、烟草等产业集群。但是随着科技进步和创新更迭，产业集群的核心竞争力主要集中在科技创新能力之上，集群的发展类型向高技术产业倾斜，传统产业集群的转型压力较大。同时，传统产业集群容易存在内部创新敏感度不足、发展的路径依赖严重等矛盾问题。依据产业集群发展的生命周期规律，如果传统的劳动密集型和资本密集型产业集群不进行顺应市场需求的转型，不进行产业间的专业化分工协作，不培育新的自我成长机制，则会逐渐走向衰退期，最终在激烈的市场竞争中消亡。

产业萌芽和形成的最基本条件是人们的物质文化需求[②]，京津冀地区传统产业集群从其形成过程看，一般属于自发成长类型的产业集群，其中占重要地位的原因是劳动力资源的过剩，人们利用本地丰富的资源，尝试进行新产品的生产，各种中小型企业开始出现和集聚，逐渐形成产业集群。京津冀地区自古以来就有不同民族文化的冲突与融合，市场网络随着运河经济的发展而繁荣，明清时期就已形成京津冀集市圈，曾形成河北高阳棉布专业市镇、大汶口花生专业市镇等产业集聚地，现在的河北省邢台市清河县、河北省保定市蠡县仍有较多的毛纺织企业集聚，河北白沟及周围地区也有大量的箱包企业集聚。

随着新中国的成立，各类民营企业逐渐发展壮大，面临资金短缺问题的企业家将生产工序分包到不同的家庭作坊，不同的生产工序联结起

[①] 顾朝林：《产业结构重构与转移：长江三角洲地区及主要城市比较研究》，江苏人民出版社2003年版，第35页。

[②] 戴伯勋：《现代产业经济学》，经济管理出版社2001年版，第60页。

来形成完整的产品。这一阶段的传统产业集群发展，有赖于熟人社会的相互信任，同时，社会资本在高度分工的产业集群中发挥着十分重要的作用，纺织、皮革制作、食品加工等劳动力资本密集型的产业集群逐渐发展，京津冀地区的传统产业集群也逐渐进入成长期。

改革开放以后，政府相关产业政策的支持帮助京津冀传统产业集群进入成熟发展阶段。这一时期，政府出台相关鼓励产业集群发展的政策，开始建立国家高新区，从而促进区域的传统产业集群发展。例如，河北省石家庄市的药用制剂与辅料产业集群就是发展于抗日战争时期的传统产业集群，石家庄国家高新技术产业开发区成立于1991年，1992年经河北省人民政府批准建立石家庄经济技术开发区。两大开发区的建立，一方面为已经成立的制药企业发展壮大提供了更加广阔的沃土；另一方面，"九五"期间，医药产业被列为河北省政府认定的省内五大支柱产业之一，受到政府的高度重视，开发区招商引资政策的实施，使得大批制药企业在开发区集聚，并且呈现出更具规模化的状态。政府政策的支持使得原本根基不牢的传统产业集群打下了坚实的基础，产业集群运行发展的相关制度体系逐渐完善，产业集群内部规范的竞争与合作，象征着京津冀传统产业集群的发展进入成熟期。

2000年以后，在市场经济不断快速发展的背景之下，我国的产业集群开始进入转型升级阶段。市场经济体制下，政府主导的产业集聚发展程度总是有限的，技术进步是产业变革和进化的核心力量[①]，京津冀的传统产业集群开始走向不同的发展道路。一部分传统产业集群内的企业根据行业的发展变化，开始寻求创新合作，集群内部逐渐开始建立相关科研机构，与高校建立合作关系，引进大量专业人才，逐步脱离固有的发展模式，进行产品、流程、工艺等多方面的升级，为传统产业集群的发展带来新的发展空间。而另一部分以传统生产加工为主的产业集群，始终保留传统的生产和管理方法，并未谋求技术的创新发展，在激烈的市场竞争中逐渐被淘汰，产业集群走向衰落。传统产业集群下一步创新发展的重点应该由国内产业竞争转移到国际分工合作，在全球价值链生产分工中攀升到中高端位置，获取更多的增加值，提升集群发展的核心竞

---

① 戴伯勋：《现代产业经济学》，经济管理出版社2001年版，第58—59页。

争力。

(二) 制造业产业集群演化的生命周期

作为传统的制造大国，制造业产业集群是我国集聚数量最多的产业集群，此类产业集群的形成主要依赖于大量低廉的劳动力资源和对外开放后涌现的外商推动。20世纪90年代中后期，在东南沿海地区逐渐形成了以服装业、交通运输设备以及电子通信设备制造等为主的制造业产业集群。制造业产业集群的发展一方面源于我国市场需求的拉动，改革开放以后，随着人们的物质文化需求增长，国内对传统产品的需求不断扩大，一些地方结合地方的特色发展传统制造业的中小企业，并逐渐集聚形成产业集群。另一方面来自于贸易的驱动和外商直接投资，一些善于发现商机的企业家瞄准国内外市场中的发展机会，在地方进行小规模生产，而我国地缘、血缘的特殊社会关系又促成了大量同类型企业的集聚发展。与此同时，我国优惠的投资政策、丰富的劳动力资源也吸引了大量外商投资，促成了大量配件生产制造的产业集群发展。当前，我国产业集群的主导产业仍以制造业为主，其中集聚程度较高的设备制造产业集群、金属冶炼产业集群、电气机械产业集群等，主要以生产附加值较低的产品为主，在全球价值链中处于的中低端位置。而伴随着全球竞争的不断加强和创新驱动发展的深入推进，我国在2015年政府工作报告中首次提出实施"中国制造2025"，并指出要坚持创新驱动、智能转型、强化基础、绿色发展，把我国从制造业大国转向制造强国，制造业产业集群的发展逐步提升效率，进行转型升级，向全球价值链的中高端迈进。

京津冀矿产资源丰富，属于工业结构偏重型区域，地区内拥有大量的制造业产业集群。这些制造业产业集群形成的原因较多，从形成的过程来看，可能是由于龙头企业的扩张形成的企业集聚效应，也可能是市场带动形成的，产业集群的发展是由于专业化市场的带动而逐渐发展壮大的。例如，京津冀地区的辛集市皮革产业集群，就是由于历史的延续形成了重要的皮革业生产市场，进而逐渐发展成为拥有完整产业链条、强大生产能力和种类齐全的产品类别的产业集群；还有外商投资逐步带动形成的制造业产业集群，例如天津市典型的电子通信设备制造类的产业集群，这类制造业产业集群就是外商先投资建设相关的零配件企业，培育投资地的制造生产能力，逐渐吸引其他同行业的企业入驻，慢慢形成了通信终端设备制造、移动通信及其设备制造等制造业产业集群。

伴随着新中国的成立,制造业产业集群发展的初期因京津冀地区丰富的自然资源和劳动力资源而逐步形成竞争优势,但产业集群的规模效应并未体现。改革开放以来,京津冀制造业产业集群迅速发展壮大,地方的产业集群网络逐步健全和完善。北京市主要以印刷机械、医疗器械、电子信息等制造业产业集群为主,天津以汽车装备、钢铁管材、通信终端设备等制造业产业集群为主,河北省则发展工程设备、矿山机械、汽车零部件等制造业产业集群。各地以工业园区的形式集聚大量企业,产业集群发展进入迅速成长期。这一阶段的京津冀制造业产业集群主要以行政区划为边界进行发展,集群内的龙头骨干企业不断扩张,集群的优势逐步形成,内部的创新资源共享平台逐渐建立和完善。2000年以后,制造业产业集群的发展逐渐步入成熟期,产业集群内部的自主创新能力不断加强,京津冀三地各自形成完善的制造业产业集群发展网络,但与此同时,产业集群迅速发展带来的环境问题、产业趋同效应增强、交通运输成本增加等问题也影响着京津冀制造业产业集群的可持续发展。京津冀传统资源型产业在北京市和天津市两地集聚较少,主要在河北地区集聚,例如黑色金属冶炼及压延加工、煤炭开采等,在环境保护和技术发展的进程中,这些产业集群面临着转型升级的压力。

2014年,京津冀协同发展战略的提出是三地制造业产业集群发展的重要转折点,京津冀产业发展由三地独立运行向协同发展转变,京津冀制造业产业集群进入成熟期后期,逐渐开始转型升级。为承接北京市产业转移,河北省采取非单一模式,确定40个承接平台,其中生产制造类23个,每个都是功能和产业定位十分明确的产业集群。天津市采取行政区划分的方式,内部整合"1+11"个承接平台,其中,1是指天津滨海新区,11是指分布在各个区县的功能承接平台。除此之外,全球价值链生产分工的不断深化,对京津冀制造业产业集群的发展也产生较大影响,需要京津冀制造业产业集群不断加强对接协作,形成区域产业发展的完整链条和上下游联动机制,进而提升在全球价值链产业发展中的区域竞争力。

(三)高新技术产业集群演化的生命周期

高新技术产业集群主要是创新型的中小企业在一定区域内的集聚,

这些企业以科技资源为依托、以科技创新为重点，在集群内形成研发、生产、销售、配套设施等全产业链的组合，包括生物医药、新能源、网络通信、电子信息等科研资源集聚的产业集群。高新技术产业的集聚，一方面是由于技术性产业存在着较大的不确定性和知识溢出，产业的集群发展可以实现知识的共享和交流，以降低科技研发成本，提高生产效率；另一方面，高新技术产业集群作为区域经济发展的重要推动力，我国政府出台了大量相关政策和扶持制度，鼓励高新技术产业集群的发展。随着国际和国内产业集群的不断发展壮大，国家之间、区域之间的竞争越来越激烈，高新技术产业集群必将占据更大的市场空间和份额，以创新为基础的产业集群发展方式也顺应了产业集群转型升级的需要，为构建持续发展的区域创新网络奠定坚实的基础。在融入全球价值链分工的过程中，高新技术产业集群获得进出口的知识溢出能力也更强，能够更好地发挥"干中学"效应，进而促进我国产业集群向全球价值链中高端攀升，高新技术产业集群是未来区域产业集群发展的重点类型。

相较于传统产业集群和制造业产业集群，高新技术产业集群在我国起步较晚，但自从20世纪50年代得到发展以来，高新技术产业集群就成为我国经济社会持续发展的重要推动力，在区域经济发展中发挥着巨大的辐射和带动作用。京津冀高新技术产业集群的发展是区域产业发展的关键驱动力，1988年，北京市就成立了中关村国家自主创新示范区，1991年在天津滨海成立了高新技术产业开发区，在数十年的发展中，京津冀高新技术产业集群逐渐开始形成与发展。截止到2018年，我国共成立168个国家级高新技术产业园区，京津冀地区作为重点发展地区，一直发挥着科技创新的带动作用。

随着社会经济的快速发展，京津冀高新技术产业集群进入成长期，集群规模不断扩张，集群创新网络逐步完善，集群内的企业与高校、科研机构和政府合作逐渐增多，高新技术产业集群逐渐步入发展正轨。2009年开始，天津市不断加快发展新兴产业，支撑产业结构优化，政府大力支持软件及集成电路、绿色能源、生物医药、现代中药、环保科技、新材料、民航科技等新兴产业的发展，形成规模发展能力，培育具有市场竞争力的品牌和企业，加快培育新兴产业集群。2018年，示范区建设新型研发机构近30家，初步形成新一代信息技术、高端装备、生物医药等主导产业集群，成为支撑创新发展的核心载体，形成"头雁效应"。近年来，以战略性新兴产业、高技术产业为代表的新产业快速成长，更是引领着北京产业集群的快速转型升级，新能源汽车、人工智能、大数据等新兴领域的研发投入不断快速增长。2018年，北京市科委联合亦庄举办了"建设全国科技创新中心，推动科技成果转化专场"，和清华大学、北京大学、北京理工大学等7所学校签订了协议，由北京大学、北京理工大学等6所高校牵头成立了北京高校成果转化联盟，共有40多所大学参与，推进产学研合作的深入发展。

随着京津冀协同发展战略的推进，协同创新逐渐成为了京津冀区域经济发展的内生动力。2018上半年，京津冀三地实现地区生产总值合计突破4万亿元，同比分别增长6.8%、3.4%和6.5%。北京市发挥科技中心优势，互联网和信息技术等战略性新兴产业保持高速增长。天津市高技术产业与战略性新兴服务业发展迅速。河北省经济新动能加快壮大，智能装备制造等工业战略性新兴产业迅速崛起。随着京津冀协同创新日益加强，高新技术产业集群的发展越来越成为区域经济发展的核心，进一步提升区域的竞争力。

总体而言，经历了长期的发展，京津冀产业集群已经经历了形成期、成长期、成熟期，到达转型时期。随着全球产业升级的不断深化，京津冀协同发展战略的深入实施推进，京津冀的一些传统产业集群无法适应经济环境的发展，走向衰退期，大部分的制造业产业集群发展到成熟期，面临着转型升级的压力，而高新技术产业集群则演化到成长期，需要顺应创新型产业体系的发展，进一步形成新的产业集群生态。

二 京津冀产业集群演化不同阶段的特征

产业集群作为一种特定的产业组织动态网络，拥有集群网络的固有属性，随着其生命周期的发展变化，在不同阶段呈现出不同的特点。在产业集群的形成阶段，地方的社会文化环境为产业集群的产生和发展提供了肥沃的土壤，产业集群发展的本土和根植性特征明显。集群产生初期，基于本地的社会经济关系，企业之间存在着较为紧密的联系，产业发展的知识和信息在区域内快速传播，逐渐形成相关的产业集群，我国许多传统的产业集群都是在一定区域内特殊的文化环境中发展壮大的。

随着产业集群的发展,在集群的成长阶段,产业集群的共生特性发挥着巨大作用,集群内的人才资源、服务平台、发展技术和既有知识等要素在企业间共享,企业之间的分工协作逐渐形成产业链网络,产业集群的竞争力逐步提升,推动着产业集群的持续发展。产业集群的合作产生的规模效应也在集群的成长阶段得到发挥,企业在集群网络中集聚,进行持续的自我成长,进而实现集群网络经济效益的递增和技术的创新发展。产业集群走向成熟期时,主要凸显出互动性的特征,集群内的企业之间彼此形成竞争合作的关系,企业在竞争合作的过程中不断推进产业集群的持续创新,逐渐塑造企业的异质性,进而促进产业集群的转型升级和创新发展。到产业集群的衰退或者转型升级阶段,产业集群的发展趋近于饱和状态,企业间的不良竞争,集群系统的瓦解导致产业集群的衰退,然而这一阶段,制度效应也会发挥较大的作用,政府政策的支持会帮助一部分产业集群实现转型升级,整个产业集群将不断向前发展。产业集群演化的阶段性特征如表4—1所示。

表4—1   产业集群演化的阶段特征

演化阶段	特征	描述
形成期	本土性和根植性	相似的社会文化环境使得区域内企业有较强的社会联系,进而产生集聚效应
成长期	共生性和规模效应	集群内逐渐形成产业链网络,促进主体之间相互交流与学习
成熟期	互动性和专业化	企业之间竞合关系明显,形成纵向专业化分工和横向经济合作
转型期	制度效应和开放性	政府政策支持,参与国际产业分工,与外部环境密切联系

资料来源:笔者根据前文和相关研究整理所得

产业集群在发展演化的一般规律中,外部经济效应逐渐放大,地理的临近性、集群内部的信任关系、产品和劳动的分工等,都能够在较大程度上减少交易成本,提高产业集群的生产效率,进而促进产业集群的发展壮大。目前,我国产业集群整体发展有着明显的地域性特征,东部地区的产业集群集聚较多，部分产业集群的发展已经进入成熟期的后期，开始进行整体的转型升级，中西部地区的产业集群相对较少，大多处于形成期和成长期，而伴随着东部地区产业集群的发展完善，一些劳动力和资源密集型的产业集群也开始向中西部转移，这将带动中西部地区的产业集群逐渐发展壮大。其次，我国产业集群整体的发展仍处于全球价值链中低端，多数传统产业集群和低端制造业产业集群的发展都靠低附加值生产嵌入全球价值链，但受全球产业结构大调整和创新驱动发展的影响，东部地区发展较为完善的产业集群进入转型升级阶段，开始向产业链高端升级发展，提升产业集群的竞争力，推进产业集群的可持续发展。再次，我国产业集群的发展大多是政府引导和市场主导共同作用的结果，我国发展较为成熟的产业集群在形成的初期大多是由市场主导自发形成的，是一种"自下而上"的市场主导发展模式，而在后期的发展过程中，为营造良好的产业集群发展环境，提升区域竞争力，政府会出台相应的税收、融资、创新试点等政策，引导产业集群的发展，是一种"自上而下"的政府主导发展模式，两种发展模式相结合，为我国产业集群的可持续发展提供更好的基础平台。最后，我国产业集群发展的整体趋势是向创新集群发展，传统产业集群和制造业产业集群都需要通过转型升级实现创新发展，高新技术产业集群作为创新型企业的集聚网络，能够共享各类高科技人才资源和技术，通过创新发展提升产业集群的核心竞争力，能够进一步促进产业集群内部的专业化分工，提高生产效率，进而逐步形成产业集群内部持续发展的创新运行机制，提升产业集群在全球生产中的竞争力。

京津冀地区作为我国东部沿海地区的重要经济发展区域之一，区域内产业集群的发展既存在明显的演化周期特征，又兼具我国东部沿海地区产业集群发展的特性。三地均有较为深厚的产业发展基础，地理的邻近性也使得三地有较为相似的社会文化环境，区域内产业集群的发展以园区为载体，不断向更高阶段创新发展。京津冀协同发展战略的提出为三地产业集群发展打破行政边界、协同创新发展提供了良好的平台。在发展演化过程中，京津冀地区的传统产业集群、制造业产业集群和高新技术产业集群具有不同的特征。

（一）传统产业集群演化发展的特征

京津冀地区传统产业集群发展受传统历史文化的影响较大，在传统产业集群发展的初期，主要依赖地方固有的生产和知识系统，根植性特征明显，主要表现为依托社会关系的空间地理位置上的集聚。随着产业集群的成长发展，集群内部的产业链逐渐形成，企业间的分工协作关系加强，但传统产业集群的发展仍具有保守性特征，在产业集群的成长期，限制外部新信息的进入，强调对原有能力和资源的利用。

随着产业结构的不断调整，在京津冀协同发展过程中，侧重点主要在区域发展优势明显的制造产业集群和具有较强竞争力的高新技术产业集群。目前，京津冀大多数传统产业集群已经演化发展到成熟衰退时期，生产技术相对成熟，资源利用率相对较低，可持续发展缓慢。一部分传统产业集群内部企业的创新能力不断提升，开始嵌入全球价值链的生产分工之中，积极与外界进行物质、能量和信息的交换，具有明显的学习性特征，产业集群逐渐开始转型升级，向创新型产业集群发展；另一部分传统产业集群则展现出明显的衰退期特征，产业集群的集聚优势减弱，企业数量减少，集群产业链断裂，逐渐失去竞争力。

（二）制造业产业集群演化发展的特征

京津冀制造业产业集群的形成和成长过程中，产业集群内部的共生性和外部的驱动性特征明显。京津冀制造业基础比较完善，在产业集群的发展过程中集群内部的产业链条也在逐渐完善，企业之间共享人力、技术和服务等资源，但制造业产业集群的生产结构不合理。在嵌入全球价值链生产分工的过程中，集群内部企业多是从事附加值较低的生产制造环节的工作。集群整体处于价值链条的低端环节，高附加值的相关生产则由外商承包，价值获取能力和市场竞争力很弱。除了共生性之外，京津冀制造业产业集群在形成和成长期受到外部驱动因素的影响也较大，主要表现为政府、高校和相关科研机构的推动作用，在政府相关优惠政策的支持下，产学研合作的互动效应推动着制造业产业集群的发展。

当前，京津冀制造业产业集群的发展进入成熟期，创新性、竞争性和合作性特征突出，结合京津冀协同发展的实际，打造跨省市的区域性产业集群也成为京津冀制造业和经济发展的新特征。受龙头企业的辐射引领影响，集群内部中小企业开始通过增加研发投入来提升价值获取能力，相较于初期企业的简单集聚，集群内部的企业技术创新能力不断增强。与此同时，集群内部的有序竞争和合作机制也越发完善，在竞争与合作中制造业产业集群实现进一步的演化发展。在京津冀协同发展过程中，京津冀三地的制造业产业集群开始由分省发展向区域协同发展转变，随着创新研发投入的增加，产业集群也逐渐开始寻求在全球价值链中位置的提升。

（三）高新技术产业集群演化发展的特征

高新技术产业集群在演化发展过程中具有互动性强、开放式创新、知识密集等特点。京津冀高新技术产业集群起步较早，依托政府各项政策的大力支持，在集群萌芽和形成阶段就具有较好的环境条件，集群内的企业之间互动性强，学习能力强，引进吸收国外先进技术资源，进行创新型的知识活动。京津冀高新技术产业集群在政府政策的引导下，发挥市场化作用，推动高校、科研机构、中介组织、金融机构等创新主体入驻集群，各主体间的关联将进一步加强，开放式创新的特征明显。在高新技术产业集群形成过程中，集群与其他创新主体间的协同创新活动不断增加，集群创新网络逐渐完善形成。

在全球价值链专业化分工中，高新技术产业集群内部企业开始从事附加值更高的研发、品牌服务等环节工作，产业集群在参与全球生产分工的过程中成长壮大。在这一阶段的初期，集群会通过提升技术创新能力，满足市场需求，从而保持产业集群本身的竞争力，使产业集群向成熟期演化，进而发展成为创新型产业集群，持续的创新是高新技术产业集群在成长期的重要特征。从全球价值链来看，高新技术产业集群将向着更高位置处攀升集群的价值获取能力，提升核心竞争力。

三 京津冀产业集群转型升级中存在的问题

无论是美国东北部产业集群、日本太平洋沿岸产业集群、韩国首尔产业集群，还是我国的长江三角洲产业集群、珠江三角洲产业集群，在产业集群的发展过程中都经历了形成期、成长期、成熟期到衰退期，在产业集群面临衰落的阶段，转型升级是产业集群发展到一定阶段的必然要求。当前，京津冀产业集群整体的发展仍处于全球价值链低端位置，容易受到产业链上游的产业集群影响。因此，传统产业集群、制造业产业集群以及高新技术产业集群在全球价值链专业化分工体系内，进行产业集群的转型升级都显得尤为重要。

从整体上看，产业集群的转型升级主要受到集群内部因素和外部环境两个方面因素的影响。内生因素增长理论认为，产业集群的发展过程中共同学习、地理相邻、相互信任是影响集群发展的重要因素。产业集群内部的学习效用能够提高劳动生产率，降低生产成本，地理的临近性和企业之间的相互信任关系都能够促进集群内部的资源有效组织和流动，集群内的大小企业通过竞争与合作，形成区域组织网络，进而提高区域内整体的资源利用率，促进产业集群的发展。除此之外，人力资本与产业集群的发展也有密切联系，人力资本是推动产业集群创新发展的基本动力，通过集群内人才的流动可以实现知识外溢，促进产业集群转型升级。企业家精神作为一种特殊的人力资本，能够推动产业集群创新发展。为提升企业的竞争力，集群中的企业家主导着技术的创新和发展，进而推动产业集群的转型升级。

伴随经济全球化的发展，产业的专业化分工越来越深化，区域的发展不再处于内部的封闭状态，产业集群的发展受到外部环境的影响，各地产业集群开始逐渐嵌入全球价值链生产分工中，参与全球生产体系。市场需求的变化和竞争的压力引导着产业集群的创新活动，产业链上下游的技术变革都会对整个集群的转型升级产生影响，市场环境的变化倒逼产业集群内部的企业进行技术的创新，促使产业集群的转型升级。政府在产业集群的转型升级中同样扮演重要的角色，政府各项政策的引导对产业集群的创新活动起到重要的支持作用，政府的规划政策直接影响着产业集群内部的技术创新活动，促进产业集群的发展。除此之外，孵化器的支持也是决定产业集群创新发展的重要动力，由决策咨询、合作中介、风险资本等部门组成的孵化器，通过建立合作平台、支持科技成果转化等手段促进产学研合作，进而提升区域创新效率，推动产业集群转型升级。

产业集群的演化发展一般先经过数量扩张阶段，再到质量提升的阶段，京津冀产业集群的发展正处于由数量扩张到质量提升的转型升级时期。在京津冀产业集群的发展演化过程中，一方面受到三地集群内部发展因素的影响，另一方面受到全球产业发展和政府政策的影响。首先，京津冀三地产业集群发展主要以行政区划为界，三地以各自的优势产业为依托发展产业集群，北京市注重高新技术产业集群的发展，天津市注重制造业产业集群的发展，河北省则主要是传统产业集群的发展，在京津冀协同发展之前，三地主要以行政区为界发展产业集群，产业集群的发展以园区为载体，行政边界的划分在一定程度上影响着产业集群的转型升级。其次，全球产业专业化分工的不断完善，对我国产业集群的演化发展产生较大影响，京津冀地区作为我国东部沿海的典型产业集聚区域，其产业集群在嵌入全球价值链发展过程中也受到国际产业分工的影响。最后，京津冀协同发展的相关制度政策引导着区域内产业集群的转型升级，三地之间的产业转移、产业协同发展等举措，都是京津冀产业集群转型升级的有利推手。

加入WTO至今，中国全球价值链嵌入程度提升了1倍[①]。京津冀地区作为我国北方的经济中心，产业集群的发展逐渐嵌入全球价值链。中关村、滨海两个国家自主创新示范区的优势及河北省要素成本比较优势都为京津冀地区产业集群转型升级提供了基础。天津市的港口优势有助于京津冀的要素进一步融入全球价值链。2018年，天津港货物吞吐量44604万吨，外贸货物吞吐量完成25864万吨，是京津冀地区联结世界的重要海上门户。当前，京津冀地区的装备制造业、新能源产业、电子信息产业以及材料化工产业已处于国内领先地位[②]。作为我国经济增长最快的区域之一，伴随着京津冀协同发展的不断深入推进，京津冀区域的经济地位日益凸显，此区域土地总面积为21.59万平方千米，占全国城市土地总面积的4.56%，总人口为9203.16万人，占全国总人口的7.59%。京津冀地区用不到全国5%的土地面积养育大约全国8%的人口，人口资源环境压力日益凸显。与此同时，京津两地土地供应紧张，交通拥堵严重，大城市病加剧；而环绕京津的河北省重化工业密集，经济转型升级诉求强烈。京津冀产业集群的演化发展与区域协同发展之间，参与全球价值链分工以及产业集群自身发展历程等方面仍面临着诸多问题和挑战，

---

① WTO Trade Report 2016。

② 肖金成、李忠：《促进京津冀产业分工合作的基本思路及政策建议》，《中国发展观察》2014年第5期，第14—16页。

向全球价值链中高端迈进仍然存在较多的障碍，京津冀产业集群转型升级面临的问题主要包括以下几个方面。

(一) 产业集群自主创新能力薄弱

创新环境、创新资源、创新意识和主体活动的协同演化共同决定产业集群的创新能力[①]。京津冀协同发展的相关制度政策为地区的产业集群转型升级提供了较为优越的创新环境，但京津冀产业集群在创新资源、创新意识和主体活动等自主创新能力方面还存在动力不足的现象。在全球价值链竞争中，京津冀产业集群仍存在低端锁定的路径依赖现象，尤其是传统产业集群和制造业产业集群在转型发展的过程中，集群内中小型企业由于自身创新资源和创新意识的限制，企业家精神的缺失，导致一些企业在产业集群的整体创新发展中采取"搭便车"的策略，产业集群内部的固有因素制约着产业的转型升级发展。同时，产业集群内部对于提升全球价值链位置以及技术创新的认知程度不高，集群内企业的创新合作深度不足，仍存在恶性竞争现象，并且产学研合作的参与度较低，进一步导致产业集群自主创新能力不足，使得产业集群的转型升级缺乏基础条件。

集群创新网络的形成是产业集群转型升级的关键。与珠江三角洲产业集群发展中存在的问题相似，京津冀产业集群的发展也遵循引进吸收消化再创新的逻辑，集群内技术创新动力不足，中小型企业为规避风险，较少进行研发的投入，大多停留在低风险的模仿阶段，阻碍集群创新网络的形成进程。区域内缺乏便捷成熟的交通网络，河北省与天津市之间的铁路、公路建设都存在缺口，航空方面三省（市）之间也表现出较大的不均衡特征，天津港作为北方国际航运中心与周边港口的对接也存在通道不畅通的情况，在一定程度上影响区域集群创新网络的形成。

当前京津冀产业集群的发展过程中，与高等院校、研究所等科研机构的合作仍显不足，产学研的深度融合发展有待进一步加强。在京津冀协同发展的层面上，产业集群协同发展的相关京津冀人才、信息资源共享平台尚未建立健全，产业的集群效应不足，集群内部知识传递、技术创新和知识溢出能力有待完善，尚未形成结构明确、相互协作的完整的

[①] 《中国产业集群创新发展报告（2010）》。

创新集群网络，还需要利用互联网的优势，推进创新集群之间的合作发展。

(二) 产业集群区域协同分工不明晰

按照《京津冀协同发展规划纲要》中的部署，北京市应发挥自身优势，重点发展科技、金融等产业，天津市则应保持其先进制造研发基地的优势，河北省应积极承接京津两地产业转移。在京津冀产业的协同发展过程中，产业的合理配置和分工是京津冀协同发展战略的重要内容之一。目前，京津冀产业集群的专业化分工仍不明确，大多数产业集群仍为内部一体化发展模式，类似于长江三角洲产业集群的发展中存在的问题，集群企业之间的关联度较低，产业的布局分工不合理，缺乏区域间的专业化分工合作。而从合作方面看，京津冀产业集群的合作大多仍以北京为中心，各地产业集群发展难以形成平等协作关系，从产业集群的发展类型来看，也存在较大的区域差异，京津冀地区产业集群同质化严重，并未形成发挥各自优势的区域产业协同发展模式，区域内部的整体资源要素配置不均衡也制约着京津冀产业集群的转型升级发展。

当前，整个京津冀地区的产业集群都向新材料、新能源等国家重点发展的同类型战略性新兴产业方向倾斜，重点打造高端装备制造、新能源与新能源汽车、新一代信息技术以及生物医药等产业集群。根据学者们的测算，京津、津冀产业相似度高，相比较而言，京冀产业相似度低。实际的产业发展表明，北京市在建筑、运输及服务业等高新技术产业方面有较大优势；天津市在通信技术、电子计算机制造业等加工制造产业方面有较大优势；而河北省则是农业、采掘加工等产业发展较好。区域间的跨省产业集群协同发展模式尚未形成，没有实现产业集群外部效应的最大化，在一定程度上影响着传统产业集群的转型升级，制约制造业产业集群和高新技术产业集群的快速发展。

(三) 人力资本分布不均衡，孵化器功能不完备

产业的发展需要依赖相应的人才，人力资本是决定区域协同分工的关键要素。当前京津冀三省市的高校和科研院所分布不均衡，北京市的各类高等院校和科研院所集中，人力资本雄厚，各类产业集群的发展都能得到匹配的人才支撑，而相比较之下，河北省缺少高校和科研机构，在承接产业转移的过程中，存在专业技术人员不足的问题，导致区域协

同分工无法顺利进行。区域协同的人才培养机制亟待建立健全，配合产业协同分工的人才引进互动联动机制也有待完善，产业集群的合理配置发展，需要人力资本的相应配置支持。

同样作为产业集群转型升级的重要助推力，京津冀地区的孵化器组织发展仍不完备。京津冀以国有经济为主导，市场活力相对不足，三地产业集群难以形成协同分工，也难以催生相关的跨地区孵化器。京津冀区域内的资本、技术、人力等资源较难进行自由流动，孵化器提供研发生产场地、基础设施共享平台以及相关政策支持的职能无法得到有效发挥，进而在无形中增加了三地协同创新创业的风险，使得京津冀产业集群转型升级进程发展缓慢。

（四）全球价值链低端锁定，国际分工参与不足

随着国际贸易环境的不断发展变化，全球产业分工的不断调整，全球价值链为产业集群参与全球经济合作提供了机遇。类似于我国大多数产业集群，京津冀传统产业集群和制造业产业集群也抓住了参与国际分工的历史机遇，通过丰富的自然资源和劳动力要素禀赋承接大量跨国订单，主动融入全球价值链分工体系之中。但京津冀产业集群主要是以生产、加工等低附加值环节嵌入全球价值链，而设计研发和销售等高附加值环节则掌握在发达国家手中，与发达国家的区域产业集群相比，京津冀的资源密集型产业集群仍处于全球价值链低端，同发达国家存在较大差距，专业化分工水平也未赶上发达国家，产业集群的国际竞争力仍有待进一步提高。

京津冀产业集群在参与国际分工进行转型升级的发展过程中，往往面临无法掌握核心技术，缺乏自主知识产权的情况；同时，企业的品牌意识不足，不重视打造高品质的全产业链生产，从而导致难以形成知名产业集群。在外商投资方面，尚未发挥引导京津冀产业集群向全球价值链中高端发展的积极作用，投资前期及中后期的相关保障机制亟待建立完善，在与外资企业学习合作的过程中，促进产业集群创新发展。

在产业集群的转型发展过程中，京津冀产业集群发展的低技术消化吸收能力，在很大程度上限制了全球价值链上产业对于外部溢出的利用能力，区域竞争环境、市场机制、产权保护等系统环境有待优化，金融、教育、交通等支持型产业亟待完善。随着创新驱动发展的深入推进，生

产要素的流动不断加快，激烈的竞争会倒逼产业提高效率、实现转型，进而激励高技术产业的产生，产业逐渐由生产制造环节向研发设计和市场推广等环节发展，从而推动国家在全球价值链中位置的提升。

第二节 京津冀产业集群转型升级机制构建

随着全球经济的快速发展，产业集群作为区域经济发展的重要载体越来越成为提升区域竞争力的重要发展模式。产业集群的发展演化由形成期、成长期、成熟期再到衰退或者转型期，是由一个阶段向另一个更高级的阶段逐渐变化的，在产业集群发展演化过程中，区域创新网络中的相关要素是推动产业集群转型发展的重要驱动力。与此同时，在全球价值链的发展框架中，产业集群的演化发展也并非是一个自然而然的过程，而是在全球价值链不同发展阶段通过多种机制相互作用来推动的。

在区域经济发展中，伴随着互联网信息技术的快速发展，区域间的产业转移和互动合作越来越频繁。尤其在京津冀协同发展背景下，京津冀地区产业集群的协同创新发展更是区域产业集群创新发展的重要趋势。在区域创新网络发展过程中，产业集群的创新发展既是转型升级的目的，也是实现转型升级发展的有效途径。产业集群进行转型升级是为了进一步向高级阶段发展，实现可持续发展，而在这一过程中，协同创新发展又是提升产业集群竞争力，推进产业集群转型升级的重要方式。

在全球价值链生产分工中，产业集群作为全球价值链各个环节与工序链接的基本组成单元，逐渐与全球价值链融合、耦合[①]。目前，我国经济呈现出由高速增长转为中高速增长，经济结构优化升级，内需逐步扩大以及要素驱动、投资驱动转向创新驱动的新常态，产业价值链升级成为中国经济必须跨过的一道坎，也成为各级政府的持续着力点[②]。京津冀地区作为我国东部沿海地区发展的重点区域，面对全球产业结构的转型，

---

① 郭爱君、毛锦凰：《全球价值链背景下产业集群式转移的特点与机理研究》，《兰州大学学报（社会科学版）》2013 年第 6 期，第 104—111 页。

② 刘志彪、陈柳：《政策标准、路径与措施：经济转型升级的进一步思考》，《南京大学学报（哲学·人文科学·社会科学）》2014 年第 5 期，第 48—56、158 页。

产业集群参与价值链分工的程度不断变化，集群在演化发展过程中受到不同机制的作用的影响，集群转型升级的过程存在一定的内在规律。本节依据第二章典型案例中归纳总结的区域产业集群转型升级要素、第三章中测量的区域产业集群在全球价值链中的位置等结果，探讨京津冀产业集群转型升级的作用机制（见表4—2），为第五章实证探究京津冀产业集群转型升级的作用规律奠定基础。

表4—2　　　　　　京津冀产业集群转型升级的作用机制

典型案例	典型要素	区域驱动机制	典型机制
美国大西洋沿岸产业集群	人力资本；制度环境；协同分工；区域关联	区域资源特征；区域政策环境	集群学习机制；集群创新扩散机制
日本环太平洋沿岸产业集群	人力资本；制度环境；全球价值链驱动；协同分工；区域关联	区域创新优势；区域资源特征；区域政策环境	集群学习机制；集群协同机制；集群创新扩散机制
韩国首尔产业集群	制度环境；全球价值链驱动；协同分工；区域关联	区域创新优势；区域政策环境	集群学习机制；集群创新扩散机制
长江三角洲产业集群	人力资本；制度环境；全球价值链驱动；协同分工；区域关联	区域创新优势；区域资源特征；区域政策环境	集群学习机制；集群协同机制；集群创新扩散机制
珠江三角洲产业集群	制度环境；全球价值链驱动；协同分工；区域关联	区域创新优势；区域政策环境	集群学习机制；集群创新扩散机制

资料来源：笔者根据相关资料整理

一　区域创新网络视角的产业集群转型升级驱动机制

无论是传统产业集群、制造业产业集群还是高新技术产业集群，京津冀区域内部的产业集群都是在这一区域内的各类企业之间结成的一种生产或市场关系，代表着京津冀地区的产业组织形式，在区域经济发展中发挥着十分重要的作用。在产业集群的转型升级发展过程中，需要相应的动力要素来驱动，这些要素是推动产业集群向更高阶段发展演化的有利因素，这些驱动要素作用于产业集群的发展过程之中，最终推动产业集群的转型升级。20世纪90年代开始，学者们就专注于产业集群发展动力要素的研究，动力要素是驱动产业集群形成和发展的一切有利因素，影响产业集群演化的有利要素是多方面的，但并非所有的有利要素都可以实现产业集群的转型升级，只有那些能够相互作用、相互结合成为一个系统的有利要素，才是真正影响产业集群向创新集群演化的动力。有关区域产业集群与区域创新系统之间的关系，相关研究认为集群会导致区域创新系统内部的溢出与相互协作效果，集群能激发区域内部的创新行为，同时，区域创新系统也是产业集群作用的结果。产业集群发展形成的学习网络可以演变为区域创新系统，而区域创新系统又会促进区域产业集群的形成发展，如前所述，在国内外典型产业集群的转型升级过程中产业结构调整、交通网络构建、政策环境支持、城市协同分工等要素起到关键作用。在我国，对于区域产业集群来说，实现转型升级的重要驱动力主要在于集群创新能力与竞争力的提升，而实现产业集群能力提升的关键则在于产业集群发展过程中与区域创新网络产生有效互动，实现区域内产业集群的共同转型发展。

当前，北京市、天津市、河北省分别处于工业化的不同阶段，京津冀三地的产业集群发展的阶段也各不相同，与北京市和天津市相比，河北省的产业发展水平相对较弱。依据克鲁格曼的中心—外围模型，北京市和天津市集聚的规模经济难以形成产业转移的动力，而河北省落后的基础设施建设以及薄弱的产业经济基础难以承接产业转移，区域产业发展不平衡进一步加剧。区域发展的非均衡性与资源流动的不合理互为循环因果，限制了京津冀地区产业集群的整体转型升级发展。反观国外的区域产业集群转型升级历程，工业革命以来，美国五大湖、日本关中、德国鲁尔区等区域的产业发展通过区域协同实现了优势互补，生产要素的有序流动，以及知识技术的空间溢出，区域产业集群得到较快的转型发展。京津冀地区拥有得天独厚的区位优势以及生产要素，需要通过产业集群与区域创新环境的深度融合，区域资源要素的合理有效配置等，推动区域产业集群的转型升级，最终实现产业集群向创新集群转型的目标，提升区域产业集群在全球价值链中的位置。

研究发现，区域产业创新与产业升级耦合系统之间存在着要素、组织结构和制度上的耦合关系①。在区域创新网络视角下，京津冀产业集群转型发展的驱动力需要靠产业集群与区域发展的深度耦合来实现。耦合是物理学的基本概念，指两个或两个以上的系统或运动方式之间通过各种相互作用而彼此影响以至联合起来的现象，是在各子系统间的良性互动下，相互依赖、相互协调、相互促进的动态关联关系，这种关联关系的各方经过物质能量、信息的交换而彼此约束和选择、协同和放大。耦合作用伴贯穿于产业集群演化的整个过程，产业集群形成初期，地理邻近性和市场要素的耦合促进产业集群的形成，而后集聚效应和技术创新等要素的耦合推动产业集群进入成长期，在产业集群进入成熟期并开始转型升级的过程中，产业集群与区域经济环境的耦合逐渐成为推进集群持续发展的关键，产业集群转型升级过程中的要素耦合见图4—3。在京津冀协同发展战略深入推进的基础上，京津冀地区产业集群应在区域创新优势、区域经济结构特征、区域资源以及区域政策等方面与区域创新网络深入耦合，促进产业集群的转型升级。

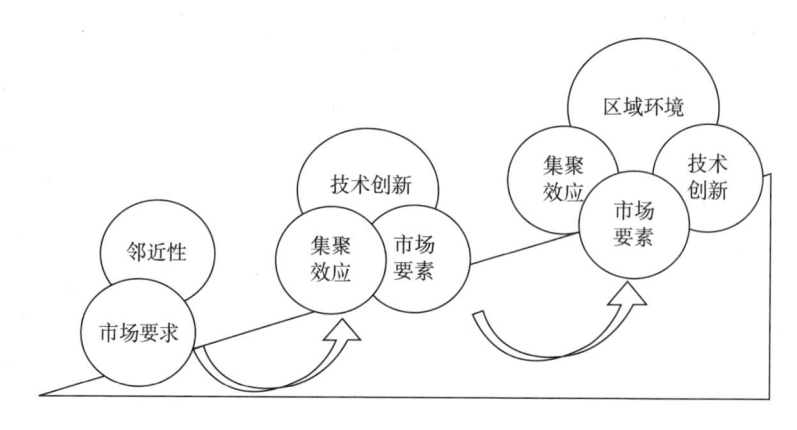

图4—3 产业集群转型升级要素耦合图

（一）产业集群与区域创新优势的耦合驱动

在经济全球化的背景下，区域越来越成为国际竞争的重要对象，区域创新系统逐渐成为体现区域竞争力的核心。在区域创新系统中，政府

---

① 徐晔、陶长琪、丁晖：《区域产业创新与产业升级耦合的实证研究——以珠三角地区为例》，《科研管理》2015年第4期，第109—117页。

通过制定一系列政策推进产学研合作，构建区域知识流动网络，知识的创造和溢出为创新网络的持续发展提供持续的动力，企业之间的合作又为创新网络的发展提供了联结机制。区域创新网络和产业集群发展的核心竞争力依赖于知识的增长和扩散，知识的创造能够促进生产力变革，组织能够让知识的价值发挥到最大。知识溢出作为创新网络内部的知识流动渠道与关键动力，能够加速区域产业集聚，提升区域产业创新能力与绩效，促进区域经济增长。

区域创新优势的驱动力主要体现在两个方面：一方面，在产业集群转型升级过程中，政府、高校、科研机构、科技中介机构、金融机构等区域创新主体与集群企业的合作，为集群的转型发展提供多方面的支持。政府的相关政策能够帮助产业集群与区域创新优势深度耦合，高校和相关科研机构嵌入产业集群中，为企业提供知识和技术方面的支持，促进产业集群的转型升级发展；同时，产业集群也能将高校和科研机构的研究成果转化为经济效益，也能够为政府带来经济效益，又进一步推动产业集群与区域创新主体耦合发展。另一方面，区域内部的基础设施、创新资源、市场、人力资本等创新要素也是推动产业集群转型升级的重要驱动力。区域内的基础设施完备、人力资源充足、创新资源丰厚，更有利于建设具有较强竞争力的区域创新网络，促进知识的溢出，进而带动产业集群的转型升级，同时，产业集群的发展也会促进区域创新要素的发展。产业集群与区域创新优势的耦合能够充分运用区域创新网络的优势，促进整个集群系统功能的改善，产生新的创新优势，进而推动产业集群的转型升级发展。

京津冀地区属于我国东部沿海重要的创新发展区域，在政府政策的指导下，区域内的创新要素迅速发展，高校、科研机构、金融机构等创新主体集中，创新优势明显。在京津冀协同发展的背景下，三地产业集群应与区域创新网络深度融合，传统产业集群在发展的后期应积极参与到区域生产分工中，避免封闭发展，通过汲取区域创新的优势实现转型升级；制造业产业集群是京津冀地区的优势产业集群，更应该通过与区域创新优势的深度耦合实现进一步发展，通过与区域创新网络的互动，实现产学研合作发展，在直接或间接的交流中进行制造业产业集群的转型升级；高新技术产业集群基于自身的技术创新属性，在形成和发展时期应依托区域良好的创新环境,进一步实现产业集群与区域创新系统的持续发展,提升区域整体的竞争力。

(二) 产业集群与区域资源特征的耦合驱动

产业集群形成发展的重要因素之一就是地理的邻近性,这种邻近性指资源不同的经济体,例如国家、区域、集群、企业等,在交互行动的生产、服务、资源创造等实践活动中所具有的社会、经济、地理或制度等方面的共性特征[1]。在区域的经济活动中,相关主体能够从邻近的主体中获取正向的知识和技术,用于自身的发展,产业集群在发展的过程中,也可以通过这种地理上的临近性获取区域的外部性,促进产业集群自身的转型升级发展。京津冀区域一方面具备静态地理邻近性的特征,在空间地理位置上属于邻近省份;另一方面也具备动态邻近性的特征,区域间的合作交流和协同关联性较强。在产业集群转型发展过程中,地理的邻近性有利于减少集群中企业交易活动的时间和运输成本,增加隐性知识的外部性效应,通过建立关系网络加强彼此的创新关联,促进创新绩效的提升[2]。京津冀地区独特的邻近性特征在产业集群转型升级的过程中发挥着知识转移的重要作用,产业集群的转型发展需要技术创新的驱动,响应外部市场的需求,而区域的知识转移正是集群技术创新的重要来源,产业集群能够通过区域间的知识转移和溢出实现转型升级。地理邻近性与集群演化的内在逻辑可用图4—4表示。

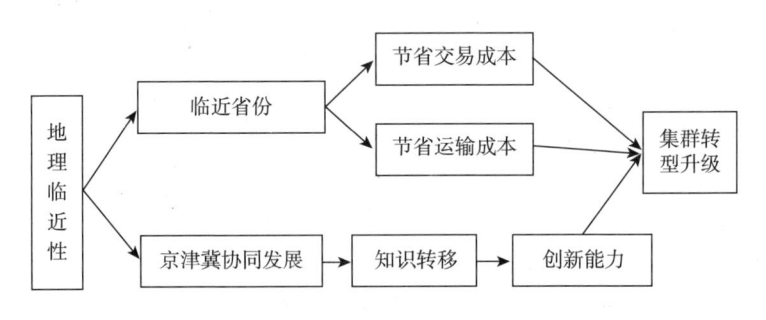

图4—4 地理邻近性与集群演化的内在逻辑关系

[1] Knoben, J. and Oerlemans, L. A. G., " Proximity and inter – organizational collaboration: a literature review", *International Journal of Management Review*, Vol. 8, No. 2, 2006, pp. 71 – 89.

[2] Malmberg, A. and Maskell, P., "Localized learning revisited, growth and change", *Growth and Change*, Vol. 37, No. 1, 2006, pp. 1 – 18.

区域内部的市场需求特征也是推动产业集群转型升级的重要驱动力。产业集群内部最主要的构成主体就是各类企业，这些主体的共同目标就是实现利润的最大化，利润的获取取决于市场的需求。因此，产业集群与区域市场需求资源的耦合能够推动产业集群的转型升级。在京津冀协同发展的背景下，区域整体的创新发展需求推动着产业集群的转型升级，区域协同发展和提升全球竞争力的市场需求诱导，倒逼京津冀产业集群内部原有企业进一步扩大生产规模，进行技术创新和转型升级，以期获得更多的收益。与此同时，在市场的诱导下，大量新建企业或外来企业也会主动加入到集群中，参与市场竞争，整个产业集群会主动向其他地区市场甚至国内外市场拓展，进而提升整体竞争力。

（三）产业集群与区域政策环境的耦合驱动

区域的政策环境是产业集群转型升级发展的重要驱动力之一，在区域发展层面上，既包括区域的产业政策，又包括具体的环境要素。区域产业政策是为了促进某区域产业集群形成与发展而颁布和实施的相关政策，包括法律政策、税收政策、政府管制政策等。政府作为相关政策和规制的制定者，能够通过政策的调控推动区域产业集群的转型升级和发展，为产业集群的转型升级提供良好的政策环境。京津冀发展过程中的产业政策就是为了进一步推动京津冀产业的协同发展，提供相关的优惠政策和区域发展平台，在产业政策支持范围内的相关产业集群应充分利用各种财政优惠、基础设施共享、创新发展、国际合作等政策，实现产业集群与区域政策的深度耦合发展，推动产业集群的转型升级。

产业集群的形成与发展也离不开区域环境因素的驱动作用。区域环境因素主要包括基础设施和社会环境两个方面：一方面，产业集群整体竞争力的发挥以及集群内部企业间的相互协作都有赖于基础设施的完备程度，良好的基础设施环境能够帮助产业集群提高效率和获得更多正外部性的补偿，推动产业集群的转型升级。另一方面，社会网络关系的正向维系也推动着产业集群的转型升级，产业集群内部企业间在资源、知识、技术方面的共享活动，实际上是基于一定的社会网络来实现的。当社会网络较强时，表明集群内部企业间的关联性增强，彼此在技术创新方面的合作会越来越强；反之，则预示产业集群的良性发展受到了阻力，集群濒临衰退的危险。京津冀区域的基础设施环境具有较好的基础，同时,相似的社会历史网络也能够加强产业集群之间的联系,三地产业集群在区域环境要素的推动作用下进行转型升级。区域创新网络视角下的京津冀产业集群转型升级机制模型如图4—5所示。

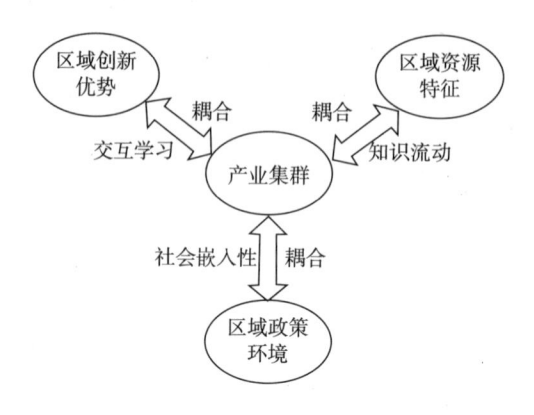

图4—5　区域产业集群转型升级驱动机制模型

二　全球价值链视角下的产业集群转型升级机制

随着全球新一轮科技和产业革命不断深入推进,全球价值链的垂直专业化分工越来越细化,新兴国家和地区的产业集群转型升级往往伴随着嵌入全球价值链的过程。当前我国大部分产业集群由于缺乏竞争优势而陷入低端锁定状态,多数从"微笑曲线"中低附加值位置嵌入的企业难以完成由 OEM 到 ODM,再到 OBM 的跃升,"世界工厂"的产业发展模式面临着劳动力成本上升以及供给需求不匹配的双重冲击。随着经济运行方式的复杂化,产业集群面临创新能力不足、过度竞争、地理分布不均、生命周期短暂等突出问题①,这将导致集群竞争力逐渐丧失,同时,渠道、销售环节的"现状偏见"很大程度上限制了我国产业集群对海外市场的拓展。产业集群的转型升级发展应在区域相关要素驱动的基础上,通过参与全球价值链分工产生的学习效应、交易成本降低的中间

---

① 刘闲月、孙锐、林峰:《知识系统创新对产业集群升级的影响研究》,《宏观经济研究》2012年第1期,第54—59、72页。沈建红:《地方产业集群发展周期及可持续性发展实证研究》,《商场现代化》2007年第30期,第255—257页。符瑛:《全球价值链视角下我国产业集群转型升级影响因素研究》,《科学管理研究》2016年第3期,第56—59页。

品效应和竞争效应，在参与全球价值链分工的过程中不断进行各种创新活动，促使产业集群由全球价值链的低附加值环节向高附加值环节攀升，最终实现产业集群的转型升级。在全球经济一体化和价值片段化背景下，嵌入全球价值链是产业集群转型升级的重要路径①。

京津冀地区同属京畿重地，具有十分重要的战略地位，是我国经济最具活力、开放程度最高、创新能力最强、吸纳人口最多的地区之一，也是我国区域产业集群发展的代表。如前所述，京津冀传统产业集群、制造业产业集群和高新技术产业集群的发展处于不同的阶段，在区域层面的创新、市场以及政府等相关要素的驱动下，产业集群不断由独立发展转向协同发展，但要实现产业集群的整体转型升级，还必须将区域产业集群嵌入全球价值链的发展中，促进产业集群的可持续发展。当前，在《京津冀协同发展规划纲要》的指导下，京津冀在北京非首都功能疏解、产业对接协作方面取得了一系列进展，产业结构有所优化，京津冀各地优势产业得以进一步发展。北京产业高端化特征明显，以信息、科技为代表的高端服务业发挥了重要的支撑作用。天津市则在航空航天、生物医药和新材料等新兴产业方面实现了进一步发展，同时，天津市凭借其港口和自贸区优势在京津冀要素融入价值链的过程中发挥了关键作用。河北省发挥对京津产业的承接作用，雄安新区的设立为京津冀产业发展注入了新的动力。然而，从全球价值链的垂直专业化分工视角来看，京津冀大部分产业集群由于缺乏竞争优势而陷入低端锁定状态，同时，与长三角、珠三角相比，京津冀协同起步晚，产业发展与创新环境相比之下不够活跃，区域内要素禀赋差距明显。

当前，有关产业集群转型升级的理论主要是建立在西方发达国家的相关实践基础上，对发展中国家产业集群的研究相对较少，而发展中国家产业集群无论是在形成背景、发展机制、现实水平及升级路径等方面都有别于发达国家②，特定区域的产业集群转型升级更是有独特的作用机

---

① 毛蕴诗、郑奇志：《论国际分工市场失效与重构全球价值链——新兴经济体的企业升级理论构建》，《中山大学学报（社会科学版）》2016年第2期，第175—187页。

② 周灿、曾刚：《经济地理学视角下产业集群研究进展与展望》，《经济地理》2018年第1期，第11—19页。

制。在创新驱动发展和京津冀协同的背景下，京津冀地区亟待优化产业结构，靠产业集群转型升级发展培育形成新的经济增长点。将全球和区域发展两个维度联结起来对京津冀产业集群转型升级的内在机理进行系统分析，处于全球价值链上的产业，可以通过内部信息搜寻培育集群创新能力的内在机制和通过网络化关联构建有利于创新升级的外部机制，实现地方产业集群的升级[1]，集群间的学习效应、区域创新网络、全球产业生态等机制共同作用于产业集群转型升级，推动产业集群系统的演化升级。

(一) 全球价值链中的集群学习机制

现有研究表明，全球价值链的生产分工网络能够为本土企业接触海外专利技术提供良好的平台，进口贸易和产业链生产分工等产生技术溢出，产业集群发展可以通过知识外溢、技术引进和学习效应等途径实现转型，提升其在全球价值链的位置。产业集群的学习机制是集群行为主体之间知识外溢、知识流动、技术学习的渠道和方式，通过有效的集群行为主体间的学习机制，能够促进产业集群内部企业间的资源交流与共享，推动内部企业的转型升级。在全球价值链生产分工中，产业集群的学习机制主要是通过合作与竞争中的互动实现的，在整个产业链条的发展中，产业集群的转型升级首先要通过内部企业发展能力的增强来提升整体竞争力。产业集群内部企业间的经营活动，可以看作一种能够实现双赢的非零和博弈行为，企业之间既有竞争关系又存在合作的关系，在竞合过程中实现知识的流通和分享。

全球价值链中的产业集群合作主要是通过进出口贸易发生作用的，面对复杂多变的国际贸易环境和快速的技术变革发展，产业集群通过参与价值链分工合作寻求转型发展。一方面，参与全球价值链分工带来的中间品进口贸易往来，能够使先进的技术和知识通过贸易合作流入技术相对落后的国家，产业集群在这一过程中提升自身创新能力，实现内部的转型升级。另一方面，本土的产业集群通过与外商投资的集群合作，能够通过学习获取先进的技术，进而提高本土集群的竞争力。产业集群

---

[1] 任家华：《基于全球价值链理论的地方产业集群升级机理研究》，西南交通大学，博士学位论文，2007年，第30—42页。

中的企业通过嵌入全球价值链网络，获取先进技术和知识，使得集群内部的人力、技术、资金等要素得到更加合理有效的配置，通过企业间的合作联盟共同开拓市场，创造并拓展新的市场需求，进而带动整个产业集群的发展。

与此同时，全球价值链中的产业集群竞争也是促使集群学习，进行转型升级的重要方式。由于优质资源和市场空间的限制，掌握世界前沿技术才能保持市场的垄断地位，以实现产业集群的可持续发展。因此，在全球价值链网络中，通过竞争机制能够刺激创新发展，产业集群中的企业主动提升自身能力，通过竞争获取市场和资源，并确保资源在企业中能够得到最优化配置和高效利用，实现产业集群的转型升级。

如前文所述，在全球价值链的发展中，日本太平洋经济带的产业集群就是通过不断进行技术创新，进而减少生产链条高端环节的成本，在汽车、造船等现代制造业领域占据全球垄断地位。在全球价值链中的产业集群，通过合作与竞争表现出来的集群学习机制，能够促进集群内部企业间的协作和互补关系发展。包括主要决策咨询部门、合作中介部门以及风险资本部门等在内的区域孵化器则是学习机制的主要实现方式，孵化器为集群内企业发展提供支撑平台，通过相关公共机构的建立降低创新风险，促进创新效率的提升。集群内的中小企业通过合作与竞争的不断互动，技术和知识的溢出所带来的研发创新能力提升，能够在更大程度上增强集群的竞争能力，进而实现产业集群的转型升级。

参与全球生产分工是技术和知识转移的重要渠道，京津冀地区不同类型的产业集群参与全球价值链分工的程度不同，侧重于不同方面进行集群学习，进而促进产业集群的转型升级。京津冀传统产业集群的发展进入了成熟期，而很多传统产业集群的发展水平还无法达到融入全球价值链分工的门槛，因此就失去了通过集群学习机制参与价值链合作与竞争以及有效吸收技术和知识的机会。目前，京津冀传统产业集群转型升级发展的首要任务是嵌入全球价值链生产分工体系之中，通过合作提升自身的创新能力，进而更加充分地吸收先进的技术和知识，促进集群本身的转型升级。在京津冀协同发展战略的不断深化实施过程中，京津冀的制造业产业集群已经开始进入转型时期，但在参与国际分工的过程中，依赖于劳动力、税收等资源，仍然存在参与全球价值链的低附加值环节的风险。一方面，长期形成的劳动力密集型产业集群参与全球价值链分工的模式容易形成路径依赖；另一方面，国外低成本、高质量的中间品投入，也降低了产业集群技术创新的需求。因此，京津冀制造业产业集群要更多地通过参与全球价值链竞争，缩小与前沿技术的差距，提升研发创新能力，实现产业集群的转型升级。相比于传统产业集群和制造业产业集群，京津冀高新技术产业集群的技术创新能力较强，但在全球价值链治理中，发达国家占据着主导优势，往往通过限制准入和技术发展等方式，控制产业集群与前沿技术的距离，制约高新技术产业集群的进一步转型发展。京津冀高新技术产业集群应通过更加深入的合作与竞争，充分发挥集群学习机制的正效应，推进产业集群的转型升级发展。京津冀产业集群学习机制发挥的重要途径是通过孵化器的建立为三地集群转型升级发展提供良好平台，进而促进京津冀产业集群之间的充分互动和发展。

（二）全球价值链中的集群协同机制

产业集群本身就是一个独立的系统，在其形成和发展的前期，集群系统在内在机制的驱动作用下，不断从简单到复杂、从低级向高级、从无序向有序的方向发展，最终成为能够健康运转的独立系统。随着产业集群的不断成熟发展，集群的演化发展不只是涉及内部的主体和要素，还涉及与产业链中其他产业集群的合作，以及加入全球价值链生产分工体系等部分。在运输成本不断降低，国际垂直化分工成为主流的国际分工背景下，集群的发展不再仅仅是独立系统的运行，推动产业集群的转型升级需要各系统之间的协同作用。对于区域产业集群的转型发展而言，驱动其升级发展的重要动力就是与区域要素的不断耦合，进而形成整个区域系统的联合作用，使区域产业集群在全球价值链生产网络中具有更强的竞争力，不断推进产业集群的转型升级。产业集群协同机制的作用不是集群中企业之间的简单组合，而是在合作与竞争中的复杂非线性相互作用关系，通过彼此间的相互作用推动区域产业集群的整体升级与发展。在协同作用过程中，人力资本的集聚是实现协同创新，促进产业集群转型升级的重要方式。同时，这种集群协同机制的作用也是一种量变到质变的过程，区域产业集群之间通过不断的技术积累合作，逐步提升区域创新发展能力，不断向全球价值链中高端攀升。

美国东北部大西洋沿岸城市群内的产业集群在转型发展过程中，就是充分发挥了集群协同机制的作用，区域内产业集群的发展逐渐由核心辐射到周边城市的集群发展，最终形成清晰的产业层级结构，整个区域的产业集群之间基于"政府—非政府—市场"的多重作用，形成政府制度引导、行业专业指导和市场竞争驱动的产业集群协同发展机制。由此可见，区域产业集群要在全球价值链生产分工中获取竞争优势，需要政府、市场、高校、科研机构中的多种有利条件因素共同作用，形成区域产业集群发展的协同机制，进一步推动产业集群的转型升级。

京津冀三地拥有不同的产业集群发展基础，但在全球价值链中进行产业集群的转型升级面临着相似的问题和困难，区域内的产业集群自主创新能力普遍不强，协同分工不明确，导致区域产业集群在全球价值链中的竞争力不足。全球价值链生产分工将集群中的企业纳入到更为广阔的生产网络之中，有利于产业集群形成规模效应，在产业链发展中降低自身研发成本，提高创新能力。在京津冀协同发展战略的引导作用之下，区域内的产业集群更应充分发挥集群协同机制的作用，进一步降低集群创新的边际成本，充分发挥人力资本的竞争优势，提高生产效率，促进区域产业集群在全球价值链中的转型升级。无论是传统产业集群、制造业产业集群还是高新技术产业集群，都应结合三地不同的产业发展特征，进行合理的产业转移和布局，形成区域的产业集群核心网络，通过集群之间的生产分工、制度文化、市场环境等方面的协同发展，充分发挥区域的整体驱动力。

（三）全球价值链中的集群创新扩散机制

随着全球价值链垂直专业化分工的不断深入，一个国家在全球价值链中的竞争，其本质就是创新能力的竞争，创新发展也成为提升产业集群竞争力和区域发展能力的必经之路。经过产业集群的内部升级和外部协调合作转型后，创新成果需要进行扩散，以实现产业集群的转型升级，使产业集群最终向创新集群发展演化。集群的创新扩散需要通过集群的内部升级和外部资源整合共同实现，最终在全球价值链治理中通过技术创新占据主导优势，攀升到全球价值链中高端。一方面，在产业集群向创新集群演化的过程中，企业通过上下游垂直产业链的分工与合作，实现资源的优化配置，从而带动整个集群的创新发展。另一方面，企业与政府、高校、科研机构的研发协同加快了知识技术及资源在组织间的流动，促进创新成果产生并最终形成创新"增长极"。

京津冀区域内大多数的产业集群主要依靠贴牌生产的方式从价值链的低端嵌入全球价值链，这在集群发展初期表现得最为显著，一大批外生性产业集群随之形成。随着我国经济融入全球化发展的程度加深和出口数量的增长，国民收入水平、社会福利、科技水平也呈现逐步上升趋势，京津冀产业协同发展不断深入推进，雄安新区的建设也为区域经济发展带来新的活力。京津冀作为科研院所集中、研发能力发达的地区应该充分利用自身的优势，积极进行官产学研合作，培育创新型的企业和人才，不断完善集群内的风险投融资机制，开辟多元化的资金来源通道，采取主动嵌入全球价值链和自主创新相结合的发展路子，迎接全球产业发展的新挑战，通过参与全球价值链分工实现转型升级。

三 京津冀产业集群转型升级机制模型

随着全球新一轮科技和产业革命不断深入推进，在全球价值链中对产业集群创新发展的要求也不断提高。全球价值链视角下产业集群转型升级既是集群能力和水平不断提升的过程，也是不断增强集群在全球价值链上的价值获取能力的过程。京津冀产业集群的转型升级是区域创新网络的整体升级，三地产业集群需要与区域创新网络充分融合，推动集群的创新发展。随着互联网技术的不断快速发展，区域内产业集群转型升级的相关驱动要素能够打破空间的限制，实现资源共享和优化配置，通过相关的孵化器组织或者工业互联网平台，产业集群在竞争与合作的过程中，充分利用人力资本流动、国际分工等带来的知识外溢红利，促进自身的创新发展，实现产业集群的转型升级。

在全球价值链生产分工中，通过竞争与合作的互动，发挥集群学习机制的作用，缩短与世界前沿技术的距离，同时，在集群协同作用下发挥区域整体效应，进而结合创新扩散机制共同推进京津冀产业集群在全球价值链中的转型发展。在全球经济一体化的格局下，产业集群要想实现可持续发展，必须打破固有的、封闭式的发展模式，积极嵌入全球价值链中，努力提升自身创新能力和价值获取能力，并沿着全球价值链条向更高位置攀升，从而实现产业集群的转型升级。京津冀产业集群转型升级机制作用模型如图4—6所示。依据京津冀产业集群转型升级的机制模型，本书第五章将对其进行实证验证，并进一步探究京津冀地区产业集群转型升级的动力机制以及全球价值链在京津冀地区转型发展路径中的作用。

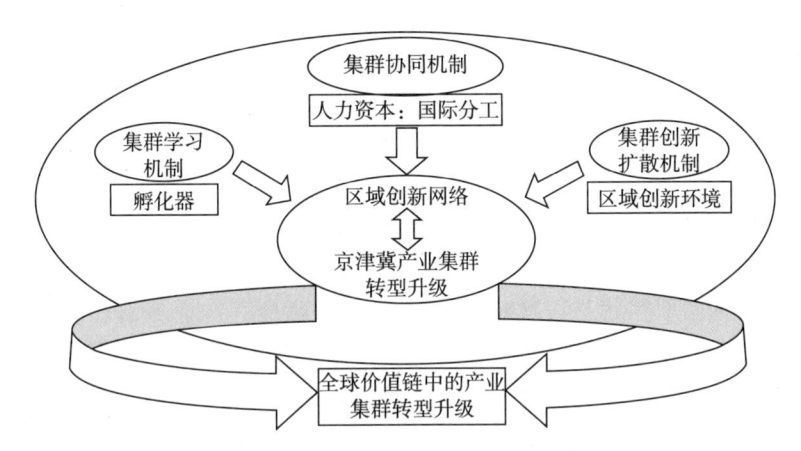

图4—6 京津冀产业集群转型升级机制模型

第五章

京津冀产业集群转型升级实证分析

本章的主要内容是以实证方法探究京津冀地区产业集群转型升级的动力机制以及全球价值链所发挥的作用。由于本书致力于将产业集群转型升级理论的普适性与京津冀产业集群演化和区域发展的特殊性相结合，因此本章的任务是：明确京津冀产业集群的演进特征，并明确京津冀的产业集群以及集群共存是否有利于产业转型升级，这是本章要解决的第一个问题，也是主线问题；京津冀地区产业集群转型的路径中有哪些关键的影响因素？全球价值链的嵌入、对外开放程度能否构成关键影响因素？这是本章要解决的第二个问题；京津冀地区是我国高技术产业的重要集聚地，也是我国高等院校的集聚地，官产学的协同是否能带动京冀地区高技术产业创新与升级？这是本章要解决的第三个问题，也是官产学推动产业转型升级模式在京津冀区域的实践。本章主要运用多元 Logistic 回归、偏最小二乘结构方程、模糊集定性比较分析等计量方法，研究层层递进，按照从主干到路径、从整体产业集群到个体产业集群的逻辑顺序展开。

第一节　区域产业集群转型升级的有效性探究

一　问题与假设提出

产业集群对产业转型升级影响的研究源于马歇尔的外部性理论以及规模经济理论，即通过更具效率的分工、更多的地域性知识溢出以及更低的信息搜寻成本促进产业转型升级。这一效应也被称为规模经济效应。然而，也有部分研究证明产业集群的集聚程度并不能成为产业转型升级的决定性因素，因为在产生外部经济效应的同时，产业集聚还会引起搭便车、地租增加、恶性竞争、环境破坏等负向外部效应。如印度班加罗尔产业集群的交通拥挤以及本土企业无底线的"山寨"模仿引起众多跨国企业搬离产业集群，最终导致集群竞争优势的消解。京津冀地区产业集群具有较高的多样性以及地域集聚性，这种集聚是否可以推动产业转型升级还较少被学者研究。探索其规模经济效应是研究产业集群转型升级的基础。为探究产业集群集聚性与产业转型升级的关系，研究结合第四章中产业集群转型升级机制中关于规模经济机制的总结，作出如下假设：

假设 1. 京津冀产业集群集聚性正向影响产业集群转型升级。

根据雅各布斯外部性理论，区域内产业的多样化程度可以正向影响产业的发展，其路径机制是通过多样化知识溢出、人力资本质量提升实现的。京津冀地区许多城市具有较高的产业多样性程度，这种多样性程度是雅各布斯关于城市问题论述中推动产业发展的催化剂还是阻碍区域内部一体化分工的障碍？目前还没有研究可以明确处理这个问题。而产业集群布局是推动京津冀产业转型升级重要的顶层设计问题，因此本书为探究区域内产业集群共存对产业转型升级的影响，提出假设 2a。同时，相邻城市间具有关联性的产业集群也存在空间效应，本书第三章研究国外先进产业集群转型升级案例时提出区域间关联产业协同可以促进产业集群转型升级，其作用机制在于更为合理的分工。然而，也有研究认为区域间相似的产业结构与产业集群，在不同规模的市场和制度环境下，在中心—外围的作用下产生虹吸效应，最终引起区域间生产要素的错配，从而影响产业集群的均衡发展[①]。与世界其他城市群对比，京津冀城市群存在着更明显的产业同质性的问题，这种现象在区域发展水平不平衡的背景下是否会影响产业集群转型升级？基于上述问题，研究提出假设 2b。

假设 2a. 区域内不同类型产业集群数量可以正向调节产业集群对产业

[①] 刘浩、马琳：《1992—2013 京津冀地区经济发展失衡的溢出效应》，《经济问题探索》2016 年第 11 期，第 59—66 页。

升级的影响。

假设 2b. 区域间同类型产业集群共存可以正向调节产业集群对产业升级的影响。

知识扩散是影响产业集群转型升级的重要因素，在空间经济学以往研究中，决定知识扩散的因素包含知识溢出的数量、距离以及产业集群内企业的吸收能力。因此，区域内溢出效应一直是重点研究课题，也是探究京津冀产业集群转型升级的重要方向。由于科技、知识具有多重维度，知识扩散效应的测量存在较大难度，Hidalgo et al（2007）通过产品密度来测量地区生产能力禀赋，进而运用生产能力禀赋反映区域内的知识扩散水平[1]，而美国东北大学学者 Grigorious 通过区域内的实验室数量来反映特定行业知识扩散水平[2]，在此基础上，本书通过区域内处于产业集群不同阶段的产业集群数量来衡量区域内的知识扩散净流量。

产业集群生命周期理论是代表产业集群演进的经典理论，产业集群的转型升级不仅仅依赖于自身所处的生命周期，还受到区域内共存产业集群的生命周期影响。区域内共存产业集群是构成产业集群外部环境的重要因素，由于共存集群产生的知识溢出具有公共产品非排他性的特征，因此产业集群知识的净流量就成为了产业集群转型升级的关键。学者研究指出，处于成长期的产业集群在本土以及国际上大量吸收知识、资本和人力资源；相反地，处于衰退期的产业集群会释放出技术、资本以及人力资源，这些溢出大部分会被本土其他产业集群吸收并助推其转型升级的历程；处于成熟期的产业集群的溢出净流量趋近于 0，因此对区域其他产业集群的影响较为模糊[3]。京津冀地区产业集群发展受产业政策影响较大，因此周期性较为明显，为探究共存产业集群生命周期对于京津冀区域内集群转型升级的直接影响，研究提出如下假设：

---

[1] Hidalgo C. A., Klinger B., Barabasi A. L., et al., "The Product Space Conditions the Development of Nations", *Science*, Vol. 317, No. 5837, 2007, pp. 482 – 487.

[2] Grigorious T. L., "Knowledge, proximity and R&D exodus", *Research Policy*, No. 45, 2016, pp. 8 – 26.

[3] Wang, Y., Sutherland, D. Ning, L. and Pan, X., "The evolving nature of China's regional innovation systems: Insight of exploration – exploitation approach", *Technical Forecasting and Social Change*, No. 47, 2015, pp. 140 – 152.

假设 3a. 京津冀地区产业集群在区域内共存的成长期产业集群数量负向影响集群转型升级。

假设 3b. 京津冀地区产业集群在区域内共存的成熟期产业集群数量对集群的转型升级影响模糊。

假设 3c. 京津冀地区产业集群在区域内共存的衰退期集群数量正向影响集群转型升级。

区域内共存产业集群的生命周期不仅对产业集群转型升级存在潜在影响，还可能通过调节规模经济效应的方式影响到京津冀地区产业转型升级。举例而言，假设区域内处于衰退期的产业集群数量较多，在给其他共存的集群带来可观的"溢出"时，也会通过"锁定效应"影响到区域内其他集群的发展环境。具体而言，衰退集群过多会引起区域基础设施建设停滞、人力资本外流、区域创新环境退化等问题，从而引起外部不经济，最终导致越集聚越退化的现象。这种现象的典型案例为20世纪中叶德国的鲁尔工业区，大量的劳动力资本从资源型产业中被释放出来，难以在短时间内完成与新兴产业集群的对接，从而引发资源的错配以及产业转型的迟滞。而相反的是，新兴产业集群多的区域垄断以及地方保护主义较少，新的管理模式以及产品更容易占有市场，良好的孵化环境可以正向调节产业集群规模对产业转型升级的影响。以色列特拉维夫和美国的硅谷这两个区域都是通过加快产业革新速度，以新兴产业带动规模经济增长的来实现技术领先的。最后，成熟期的产业集群有准入门槛高、竞争压力大的的特点，其对区域内产业集群规模经济效应的调节作用受到产业集群自身发展的影响，因此作用可能并不显著。为探索京津冀地区主要城市内不同生命周期的产业集群数量对于共存产业集群转型升级规模效益的调节作用，研究提出如下假设：

假设 4a. 区域内共存的成长期产业集群数量可以正向调节产业集群集聚程度对产业升级的影响。

假设 4b. 区域内共存的成熟期产业集群数量可以正向调节产业集群集聚程度对产业升级的影响。

假设 4c. 区域内共存的衰退期产业集群数量可以负向调节产业集群集聚程度对产业升级的影响。

图5—1为本节研究的主要构架和相关假设，其中包含京津冀地区产

业集群的规模经济效应、空间溢出效应检验。

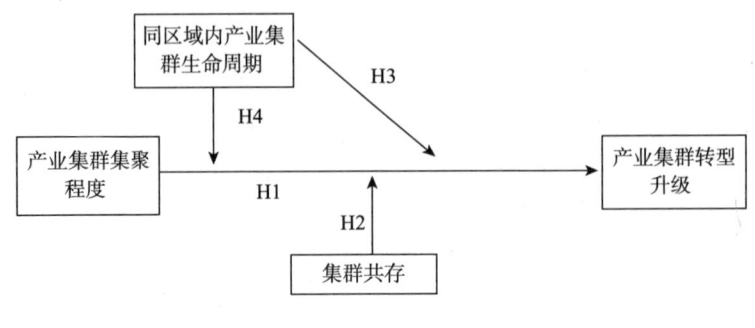

图 5—1 研究构架

二 其他变量设计与样本选择

本节研究内容涉及对京津冀地区产业集群的划分以及对集群集聚程度的测量。本书第三章运用区位熵来划分京津冀三地产业集群，本节同样涉及产业集群集聚程度测算的问题，因此运用第三章测算的京津冀三地区位熵作为被解释变量。研究的被解释变量应准确反映区域内产业集群转型升级的情况，产业的转型升级可以被各环节附加值提升、创新水平增长以及科技含量提升来反映，尽管转型和升级这两个概念存在着一定的差别[①]，产业全要素生产率仍然可以准确地度量区域内产业集群的发展水平以及竞争实力。基于索罗的算法，研究构建柯布—道格拉斯生产函数：

$$Y_{it} = A_{it}e^{lt}Ka_{it}Lb_{it}$$

其中，a 和 b 分别为劳动力和资本的弹性系数，K_{it} 和 L_{it} 是产业 i 在时间 t 的资本与劳动力。由于 a + b = 1，对上面等式左右两端同时取对数，加入统计误差，得到如下公式：

$$ln\left(\frac{Y_{it}}{L_{it}}\right) = lnA_{it} + lt + aln\frac{K_{it}}{L_{it}} + e_{it}$$

因此，对于一个产业在时间 t 的全要素生产率 TFP 为：

[①] Janger, J. Schuber, T. Andries, P. Rammer, C. and Hoskens, M., "The EU 2020 innovation indicator: A step forward in measuring innovation outputs and outcomes", *Research Policy*, Vol. 46, No. 1, 2017, pp. 30 – 42.

$$TFP_{it} = Y_{it} / (Ka_{it}Lb_{it})$$

研究选取各个产业的增加值（除去 CPI 的膨胀部分，以 2003 年物价指数为基准）作为产值，以各产业的劳动力数量衡量产业的劳动力投入，以各产业的股本作为资本投入的衡量指标。

产业集群的生命周期为研究主要的调节变量，以城市产业区位熵的演进趋势作为衡量产业生命周期的变量。其中，区位熵由小于 1 转向大于 1 且其后三年始终大于 1，则该年以及其后三年的产业被视为成长期产业集群；在观测年份中区位熵始终大于 1 的产业集群被视为成熟期产业集群；而当区位熵由大于 1 转向小于 1 且其后三年均保持小于 1，则研究认定该产业集群在该年以及其后三年处于衰退期。产业集群分类方面，由于我国现行的产业分类标准对工业的分类较少，因此本书采取全球行业分类标准（GICS），产业分类标准用于计算区域内外共存的相同与相异产业集群数量。京津冀地区各地区区位熵测算结果见第三章。

考虑到产业转型升级可能会受到区域内其他因素的影响，因此本书设计了控制变量。首先，研究控制了城市规模变量。城市规模影响知识扩散速度以及要素流动速度，进而会影响产业集群的发展。此外，城市的规模也代表着市场规模的大小，因此城市规模作为控制变量，通过生产总值的对数来衡量。城市规模的测量方法是集群所在城市当年 GDP 的对数形式。研究控制的第二个变量是大学的数量，如今大学职能逐渐向研究型过渡是国际趋势，前人的研究认为区域内大学的数量直接影响着区域的创新环境和企业创新能力，也是影响产业集群转型升级的重要因素。为了更好地研究解释变量和被解释变量的关系，本书控制了区域内大学的数量。此外，研究将产业集群的产业等级作为控制变量，主要原因在于不同层级的产业对于知识溢出以及内源技术的需求程度不同，因此可能会影响到产业转型升级的方式。由于基本的三大产业划分法依据为产业的附加值以及生产环节的复杂程度，因此，研究选择这一变量衡量产业集群所属产业的层级。研究的控制变量均来自北京、天津、河北地区统计年鉴。表 5—1 为研究中的变量设计和描述，表 5—2 为研究的描述性统计结果。

表 5—1　　　　　　　　　　研究变量设计

变量名称	变量类别	变量说明
全要素生产率（TFP）	被解释变量	产业集群的全要素生产率
产业集群（IC）	解释变量	区域内构成集群产业的区位熵
区域内共存不同种类集群数量（IDIC）	调节变量	产业集群所在城市内其他种类的集群数量
区域内共存同类集群数量（ISIC）	调节变量	产业集群所在城市内同种类产业集群数量
区域外共存的同类产业集群（OSIC）	调节变量	京津冀区域内，产业集群所在城市外同种类产业集群数量
区域内共存的成长期集群数量（IGIC）	调节变量	产业集群所在城市内处于成长期的集群数量
区域内共存的成熟期集群数量（IMIC）	调节变量	产业集群所在城市内处于成熟期的集群数量
区域内共存的衰退期集群数量（IFIC）	调节变量	产业集群所在城市内处于衰退期的集群数量
城市规模（CL）	控制变量	产业集群所在城市的规模
大学数量（UNI）	控制变量	产业集群所在城市内高等院校的数量（对数）
产业等级（ICA）	控制变量	产业集群产业所属的产业类别

表 5—2　　　　　　　　　　描述性统计

变量	样本数量	最大值	最小值	平均值
TFP	487	38.891	0.017	2.116
IC	487	4.31	0	0.724
IDIC	487	16	4	5.891
ISIC	487	10	0	4.572
OSIC	487	23	5	14.689
IGIC	487	5	0	1.672
IMIC	487	14	7	10.796
IFIC	487	6	0	2.015
CL	487	10.123	6.71	8.57
UNI	487	90	21	41.25
ICA	487	3	1	2.069

三 研究结果分析

表 5—3　　　　　　　　　　研究结果

	Model 1	Model 2	Model 3	Model 4
IC	1.74 **	1.68 ***	1.71 **	1.79 ***
IC * IDIC		2.36 **	2.15 **	1.89 ***
IC * ISIC			1.78 *	1.63 *
IC * OSIC				-0.42
CL	0.23 **	0.19 ***	0.24 **	0.32 **
UNI	0.05 **	0.04 *	0.06 **	0.05 **
ICA	0.83 **	0.76 **	0.78 **	0.59 **
Constant	1.24	1.43	1.36	1.51
R^2	0.45	0.45	0.48	0.53

***：$p<0.01$；**：$0.01<p<0.05$；*：$0.05<p<0.1$

为了对比各调节变量对于研究中重点关联的调节作用，采取了分层回归（Hierarchical Regression）分析方法。表 5—3 展示了区域内外产业集群共存对产业转型升级的影响数据。首先四组模块中产业集聚程度均对产业的全要素生产率产生积极正向的影响，影响系数在 1.7 左右，因此假设 1 得以验证，京津冀地区产业集群内部产生的正向集聚效应大于负向集聚效应，从而推动了产业集群的发展。区域内产业集群方面，Model 2 中产业集群集聚程度与区域内不同种类的产业集群数量的交互变量正向影响集群的全要素生产率，由此可见，区域内部共存的不同生产部门的集群数量可以正向调节产业集群集聚程度与转型升级之间的关联，这一结论验证了假设 2a 中雅各布斯外部性在京津冀地区的作用，多样性产业集群集聚可以形成产业融合，降低信息搜集成本，形成成本更低的知识溢出，从而促进区域产业集群转型升级。在 Model 3 中，区域内共存的同类型产业集群数量正向调节了产业集聚对产业转型升级的影响，由此可见京津冀区域内相同类型产业的集聚所带来的规模经济效应产生了马歇尔外部性，因此假设 2b 得以证实。最后 Model 4 中周边城市共存的同质产业集群并未对产业集群集聚程度与产业集群转型升级形成显著的调节作用,因此假设2c无法验证。在以往研究中,许多城市群产业集群同质会引起负空间效应,由于本书仅选取京津冀地区四个城市,未能考虑产业同质化较为典型的县域城市,因此未能得到有效的结果。此外,在控制变量中,区域内大学的数量对于产业转型升级有显著的推动作用,产学研的融合可以缩短创新周期,形成产业集群外部的知识网络从而推进产业集群发展。城市规模对京津冀地区产业集群转型升级的影响是正向的,在城市群中,中心城市有更大的市场、更好的基础设施以及更为便利的交通,因此要素流动和知识创造能力的优势带来了产业集群转型升级的优势。最后,产业集群所属产业的等级对产业全要素生产率的影响是正向的,这说明京津冀地区技术密集性强、生产环节复杂的产业集群更容易实现转型升级。

表 5—4　　　　　　　　　　研究结果

	Model 1	Model 2	Model 3	Model 4
IC	1.74**	1.69*	0.97	1.12
IGIC		-0.62**		
IMIC			0.21	
IFIC				0.87*
IC * IGIC		0.89***		
IC * IMIC			0.52	
IC * IFIC				-1.05***
CL	0.23**	0.18	0.22***	0.24**
UNI	0.05**	0.05*	0.06*	0.05*
ICA	0.83**	0.72*	0.87**	0.69**
Constant	1.24	0.89	0.84	0.79
R^2	0.45	0.52	0.49	0.56

***:$p<0.01$;**:$0.01<p<0.05$;*:$0.05<p<0.1$

表5—4中展示了进一步的实证结果,调节变量改为区域内共存产业集群的生命周期。Model 1与表5—3中的结果一样,京津冀地区产业集群集聚程度对产业集群转型升级起到正向的影响。在区域内共存产业集群

生命周期对产业集群转型升级的直接影响方面，如 Model 2 所示，区域内成长期的产业集群数量对于产业集群转型升级的影响为负而且显著，这个结果符合假设 3a，区域内处于萌芽期的产业集群会更多地吸收区域的资本、劳动力以及技术，同时也会更多挤占区域内的知识溢出，从而负向影响产业集群的发展。相应地，区域内萌芽期产业集群数量对于产业集群集聚程度与产业集群全要素生产率的关系呈现显著正向调节作用，结果同样验证了假设 4a。区域内的成长期的集群尽管会吸收其他集群的生产要素，但同样可以给区域内产业集群增加活力，其主要机制为通过促进基础设施建设、优化创新环境、吸引区域外要素、促进创业发展来实现产业集群规模经济效应，从而带来积极的调节作用。Model 4 中，区域内处于衰退期的产业集群数量对产业集群转型升级的直接影响为负向，说明衰退期产业集群可以在区域内释放有助于促进其他集群转型升级的正向溢出，结果验证了假设 3b。在 Model 4 中，区域内衰退期产业集群数量对京津冀地区产业集群转型升级的规模效应影响为负，衰退期产业集群如果不能及时整合调整，将会影响区域内制度环境，引发知识搜集成本过高、创新动力缺失、人力资本低端锁定等问题，最终影响产业集群转型升级的规模效应，这个结果与假设 4b 吻合。最后，Model 3 中，区域内成熟期产业集群数量对于产业集群转型升级的影响，以及区域内共存成熟产业集群数量对产业集群集聚程度与转型升级关系的调节作用均为正向，但是均不显著。成熟期产业集群处于相对稳定状态，净知识流动较低，因此其对区域其他集群的影响相对较小。京津冀地区成熟期产业集群一方面优化了区域内基础设施，降低了以信息搜集和契约缔造为主的交易成本，但是另一方面，生产、渠道（价值链中下游）等环节的竞争压力过大使集群内企业削减了在设计研发环节的投入，从而影响区域内的创新环境的发展。因此，成熟期产业集群数量的调节效应取决于动力和阻力的相对大小。

四 讨论与启示

本节探讨了京津冀地区产业集群集聚程度、区域内产业集群共存以及空间效应对产业集群转型升级路径的影响。京津冀地区主要城市在产业结构、产业集聚程度以及生产效率方面均有较大的差异，且产业集群发展缺乏统筹协调，较多城市初级生产部门占比较大且要素生产率亟待提升。面对消费者日益提升的需求层次，京津冀地区作为我国产业转型升级的前沿阵地，需要形成更多以色列特拉维夫、美国硅谷、印度班加罗尔式的世界级产业集群集聚带。尽管京津冀地区已经形成北京中关村高新技术开发区、天津滨海高新技术开发区、石家庄高新技术开发区等产业集群集聚带，然而空间的藩篱长时间没有打破而且区域内不同集群之间的要素交流也受到了权力距离的阻碍。因此，建立"雄安新区"模式的跨区域、全方位、多产业的产业集群集聚带是激活产业集群活力、优化溢出效应、推动转型升级的必由之路。与此同时，形成区域价值链条，优化分工体系可以带来更为显著的规模经济，从而推动京津冀地区产业集群的转型升级。

京津冀地区区域内其他产业集群的生命周期对于产业集群转型升级有直接影响和间接影响，萌芽期集群会通过"虹吸效应"吸收同区域内集群的生产要素，也会通过优化区域环境来正向调节集群转型升级的规模效应。因此，京津冀地区地方政府应当通过规范市场交易和信息公开的方式，在推动新兴产业集群发展的同时合理配置区域内资源，鼓励创业创新。而衰退期的产业集群虽然可以对区域共存的产业集群转型升级产生直接的正向影响，但也会对产业集群集聚程度与产业集群转型升级产生负向调节作用。因此，地方政府应当未雨绸缪，引导衰退期产业集群提前转型，通过产业转移和产业融合的方式实现衰退期—重生期的平稳过渡。最后，处于成熟期的产业集群数量对于区域其他集群转型升级以及规模经济效应的影响均不显著，鉴于成熟期产业集群的动态演进特征，京津冀地区应通过规范竞争秩序来减少垄断，同时，应通过加强知识产权保护制度鼓励成熟产业集群中的龙头企业更多地将要素投入到创新与产业升级中。

第二节　全球价值链视角下京津冀产业集群转型升级路径机制研究

一　问题的提出

本章上一节探究了集聚程度和空间共存对于产业集群转型升级的影

响，本节在上一节产业集群影响产业转型升级的基础上进一步探索其路径机制。与前一节的实验对象不同，本节选取京津冀地区重点城市来探究产业集群对于区域产业发展的路径机制。

产业集群转型升级存在多重路径机制。如果回到产业转型升级的概念，马歇尔提出企业规模受制于其所在行业的思想可以理解为产业转型的起源，而产业转型可以由支柱产业的变化以及产业投入要素的密度和比重决定。在产业升级方面，格里菲（1999）提出产业升级的四个层次：企业内部升级、企业之间升级、本土升级以及国际性区域升级[①]。综合考虑二者之间的关联，产业的转型与升级本质上是对知识与技术的创造与应用，因此创新作为一种创造性破坏势必是引发产业转型升级的主要路径。与产业发展水平一样，京津冀地区的区域创新水平存在着较为明显的不平衡现象。产业的集群化发展与地域性集聚如何提升区域创新能力？区域产业嵌入全球价值链是否为产业创新能力的提升带来了捷径？区域创新能力多大程度上可以解释区域产业的转型升级？这是本节要解决的三个问题，也是全球价值链视角下探索京津冀产业集群转型升级的核心问题。

二 研究假设与构架

弗里曼的国家创新系统理论与库克的区域创新系统理论在20世纪90年代将对创新的研究带入了区域研究中。其中，区域创新环境是区域创新系统中最为重要的一个环节，区域创新环境包含制度文化等软性环境以及基础设施、市场运行等硬性环境。区域内不同的创新主体所进行的创新决策极易受到其感知的区域创新环境的影响。因此，创新环境决定了区域内的企业是否创新以及采取何种方式进行创新。那么，产业集群的空间性集聚是否会对其所在区域的创新环境造成影响？区域创新环境的塑造与经济发展水平、制度环境以及文化环境有较大关联，而产业集群的地域性集聚一方面推动决策者通过制定产业政策来优化区域创新环境；另一方面，区域内产业集群在动态化演进的过程中通过学习效应、

[①] Gereffi, G., "International trade and industrial upgrading in the apparel commodity chains", *Journal of International Economics*, No. 48, 1999, pp. 37–70.

网络耦合效应以及扩散效应不断对区域创新环境进行优化。综合分析徐康宁对于波顿毛毯产业集群集聚的研究以及波特对于硅谷和128号公路的研究，无论是传统产业还是高技术产业，均能体现产业集群地域性集聚与区域创新环境优化的相互影响[①]。因此，研究作出如下假设：

假设5a. 产业集群可以推动区域创新环境。

假设5b. 区域创新环境可以推动区域创新能力。

人力资本与产业集群发展有较大的关联，产业集群的形成、发展以及重构均伴随着人力资本的分配。而产业集群转型升级也是人力资本升级的过程。雅各布斯在其著作《城市经济学》中提出区域产业集群的规模与多样化程度是吸引人力资本的重要因素[②]。在京津冀地区，应集聚的大型城市往往会吸引高质量的人力资本。同时，人力资本集聚可以从供给侧推进以及从需求侧拉动区域产业在不同环节实现创新。首先，人力资本可以直接推动组织创新、流程创新和管理创新；其次，丰裕的人力资源禀赋可以通过竞争机制有效拉动创新效率，此外，人才的流动可以加速区域内的知识溢出，缩减组织的创新成本。为验证人力资本在产业集群转型升级路径中的作用，本书提出如下假设：

假设6a. 产业集群可以推动人力资本的集聚。

假设6b. 人力资本集聚可以推动区域创新能力。

亚当·斯密在《国富论》中对分工的机制以及驱动因素进行了重点描述，马歇尔在《经济学原理》中指出专业化分工可以形成外部经济，由此可见分工是产业发展的内在动力。同时，产业集群的集聚与发展也伴随着生产部门的多样化与分工的复杂化，而随着运输成本的不断降低，国际垂直化分工成为产业分工的主流，因此区域产业集聚是国家化分工的重要驱动力。根据本书之前章节总结的全球价值链理论与治理模式，产业在全球价值链上的嵌入程度和嵌入位置均对产业创新能力有所影响，通过国际化分工，价值链低端位置的区域产业通过"吸收—学习—模仿"实现技术创新能力的升级，而价值链中高端位置的区域产业则通过海外工厂的方式获取效率的提升，从而提升本土研发机构的创新水平。故此，

---

① 徐康宁：《产业集聚形成的源泉》，人民出版社2006年版，第68—73页。

② Jacobs J., *The Economy of Cities*, New York: Random House, 1969.

研究提出如下假设：

假设7a. 区域产业集群可以驱动区域参与全球化分工。

假设7b. 参与全球化分工有利于推动区域创新能力。

德鲁克认为，影响区域能否将科研水平转化为创新成果的关键因素是区域的吸收能力（Absorptive Ability）以及技术商业化能力（Ccommer-cialization Ability）。创新主体形成这两方面的能力，一方面需要政府的引导，另一方面则是孵化器的支持。区域孵化器主要包括决策咨询部门、合作中介部门以及风险资本部门等。孵化器促进区域创新的模式有三种，其中包括支持小微企业技术成果商业化来降低创新风险（特拉维夫模式），建立企业间合作、产学研合作平台降低协同创新中的信息搜集成本（慕尼黑模式）以及通过建立大量公用实验室和产业发展协会促进区域创新效率的班加罗尔模式。关于孵化器的形成，演化经济学派认为是区域内产业发展到一定程度所产生的集群中的"造血器官"。因此，研究作出如下假设：

假设8a. 产业集群可以推动区域孵化机构发展。

假设8b. 孵化机构可以推动区域创新能力。

此外，基于本书之前章节关于区域创新系统、产业转型升级理论的研究综述，本节提出区域创新能力正向影响产业集群转型升级的假设。

假设9. 区域创新能力可以推动产业转型升级。

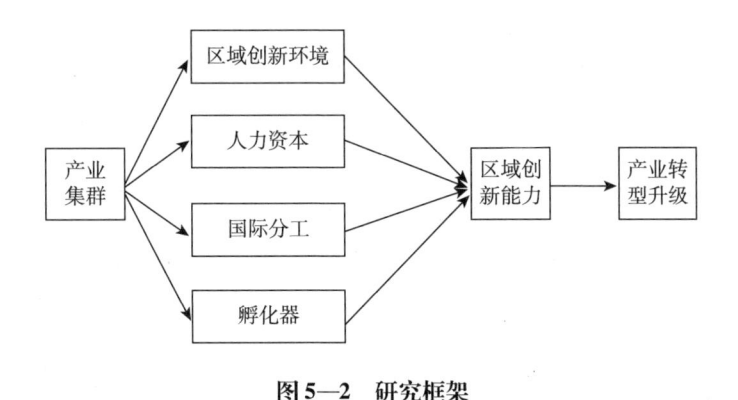

图5—2 研究框架

三 研究方法变量设计

本书为便于吸纳国内外研究中对于区域创新系统以及产业集群创新方面的变量设计,采取了文献计量方法,运用 Citespace 对 Web of Science、知网空间等搜索引擎中的文献进行统计分析,分别"以区域创新""产业集群创新"为关键词检索文献。研究选取中心度较高的定量研究文献,并采选其中与本书相关的变量设计。

为探究区域内产业集群对区域创新能力提升以及产业转型升级路径的作用机制,并验证假设,本书采用偏最小二乘结构方程(PLS – SEM)作为研究方法进行因果分析。与大多数理论探索性研究一样,本书样本数量相对较少,PLS – SEM 模型针对探索性研究的特点,采用非参推断方法,样本数据不需要满足正态分布[①]。本书采用 SmartPLS3.0 软件构建结构方程模型。其中区域创新水平为内生潜在变量,产业集群为外生潜在变量。在变量设计方面,为解决解释变量——区域产业集群集聚程度问题,本书采用区位熵划分区域内产业集群,并统计产业集群数量及集群的平均区位熵,此外,参考波特的研究,本书同时设计了产业集群动态性的虚拟变量,产业数量增加、不变与减少分别由 1、0 和 – 1 所指代[②]。本书的被解释变量为京津冀地区区域创新能力,基于区域创新系统视角,本书参考柳卸林的中国区域创新水平监测指标体系[③],同时结合王元地的区域创新类别推断方法[④],分别以专利数量、专利申请成功率、发明专利占专利总量比重以及每万元 R&D 经费数量产生的发明专利数量作为区域创新能力的衡量指标。在区域创新环境方面,研究选取政府对于产业发展的财政支出以及政府颁布的政策性法规作为制度环境的测

---

① Hair, J. F., Anderson, R. E., Tatham, R. L. and Black, W. C., "Multivariate Data Analysis", Upper Saddle River, NJ: Prentice Hall, 1998.

② Poter, M E, Delgado, S, Stern, S., "Defining clusters of related industries", *Journal of economic Geography*, Vol. 16, No. 1, 2016, pp. 1 – 38.

③ 柳卸林、胡志坚:《中国区域创新能力的分布与成因》,《科学学研究》2002 年第 5 期,第 550—556 页。

④ Wang, Y., Sutherland, D. Ning, L. Pan, X., "The evolving nature of China's regional innovation systems: Insight of exploration – exploitation approach", *Technical Forecasting and Social Change*, 2015, pp. 140 – 152.

量变量①，同时以每百户拥有可以连接网络的计算机数量作为基础设施的衡量变量②。研究最后以每年区域企业净变化量作为市场活跃程度的衡量指标，区域创新环境数据均来源于地方年鉴，考虑数据可得性、代表性，研究选取 2008—2017 年北京、唐山、石家庄、天津四个城市统计年鉴进行下一步研究。

为了准确衡量区域人力资本质量，研究首先参考前人的教育年限赋值法③，将区域所有不同程度教育的年限与相应人数占总人口百分比相乘，最终将各部分相加得到总人力资本质量，这种方法可以总体上归纳一个地区的人力资本质量。为更进一步衡量人力资本在科技研发方面的投入，研究选择区域 R&D 人员投入作为第二个变量；为衡量区域内决策者的能力，研究选取了衡量静态企业家精神的自营业率作为指标，其测量方法为区域劳动力中自营业企业劳动者的比例。最后，本书通过人力资本整合率来衡量人力资本的运作效率，其衡量方法是 R&D 人员中科技人员的比重。人力资本变量的数据来自城市年鉴。由于一个区域往往含有多个不同产业，因此采取测量产业上游程度以及价值链位置指数的方法并不适用；同时，由于区域内不同产业比重各不相同，因此对区域内各产业位置指数进行算数平均值计算也不能准确反映区域参与全球价值链情况。本书首先选取区域吸收对外直接投资占据区域 GDP 的比重作为衡量指标，这个指标可以通过特定区域吸引国外投资的能力来间接反映研究对象吸引外资与技术的能力。此外，一国或地区也可以通过对外投资获得技术溢出（效率捕获和技术吸收），因此研究选取区域对外投资金额作为参与区域在全球价值链嵌入程度的衡量变量（美元汇率按照当年标准折算）。在孵化机构方面，以往的测量指标过于单一，本书参考原有研究中科研机构以及大学指标④，同时选用了在孵企业数量衡量区域孵化

---

① 黎文靖、郑曼妮：《实质性创新还是策略性创新：宏观产业政策对微观企业创新的影响》，《经济研究》2016 年第 4 期，第 60—73 页。

② Fagerberg, J. and Srholec, M., "National innovation systems, capabilities and economic development", *Research Policy*, No. 37, 2008, pp. 1417-1435.

③ 李梅、柳士昌：《对外直接投资逆向技术溢出的地区差异和门槛效应：基于中国省际面板数据的门槛回归分析》，《管理世界》2012 年第 1 期，第 21—32 页。

④ 张宏丽、袁永、李妃养：《基于国家创新体系的美国科技创新战略布局研究》，《科学管理研究》2016 第 5 期，第 98—102 页。

器的辐射程度。孵化机构相关指标中大学数量来源于城市年鉴，而研发机构数、创新服务机构数、在孵企业数等指标来源于《国家重点园区创新监测报告》。最后，研究为验证区域创新对区域产业转型升级的影响，选取第三产业增加值和第三产业比重变化作为产业转型升级的衡量指标[①]。潜变量设计以及测度内容见表5—5。

表5—5　　　　　　　　　　变量设计

潜变量名称	简写	潜变量测度内容
产业集群	IC	区域产业集群数量、区位熵、产业集群动态性
区域创新环境	IE	政府支持、产业政策、基础设施、市场环境
人力资本	HC	人力资本质量、R&D人员投入、创业水平、人力资本整合程度
国际分工	GD	FDI占GDP比重、对外投资金额
孵化机构	INC	研发机构数、创新服务机构数、大学数量、在孵企业数量
区域创新能力	RI	专利数量、申请成功率、发明专利比重、研发费用发明专利比
产业转型升级	ITU	第三产业增加值、第三产业比重变化

本节研究选取北京、天津、唐山、石家庄四个城市2009年至2018年10年的数据，样本总量达到40个，符合偏最小二乘结构方程的样本要求。表5—6为信效度检验，其中Cronbach α系数均大于0.7，显示各潜在变量具有良好的信度，在效度检验方面，各潜在变量的平均方差提取值（AVE值）均大于0.5，模型通过收敛效度检验。

各潜在变量的AVE值均大于潜在变量间的相关系数平方值，符合Fornell - Larcker准则假设，模型通过区分效度检验；各题项因子载荷均高于它所有的交叉载荷，再次验证模型通过区分效度检验。在拟合优度方面，内生变量区域创新能力的R^2为0.941，具有较高的拟合优度。

[①] Dosi, G., "Sources, procedures, and microeconomic effects of innovation", *Journal of Economic Literature*, Vol. 26, No. 3, 1988, pp. 1120 - 1171.

表 5—6　　　　　　　　　　　潜变量检验

变量	Cronbach α 信度系数	AVE	复合信度
产业集群	0.712	0.659	0.619
人力资本	0.961	0.897	0.972
全球价值链	0.923	0.928	0.963
区域创新环境	0.879	0.767	0.924
区域创新能力	0.941	0.851	0.958
孵化机构	0.981	0.947	0.986

四　结果与讨论

下图 5—3 展示了 Smart - PLS3.0 运算的偏最小二乘结构方程的路径图。

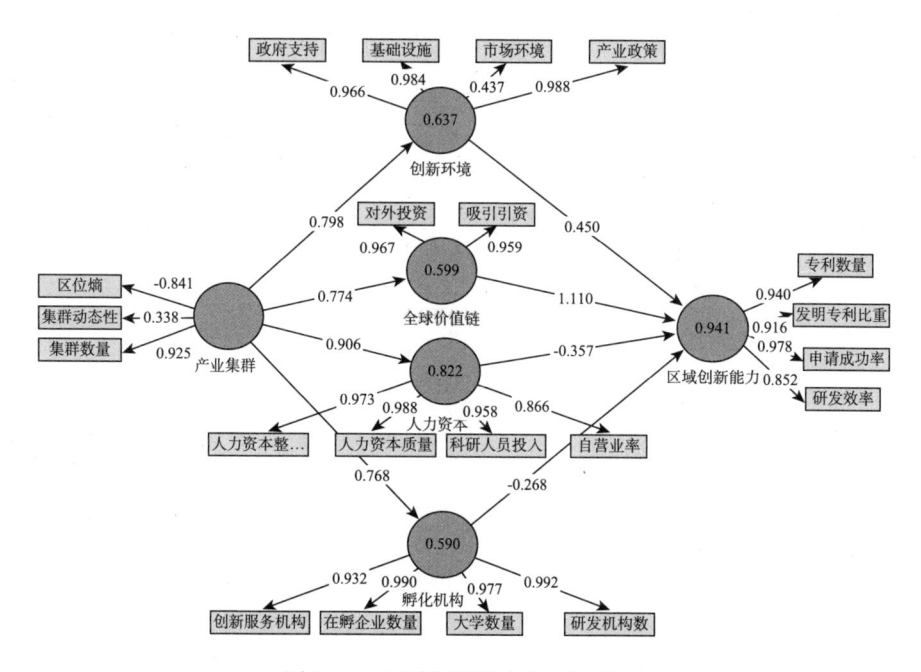

图 5—3　区域创新能力影响路径图

表 5—7 为各关系之间的路径系数以及 T 值。首先，区域内的产业集群集聚对于区域创新环境的影响为正，影响系数高达 0.798，且在 1% 的显著水平下显著，同样显著的是创新环境对于创新绩效的影响，因此假

设5a和假设5b得到了验证。同时，产业集群集聚会引起人力资本水平的提升（路径系数0.906，T值大于2.58），而该路径中人力资本与创新绩效的关联并不显著，因此假设6a得以验证而假设6b无法验证。全球化分工方面，产业集群形成的规模性外部经济促进了区域嵌入全球价值链（路径系数0.774，T值大于2.58），同时参与全球价值链使得区域产业通过吸收技术溢出实现了创新能力的大幅提升（路径系数1.11，T值大于2.58），因此证实了假设7a与7b。最后，区域内的产业集群对孵化器的形成有正向促进作用（路径系数0.684，T值大于2.58），结果证实了假设8a，而区域孵化器对于创新绩效的影响并不显著。此外，假设9中区域创新能力对于产业转型升级的影响为正。

表5—7　　　　　　　　　　路径系数及显著性

路径	IC – IE	IC – HC	IC – GD	IC – INC	RI – ITU
路径系数	0.798 ***	0.906 ***	0.774 ***	0.706	0.684 ***
T值	3.019	3.315	2.937	3.001	2.854
路径	IE – RI	HC – RI	GD – RI	INC – RI	
路径系数	0.45 ***	−0.357	1.11 ***	−0.368	
T值	3.22	0.314	2.771	0.260	

注："***"表示路径系数在1%的显著水平下显著（双尾）

通过偏最小二乘法的结果来看，产业集群可以在多个方面影响区域发展，也可以拉动区域基础设施建设，优化区域创新环境，以及促进区域创新孵化体系的形成。同时，全球价值链对于京津冀地区产业集群转型升级的影响是显著的。当前，京津冀地区产业多位于全球价值链的中低端，与价值链顶端具有一定的"位势差"，嵌入全球价值链，一方面可以在与全球顶尖跨国企业的合作中获取技术、管理经验；另一方面有助于京津冀地区调整产业结构，提升经济增长的质量。最后，良好的区域创新环境不可或缺。当前，通过高新技术开发区带动区域创新环境的发展，从而引导产业转型升级，已经成为各国发展高新技术的重要模式，我国高新技术产业园区的产值在2017年已经超过了俄罗斯全国的生产总值。如今，雄安新区将更好地助力京津冀区域创新环境的优化，成为助推产业转型升级、提升经济发展质量的全新引擎。

第三节 京津冀高技术产业转型升级：多元主体创新视角

一 三螺旋理论与假设提出

高技术产业是京津冀地区重点发展的产业，也是我国产业转型升级的核心产业，其对资本、技术、知识的高需求程度决定转型升级必须依赖开放型创新完成。高技术产业园区已成为世界高技术产业转型升级的主要"引擎"，与传统产业集群不同，高技术产业的集聚具有更强的多元主体参与性与耦合性。因此，本节以三螺旋理论探索京津冀地区高技术产业园区多元主体创新以及其对产业转型升级的影响。

三螺旋（Triple Helix）是以政府、产业、科研单位为多元主体参与对象，以区域内部协同推动区域发展的模式。三螺旋式协同创新往往可以突破传统的线形创新模式，通过区域组织间的交流为区域不断注入活力，同时为知识密集型产业不断注入资金、技术、创意以及管理经验。三螺旋模型的研究方法逐渐引起学者们的重视，与此同时，也促使多元参与主体创新成为了区域创新的重要方向[1]。三螺旋模式的核心在于政府、产业以及高校通过不断的互动实现创新"超额红利"的过程。三螺旋模型中政府的角色是公共政策研究者们普遍讨论的一个问题，其核心在于如何构建创新政府。创新政府是凯恩斯主义和福利政府的继承者，是努力再造科学技术生产的源泉。在政府干预较少的市场经济国家，多数创新和研究工作都是由市场主导的，研究所会根据市场进行研发规划并在产业的引导下实现发明的商业化，然而，对于一些风险较大的尖端科技创新（如航空航天、人工智能），则由政府出面为研究部门提供援

---

[1] Roper S., Love J. H., Bonner K., "Firm's knowledge search and local knowledge externalities in innovation performance", *Research Policy*, Vol. 46, No. 1, 2017, pp. 43–56.

助,例如美国的 *SBIR* 项目和以色列的 *Yomza* 基金①。相比较而言,以中国、巴西和芬兰为代表的新兴国家政府在三螺旋中往往影响力更大。以我国为例,中央政府和地方政府在引导区域合作创新中扮演的角色是相辅相成的,中央政府视创新为直接责任并通过颁布产业政策来支持引导研发,由大学、公司和地方政府机构共同形成的集约化产业园区在京津冀地区较为常见。对于我国政府在官产学协同创新中的作用,同济大学产业园区的案例研究表明政府规制出现在早期产业与研究机构结合之后②,但是京津冀地区情况又有所不同,部分城市产业园区的规制与政策领先于产业与科研单位的结合。因此,本书基于中央和地方政府的职能以及京津冀地区高技术产业发展现状提出以下假设:

假设 10. 中央政府参与多元主体创新可以正向影响高技术产业创新绩效。

假设 11. 地方政府参与多元主体创新可以促进高技术产业创新绩效增长。

现代公司亟待解决的第一件事情就是供养一个研究部门,这个研究部门的每个成员都知道他的面包和黄油取决于他在发明改进方面的成功。熊彼特描绘了 20 世纪中期欧美公司与科研休戚相关的局面,传统的大型公司均含有一个或多个科学实验室或研发中心,这也是熊彼特创新理论中大企业主导区域创新的原因③。随着第二次世界大战以后大学的职能逐渐丰富,公司逐渐寻求与高校合作,尽管高校研究所的研发能力逐渐赶超大型企业的实验室,但是企业以市场为导向的发明所具有的市场化能力弥补了高校实验室成果价值链末端断层的不足。当前世界很多国家已经形成高校与产业协同的创新模式,企业依据市场导向为高校提供科研规划并提供资金支持,而高校则通过高智力密度的实验室完成研发工作。亚洲新兴国家的案例也证明区域内的优秀大学和大型公司对协同创新有促进作用但并不是决定性因素④,而协作与沟通能力则是提升竞争力的关

---

① Wonglimpiyarat J., "Exploring strategic venture capital financing with Silicon Valley style", *Technological Forecasting & Social Change*, Vol. 102, 2015, pp. 80 – 89.

② Cai Y., Liu C., "The roles of universities in fostering knowledge – intensive clusters in Chinese regional innovation systems", *Science and Public Policy*, No. 1, 2014, pp. 1 – 15.

③ Buenstorf G., "Schumpeterian incumbent and industry evolution", *Journal of Evolutionary Economics*, No. 4, 2016, pp. 823 – 836.

④ Kim J. Y., Lee M. J., "Living with casinos: The triple helix approach, innovative solutions and big data", *Technological Forecast and Social Change*, No. 110, 2016, pp. 33 – 41.

键。基于公司与高校协同的关系，本书提出以下假设：

假设 12. 企业融入多元主体创新可以促进高技术产业创新效率提升。

20 世纪中期 80 年代，法国巴黎大学的费尔教授发现了巨磁电阻效应，这个巨大的发明引起了学界巨大的反响，由于法国产学研缺乏紧密协作，高校对科技成果商业转化能力不足，巨磁电阻 10 年后才由美国的 IBM 公司应用于计算机硬盘。这个案例充分证明了高校在科技研发中需要政府的引导、企业的包装和市场的反馈[1]。从教学型向研究型转变让大学更容易融入区域创新系统，而这个融入过程也被当作是空间经济结构重构的过程[2]。本土大学通过培育竞争力来推动区域发展。丹麦无线高新技术产业集群的案例研究证明本土高校不仅可以凭借知识溢出成为系统内产业集聚的核心，也可以通过与本土企业合作推动高端产品的更新换代[3]。高校融入区域网络化创新的意义十分深远，除产学研协同所带来的知识溢出以外，高校与地方政府以及中央政府的互动也被三螺旋的研究者认为是打破区域发展路径锁定的关键所在[4]。在京津冀地区，早期的产业孵化器源于地方政府的规制与地方高校的参与，作为高校与地方政府的合作产物，孵化器为本土企业提供市场信息、战略参考和商业计划，从而显著地提升区域创新效率。以中关村高技术产业园区的形成为例，早期的驻京高校普遍不存在专有的科技商业化机构，但是清华大学等高校在产学研中形成的知识溢出起到了早期孵化器的作用。而随着中央和地方政府的更多参与，对知识与技术孵化的形式逐渐增多，如科技园、研究中心以及孵化器等，孵化器则逐渐转型为技术转移和联络办公等复

---

[1] Derick J., kraemer K. L., "Who capture value from science – based innovation? The distribution of benefits from GMR in the hard desk drive industry", *Research Policy*, No. 8, 2015, pp. 1625 – 1628.

[2] Schaeffer V., Matt M., "Development of academic entrepreneurship in a non – mature context: the role of university as a hub – organization", *Entrepreneurship and Regional Development*, No. 28, 2016, pp. 724 – 745.

[3] Ostergard, C. R. Park, E. K., "What makes clusters decline: A study of disruption and evolution of high – tech cluster in Denmark", *Regional Studies*, No. 5, 2015, pp. 834 – 849.

[4] Qiu S., Liu X., Gao T., "Do emerging countries prefer local knowledge or distant knowledge? Spillover effect of university collaborations on local firms", *Research Policy*, No. 7, 2017, pp. 1299 – 1311.

杂的大学创新项目网络的组成部分。高校与中央政府的关联也是国内外官产学研究的重点，著名演化经济学家奥德奇在探究高校承接中央政府项目数量对区域企业家精神和创新绩效的研究中指出，国防、航空航天、医药项目占了总支持项目的80%，这些项目促使高校嵌入国家创新系统，促进了国家竞争力的形成以及区域创新效率的提升[1]。在中国情境下，高校与政府的科研合作一方面可以推动区域网络化创新绩效，另一方面，可以依靠市场引导研究机构的研究方向，形成高校、政府与市场的"合作—研发—引导的反馈环"（Feedback Loop），有效推动区域多元主体创新模式的完善[2]。基于研究机构嵌入区域多元主体创新的理论与综述，本书提出如下假设：

假设13. 地方高校融入多元主体创新可以促进高技术产业区域创新绩效提升。

二　研究方法

对于区域产业创新系统的研究，仅采用面板数据的定量分析无法对比总结影响因素之间的相互作用，而定性分析尽管可以较好地探究区域创新中影响要素的相互作用，但是由于视角单一容易造成片面结论。通过跟踪近年来管理学科方法的发展趋势，本书选取了基于多案例的定性比较分析（QCA）方法来分析高校、政府和公司不同主体参与组合下的区域创新效果。定性比较分析可以通过因果关系检验验证前文中的假设，探究我国官产学协同创新的现状以及创新绩效的影响因素。

定性比较分析运用集合的理念，将多个因素（自变量）组合寻求对结果（因变量）的最大解释力。定性比较分析法通过系统性的案例量化和比较，改善了传统统计学对单因素本身分析的局限[3]。定性比较分析法

---

[1] Audretsch D. B., Kurakto D. F., Link A. N., "Dynamic entrepreneurship and technology-based innovation", *Journal of Evolutionary Economics*, No. 3, 2016, pp. 603–620.

[2] Agostino M., Gounta Anna, Nugent J. B., Scalera D., Trivieri F., "The importance of being a capable supplier: Italian industrial firms in global value chain", *International Small Business Journal*, No. 7, 2014, pp. 708–739.

[3] Regin C., "Set relations in social research: Evaluating their consistence and coverage", *Political Analysis*, No. 3, 2006, pp. 291–310.

共包含两组变量，原因变量（Causal Variables）和结果变量（Outcome Variables），如果某组原因变量经常与结果变量共同出现，则说明这个原因变量很大程度上可以解释结果变量。拉金开发的模糊集定性比较分析法（Fuzzy - set QCA，下文简写为 fsQCA）将变量的范围缩小至 0 和 1 之间，同时研究者可以根据案例特征自行定义 0 到 1 之间的任意值为定性"高"和"低"的阈值。fsQCA 适用于分析中小规模数据样本，在社会科学领域中具有一定的实用性，其中包括社区居民抗争中影响抗争效果的要素分析[1]、公司或者国家高技术产业事物研究[2]、地域性特征对创新系统绩效影响[3]等。这些研究为社会科学提供了新的研究视角，在学界引起了一定的反响。在 fsQCA 的研究中，对于多个个案的对比研究结果通过两个重要的变量展示，第一个是一致性变量（Consistency），其表达式如下：

$$\text{Consistency}\ (X_i \leqq Y_i)\ = \Sigma\ [\min\ (X_i, Y_i)]\ /\Sigma X_i$$

一致性值大于 0.8 意味着 80% 以上的案例符合一致性条件，可认为 X 是 Y 的充分条件。此外，另一个结果变量则是覆盖率（Coverage），其表达式如下：

$$\text{Coverage}\ (X_i \leqq Y_i)\ = \Sigma\ [\min\ (X_i, Y_i)]\ /\Sigma Y_i$$

覆盖率指标可以展现每一组原因集合引发结果的广泛性，高覆盖率代表解释变量被更多案例支持，值得注意的是，覆盖率并不能证明原因变量是充分条件。

三　样本选择与变量设计

国内外学者研究区域创新系统创新通常以行政区作为定量分析研究对象。我国各个省份由于受对外开放政策的影响不同，经历供需层次的演化和产业结构的嬗变，形成了创新环境异质性的现象。对于京津冀地

---

[1] 黄荣贵、郑雯、桂勇：《多渠道强干预、框架与抗争结果：对 40 个拆迁抗争的模糊集定性比较分析》，《社会学研究》2015 年第 5 期，第 90—114 页。

[2] Fiss P., "Building better causal theories: a fuzzy set approach to typologies in organization research", *Academic of Management Journal*, No. 2, 2011, pp. 393 - 420.

[3] Mas - Verdú F., Ortiz - Miranda D., Garcia - Alvarez - Coque J., "Examining organizational innovations in different regional settings", *Journal of Business Research*, No. 11, 2016, pp. 5324 - 5329.

区来说，高技术产业转型升级由于要素禀赋不同，不同地区多元主体的参与模式不同，不同维度的资源与创新环境异质性提升了模糊集定性比较分析法的可行性。本书拟以京津冀地区七大国家高新技术开发区作为研究对象，采用动态性数据衡量官产学三方的相互作用关系。

根据本研究的目的，我们将区域创新能力设置为结果变量，在相关研究中，衡量区域创新绩效的变量主要包含专利数量，新上市产品数量，以及新产品收入等指标，在诸多指标中，发明专利数量最切合高技术产业的产出特征，同时过滤掉与高技术产业创新能力不相符的策略性创新[①]。因此，本书选择区域发明专利数量作为因变量。

根据前文的假设，研究基于中央政府、地方政府、产业和研究机构四个参与主体，构设五个原因变量用于解释三螺旋对区域创新影响的作用机理。五个原因变量分别包含中央政府—产业（bond 1）、地方政府—产业（bond 2）、产业—高校（bond 3）、高校—中央政府（bond 4）、高校—地方政府（bond 5）之间的关系（中央政府与地方政府的关联本书不做研究，研究构架见图5—4）。

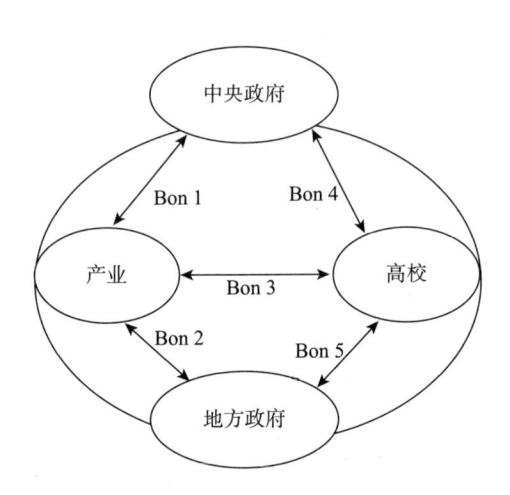

图5—4 研究框架图

---

① 黎文靖、郑曼妮：《实质性创新还是策略性创新：宏观产业政策对微观企业创新的影响》，《经济研究》2016年第4期，第60—73页。

在变量设计方面，结合我国政治与经济的实际情境①，产业政策可以作为衡量中央政府与产业联系紧密程度的变量，因此研究选取各省区高技术产业减免企业税务占全国高技术企业减免税务的比重衡量；地方政府与产业的关联则由地方政府科技支出占总支出比重来衡量②；产业与高校的联系主要包括发明的商业化过程和对于研究机构的资金支持，因此本书选择企业投入科研机构与高校的资金占企业总科研基金的比重作为观测变量，根据梅耶塔的观点，这一比重越高则表明产业与科研机构的协同关系越紧密；高校与中央政府的联系通过各地区高校所申请的自然科学基金数目占总基金数目的比重衡量；最后，区域内高校与地方政府的关联则由区域内产业孵化器数量占全国孵化器数量之比衡量。各变量描述和相关代表研究见表5—8。本书的数据均源于《中国区域创新能力监测报告》，由于我国各省级行政区的变量存在较大的异质性，研究采取对百分比数取对数的方法将数据进行标准化处理以便于研究，经过标准化处理后，各变量的数值均保持在 [0，1] 之间。

表5—8　　　　　　　　原因与结果变量解释

变量	变量描述	研究来源
区域创新绩效（Rie）	区域发明专利占全国专利比重	Griliches（1990），Wang（2015）
Bond 1	区域高技术产业补贴占全国高技术补贴比重	Hong（2016），Yu et al（2017）
Bond 2	地方政府科技投入占总财政支出比重	Shi et al（2009），Zhou et al（2012）
Bond 3	企业对高校研发投入占企业总研发经费比重	Lee et al（2014）

---

① Wang C., Wang L., "Unfolding policies for innovation intermediaries in China: A discourse network analysis", *Science and Public Policy*, No. 3, 2017, pp. 354 – 368.

② Hong J., Feng B., Wu Y., Wang L., "Do government grants promote innovation efficiency in China's high – tech industries", *Technovation*, No. S1, 2016, pp. 4 – 13.

续表

变量	变量描述	研究来源
Bond 4	区域基金项目数量占全国基金总数比重	Nishimura and Okamuro（2016），Banal-Estanol et al（2013）
Bond 5	区域孵化器数量占全国孵化器数量比重	Xiao and North（2017），Tang et al（2014）

表5—9展示了单一因素对于区域创新绩效的影响因素，其中符号"~"表示排除某因素，可以发现五组单一原因变量与结果变量的一致率均大于其缺失情况下的一致率，同时，除高校与中央政府之间关联（bond 4）外，其他原因变量的一致率均不足0.8，说明三螺旋所涵盖的单一元素对于区域创新效率的解释度有限。因此，根据各因素列出各地区区域创新效率原因结构（Causal Configurations）公式：

Rie = f（bond 1，bond 2，bond 3，bond 4，bond 5）

表5—9　　　　　　　　单一变量对结果的影响

被检测变量	一致率	覆盖率
Bond 1	0.714079	0.838160
~Bond 1	0.679245	0.186232
Bond 2	0.757765	0.565550
~Bond 2	0.651947	0.583767
Bond 3	0.702612	0.371890
~Bond 3	0.547315	0.276503
Bond 4	0.808563	0.543733
~Bond 4	0.496517	0.210910
Bond 5	0.782438	0.612286
~Bond 5	0.445573	0.145705

注：~在fsQCA系统中是非/否关系

四　研究结果

根据公式，我们运用fsQCA系统将数据生成真值表（The truth table),真值表展示了三螺旋模式下各种要素的组合以及其对创新结果的贡献。由于研究设计了五种变量,根据排列组合要素分配有 32 种可能性,本书列出有代表区域的组合,为方便进一步的标准化分析(Standard Analysis),参考模糊定性比较分析研究方法,研究将一致性高于 0.8 的结果标为 1 而其他结果标为 0,在标准化分析中选择无视不显著案例,得到了表 5—10 中的组合,即为区域创新效率影响组合表。依据计算结果,我国各省级行政区在三螺旋视角下的政府投入和政策、企业投入以及区域研究机构数量均有较大的差异,fsQCA 也根据各指标的对比对案例进行了归类,根据真值表我们可以发现除了前两行变量外后面的变量组一致性均低于 0.8。接下来在 fsQCA 真值表中将因变量区域创新绩效一栏一致性高于 0.8 的组标为 1(Positive Case),将其他组标为 0(Negative Case),并在标准化分析设置中设置 1 为 true,0 为 false,案例缺失组合为搁置(Don't care)。标准化分析得到的解决方案图见表 5—11,在表中我们看到有两个自变量组合对创新绩效的影响较大,第一个组合为中央政府支持、地方政府支持、企业支持、研究院所与高校资源五个变量均处于高水平,这组变量与创新变量的一致性为 0.937931,覆盖率为 0.240929,代表案例为浙江、江苏、广东三个区域;第二个组合的自变量特征为地方政府支持较多,高校、研究机构数量丰富,而地方政府科技投入、企业支持科研机构的等级较低,这组因素集合的一致性为 0.831202,覆盖率为 0.132075,代表案例区域为北京和上海。两个组合的解决路径一致性高达 0.870567,解决路径覆盖率为 0.712627,表明创新绩效高的地区基本已被两个变量组合解释。同时研究结果初步验证了前文中所作出的不同主体参与促进创新绩效的假设。

表 5—10　　　　　　　真值表(已完成标准化因变量录入)

Bond1	Bond2	Bond3	Bond4	Bond5	Rie	案例数	一致率
1	1	1	1	1	1	3	0.937931
0	1	0	1	1	1	2	0.831202
0	1	1	1	1	0	1	0.695312
0	0	1	1	1	0	1	0.642857

续表

Bond1	Bond2	Bond3	Bond4	Bond5	Rie	案例数	一致率
1	0	1	0	0	0	1	0.626213
0	0	1	1	0	0	2	0.322816
0	1	0	0	0	0	1	0.321867
0	0	0	1	0	0	3	0.298507
0	0	1	0	0	0	3	0.249683
0	0	0	0	0	0	13	0.121479

表5—11　　充分性分析表（结果与解决方案）

——Truth Table Solution——				
变量组合	原覆盖率	独覆盖率	一致率	覆盖案例
B1 * B2 * B3 * B4 * B5	0.592163	0.240929	0.937931	广东、江苏、浙江
~B1 * B2 * ~B3 * B4 * B5	0.471698	0.120464	0.831202	北京、上海
解决覆盖率	0.712627			
解决一致率	0.870567			

为进一步探究五项自变量组合与区域创新绩效之间的联系，研究选择运用模糊集变量计算（Fuzzy-set Variable Compute）的方法，将上文中真值表中的两组变量组合分别融合称为单一变量（标记为C5和C3），并通过散点图展现计算后新自变量与创新绩效之间的关系。图5—5中，纵轴的高技术创新产出变量受五个自变量影响较大且X>Y区域内的一致性明显更高。图5—6中的横坐标则更改为变量组合2中的三因素集合，其散点图与图5—5分布相似度较高。从地域分布来看，X=Y线上的点多为东部沿海地区省份，表现了在创新领域相对较高的科研转化能力。散点图在X=Y附近的分布也验证了多元参与程度高的地区创新能力更为出色的假设。

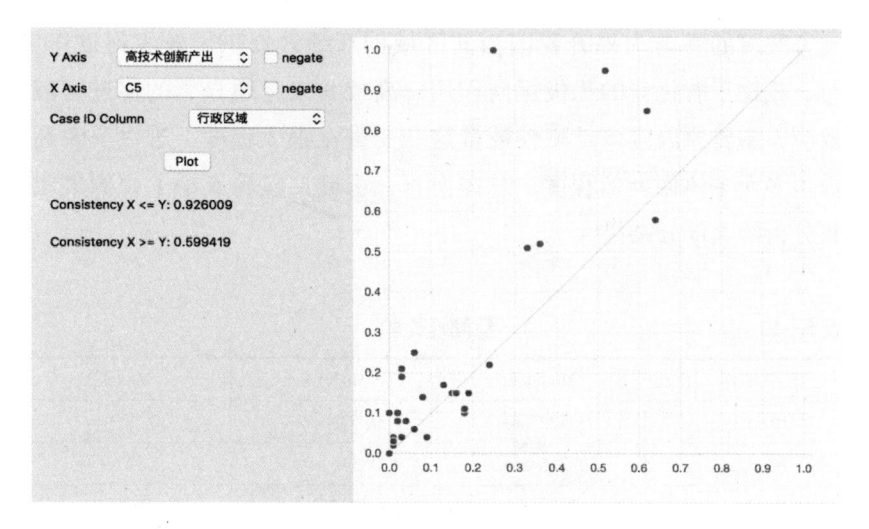

图 5—5　五自变量要素组合散点图

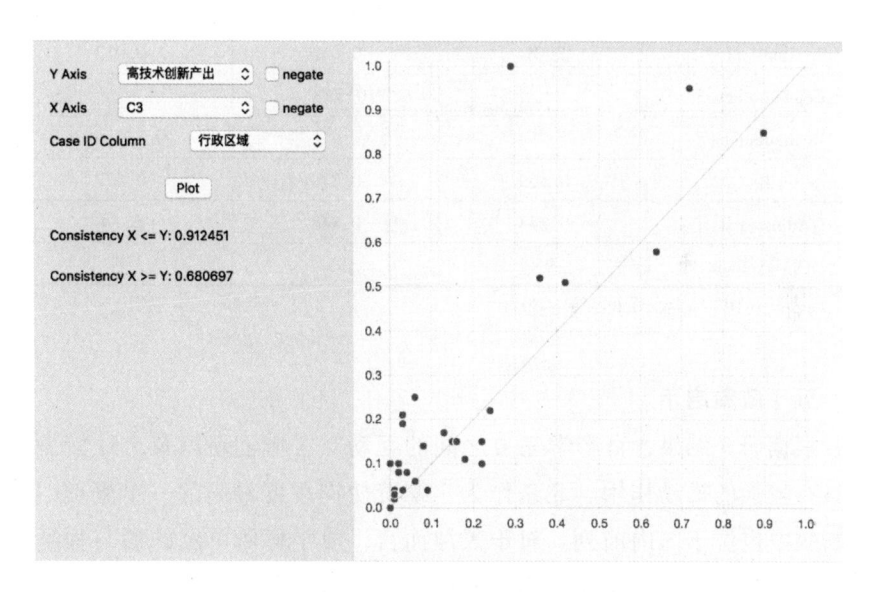

图 5—6　三自变量要素组合散点图

为避免模糊集定性比较分析法因数据样本数量太小而造成误差，本书同时进行了稳健性检验。基于 fsQCA 的主要争议，笔者在原变量测量方式不变的基础上实行分层回归分析（Hierarchical Regression），并增加 2014 年和 2015 年各省份数据作为样本，总样本数达到 93 个。中央政府和地方政府的参与为提升我国当前区域创新绩效提供了较大促进作用；同时，相比于孵化器的积极正向作用，高校并未呈现显著的促进区域创新效应，主要原因应该是高校数量这一变量在很大程度上难以反映高校的投入多元主体创新的程度。总体而言，稳健性检验支持了模糊集定性比较分析的大部分结果。

表5—12　　　　　　　　　　稳健性检验

	Model 1	Model 2	Model 3
Bond 1	0.422 ***	0.673 ***	0.633 **
Bond 2	0.315 ***	0.346 ***	0.323 ***
Bond 3	0.234 *	0.261	0.266
Bond 4	−0.15	−0.025	−0.017
Bond 5	0.503 ***	0.623 ***	0.6 ***
Constant	0.01	0.013	0.012
Configurations 3		0.52 *	
Configurations 5			0.339 ***
R^2	0.869	0.878	0.872
Adjusted R^2	0.843	0.848	0.84
Observations	93	93	93

*** $p<0.01$；** $p<0.05$；* $p<0.1$

五　政策启示

根据研究结果，官产学三方之间的互动对区域创新以及产业转型升级具有较强的推动作用。北京作为三螺旋协同程度最高的一个聚类，其创新效率也位于国内前列。对于天津而言，由于科研单位的参与程度较低，目前三螺旋协同程度与高技术创新绩效位于国内第二梯队。河北省近年来高技术产业得到了中央的支持，而且高校参与程度也较高，但是地方财政对高技术产业的支持以及企业对高校的支持相对较低，其多元主体参与程度与产业转型升级能力位于国内第三梯队。由于京津冀地区不同地区创新环境与多元主体创新推动产业转型升级的方式差异较大，因此对于河北省来说，完成产业结构由低端向中高端转型是目前的当务之急，通过扶持中小型企业激活区域企业家精神从而推动产业与高校的合作，逐渐完成学术型高校到研究型高校的转变。而东部沿海地区三大经济带的省份，应当结合城市定位打造以大学为中心的知识密集型产业集群，并通过孵化器和风险资本给新兴产业的创新和创业予以更多的支持。根据我国不平衡的区域发展水平与多元主体创新现状，表5—13列出了三地的产业政策分布情况。

表5—13　　　东中西部地区推动多元主体创新政策分布

	区域发展	区域协同	区域创新与创业	案例类比
河北	参与全球分工，增加产业多样性	转变高校职能	政府对创业进行补贴与指引	印度班加罗尔
天津	通过干中学和技术引进实现产业升级和赶超	建立科技园区以及合作网络	增加知识产权保护力度，设立创业创新竞赛	德国慕尼黑
北京	打造新型增长极，通过价值链治理带动区域发展	PPP模式，企业家大学	发展风险资本，提升融资效率	以色列特拉维夫

本章的研究对象分别为一般性的产业集群、不同生命周期的产业集群、区域创新系统以及区域高技术产业。通过对不同研究对象的描绘与实证研究，本章对京津冀地区产业转型升级的内在机理进行了验证与总结，其中包括区域内共存产业集群的外部性效应、相邻区域的空间溢出效应、多元主体协同创新效应，以及人力资本、全球化分工、区域创新环境和孵化机构对产业集群影响区域转型升级的调节作用。

第 六 章

促进京津冀产业集群转型升级战略选择及对策建议

　　产业集群如何转型升级是我国当前从制造业大国向制造业强国转变的关键，也是京津冀应对实体经济疲软下行压力、借势打造优势城市群的重要契机。本书基于区域创新理论、产业集群创新理论和全球价值链理论，通过深入分析美国东北部大西洋沿岸、日本太平洋沿岸、韩国首尔都市圈，我国长江三角洲和珠江三角洲等国内外产业集群典型案例，提炼不同发展水平和阶段典型区域产业集群转型升级的关键要素，在对我国产业全球价值链上位置测算的基础之上，绘制反映京津冀产业位置空间分布等指标随时间变化的地学信息图谱，探究京津冀产业转型升级的基础，并通过实证研究明确产业集群转型升级的必要条件和基本路径。

　　本书研究发现，核心企业及核心城市、区域内沟通网络、区域协调联动、政府和市场共同驱动的技术创新、政府政策和规划引领以及不断提高产业集群的对外开放水平都是促成区域产业集群转型升级的关键要素。在进一步区分传统资源型产业、一般制造业和高技术产业的基础上，以投入产出法对我国产业位于全球价值链上位置测算的结果发现，不同产业类型由于区域资源禀赋和战略规划的不同而在产业价值链中所处的位置也不同，发展定位和方向也存在较大差异，而京津冀区域内不同类型及不同生命周期集群的共存，都会对产业升级产生影响。对应于国内外成熟产业集群发展经验，核心城市、核心企业等因素影响下的区域环境、大力倡导自主技术创新背景下人力资本的集聚、不断提高产业集群对外开放要求下积极参与全球化分工以及政府和市场双驱动下的区域孵化机构将共同推动区域创新能力的提升，并进一步推动产业转型升级。面对京津冀地区主要城市在产业结构、产业集聚程度以及生产效率方面均存在较大的差异，产业集群发展缺乏统筹协调，较多城市初级生产部门所占比重较大且要素生产率亟待提升的现状，以及京津冀地区空间的藩篱长时间没有打破，而且区域内不同集群之间要素交流也受到了权力距离的阻碍等问题，作为我国产业转型升级的前沿阵地，京津冀地区需要在积极汲取国内外产业集群集聚带形成与发展中的成功经验的同时，结合自身资源禀赋与前期积淀，作出适时的战略选择，制定正确的对策措施，以促进产业集群转型升级和区域可持续发展。

第一节 京津冀地区产业集群转型升级战略选择

一 自主创新战略

自主创新战略的理论依据来源于熊彼特的创新理论。1912年，熊彼特在《经济发展理论》中提出了创新概念，之后又在《经济周期》和《资本主义、社会主义和民主主义》两书中加以运用和发挥，对创新的主体、创新对经济增长的影响和创新对社会发展的效应作出了详细的阐述，形成了以"创新理论"为基础的独特的理论体系。第二次世界大战后，许多著名的经济学家也研究和发展了创新理论，20世纪70年代以来，门施、弗里曼、克拉克等人用现代统计方法验证熊彼特的观点，并进一步发展创新理论。熊彼特认为，所谓创新就是要建立一种新的生产函数，即生产要素的重新组合，就是要把一种从来没有的关于生产要素和生产条件的新组合引进到生产体系中去，以实现对生产要素或生产条件的新组合。作为资本主义灵魂的企业家的职能就是实现创新，创新是发展的本质规定。

本书前述章节研究显示，韩国汽车产业从20世纪70年代末开始尝试摆脱对国外技术的依赖，由组装生产、合资生产逐步转向自主研发生产，到80年代初已基本建立起了强大的汽车产业自主研发和批量生产体系。产品逐步进入国际市场、出口数量稳步增长，同时海外投资生产规模也不断扩大，90年代后期在欧美、亚洲、大洋洲等地都已经投资设立了汽车生产基地，基本形成了完整的国内外生产和营销体系，也实现了本国汽车产业的技术跨越。韩国之所以能用 40 多年的时间走完西方发达国家百余年的汽车产业发展历程，得益于其坚持不懈地走技术引进、消化吸收、自我创新的自主品牌发展道路，使其汽车品牌在国际市场上享有较高知名度。

2015 年，习近平参加第十二届全国人大三次会议上海代表团审议会议时指出，创新是引领发展的第一动力，抓创新就是抓发展、谋创新就是谋未来。作为我国经济基础相对雄厚、开放程度相对较高的地区之一，京津冀具有较为完整的科研体系、丰富和密集的科技资源。2016 年，北京研究经费（R&D）内部支出就高达 1479.8 亿元，每万人发明专利拥有量达到 76.8 件，是全国平均水平的 9.6 倍，技术合同成交额达 3940.8 亿元，占到全国总量的 34.5%。但是，京津冀在资源利用效率、信息化完善程度、市场挖掘能力等方面与世界先进水平依然存在较大差距，区域创新能力推动产业转型升级作用发挥不够充分，面对日渐严峻的国内外市场形势，需要不断探索，建立和实施依靠创新发展推动产业转型升级战略，最终实现创新促进产业转型升级。

二 人才领先战略

英国古典政治经济学的创始人之一威廉·配第在其代表作《政治算术》中提出了"土地是财富之母，劳动是财富之父"的著名论断[①]。亚当·斯密也认为劳动力是经济进步的主要力量，并对人力资本的投资及其收益问题进行了论述，对后来的人力资本投资理论的形成起到决定性的作用。以萨伊、弗里德里希、穆勒等为代表的"庸俗"经济学派、新古典学派等也从各自的角度提出劳动是创造价值的源泉之一，劳动能力获得相应的补偿是应当的。本书案例研究结论显示，日本太平洋沿岸集中了大量的优质科研院所和高校，职业教育等其他层次的教育体系也较为完善，为产业发展提供了源源不断的人才资源，促进知识更新和溢出效率提高，为产业集群的转型升级创造了良好条件。韩国方面，也正是以大学和政府管辖的研究所为主体的教育研究机构的集中，使得高级人

---

① 左聪颖、杨建仁：《西方人力资本理论的演变与思考》，《江西社会科学》2010 年第 6 期，第 196 页。

才储备相对其他地区具有较高的优势，从而促进了首尔九老区综合出口产业园区形成，进而加快了韩国首尔都市圈的发展。人力资本与产业集群发展有较大的关联，产业集群的形成、发展以及重构均伴随着人力资本的分配，人才领先战略是目前成熟的产业集群转型升级过程中的重要战略措施。雅各布斯在其著作《城市经济学》中提出区域产业集群的规模化与多样化程度是吸引人力资本的重要因素。人力资本集聚可以从供给侧推进以及从需求侧拉动区域产业在不同环节实现创新。因此，人才、资本、科技进步是高新技术产业发展的必备条件[1]，"人才是高新技术产业发展的首要资源和智力支撑"[2]。

京津冀是我国经济最发达的地区之一，也是我国重要的产业聚集区之一，产业集群集聚的大型城市已经具备了集聚高质量的人力资本的基本条件。2017年，我国首个跨区域的人才规划——《京津冀人才一体化发展规划（2017~2030年）》由京津冀三地人才工作领导小组联合对外发布，提出到2030年要基本建成"世界高端人才聚集区"，实现京津冀三地人才资源市场统一规范、人才一体化发展模式成熟定型、人才国际竞争力大幅提升、人才结构更加合理的基本目标，这一规划的实施对推动京津冀人才联动与培育、国内外优秀顶尖人才的吸引将发挥积极的作用。但是相较于国内外成熟的城市群和产业集聚地区，京津冀地区熟练工人、专业技术人员、高级技工以及高素质管理人才等高级人力资源要素紧缺问题仍然突出，有必要更进一步贯彻人才领先战略，以保障人力资源的稳定性与延续性，推动区域内产业集群尽快转型升级。

三 精益化转型战略

日本太平洋沿岸纺织工业集群在第一次世界大战后以贴牌为主要路径在全球价值链制造环节中获得举足轻重的地位。第二次世界大战后，受多方影响，日本纺织业这一曾经的"朝阳产业"日渐式微。为了振兴

---

[1] 李海波、舒小林：《西部地区高新技术产业发展的影响因素及路径——基于引力模型的实证分析》，《贵州社会科学》2018年第2期，第178页。

[2] 熊景维：《论中国高新技术产业人才战略管理》，《云南社会科学》2012年第5期，第107页。

产业，日本政府在战后制订了一系列复兴转型计划，最终使得日本纺织业通过精益化转型顺利实现产业链延伸，将纤维工业从传统纺织产业链向汽车、航空等产业链横向、纵向交叉延伸。目前日本已拥有仅次于美国的化纤技术，在高性能纤维、绿色纤维的开发应用方面有着国际领先优势，而日本东丽公司则是有着"新材料之王"美誉的碳纤维全球最大制造商。与此同时，日本服装生产企业也通过精益化转型实现了从 OEM 到 ODM，再到 OBM 的华丽转身，多年的品牌培育涌现了"三宅一生""优衣库"等多个世界知名品牌，东京时装周作为国际十大时装周之一，因其严谨、专业的风格也备受赞赏。精益化转型使得日本纺织工业产品专业化水平和品质快速提高，凭借产品种类、性能指标、成本控制等诸多优势成功融入国际分工体系。

京津冀地区工业基础雄厚，汽车、医药、运输设备、计算机电子和通信设备制造业水平较高，近年来新兴电子信息、生物制药、新材料等行业发展也较迅速。京津冀现有北京中关村高新技术开发区、天津滨海高新技术开发区、石家庄高新技术开发区等产业聚集区，京津两地国内顶尖科研院所林立，产业基础和人力资源基础都已经初步具备。适逢加快推进京津冀一体化及雄安新区规划建设历史机遇，在构建区域协同创新共同体的过程中充分利用已有的基础条件，通过加大重点产业科研投入、快速深化产业分工和提升产业专业化水平、构建综合高效的质量管理体系，以加快实现重点产业的精益化转型，模仿日本纺织等行业路径，积极参与国际分工并推动产业集群创新，从而改变诸多行业长期陷于全球价值链低技术、低复杂度环节的局面。

四　孵化器助力战略

孵化器，本义指人工孵化禽蛋的专门设备，后来引入经济管理相关问题研究领域，意指辅助新创企业成长和发展的运作模式。企业孵化器起源于 20 世纪的美国，是为了解决当时纽约失业工人再就业问题。企业孵化器通过为初创并有发展前景的小企业提供场地、共享的设施、咨询、培训以及资金渠道和专业人才网络，大大降低小企业的创业成本与风险从而推动创新创业，其主旨是为新办或新生企业提供资源、技术和环境等服务①。早在1966年，日本成立的东北产业技术开发协会就具有企业孵化器的功能。20世纪80年代先后颁布的《先进技术工业集聚区开发促进法》和《提升地域产业活动，促进特定产业聚集法令》希望把产业、学术以及技术集聚在一起，促进高技术产业化。石油危机促使政府考虑更多地以孵化器平台支持创业，催生90年代日本孵化器快速发展、功能日趋完善、成效日益显著。我国企业孵化器的实践始于1987年，以武汉东湖创业中心的成立为标志②，经过30多年的发展，在数量、规模、基础设施、服务功能、孵化效果等方面都实现了全面突破，已经成为促进创业、创新的重要载体。

德鲁克认为，影响区域能否将科研水平转化为创新成果的关键因素是区域的吸收能力，以及技术商业化能力。创新主体形成这两方面的能力，一方面，需要政府的引导，另一方面，则是孵化器的支持。孵化器的组织特性要求其能够解决如下几个问题：如何集成资源为所孵化项目创造价值、如何进行知识创新与知识应用并转化为受孵化企业创新的能力、如何进行价值创造和如何对所孵化的新创企业产生贡献、如何对孵化项目进行孵化管理等③。无论是特拉维夫模式、慕尼黑模式还是班加罗尔模式，孵化器对于降低创新风险、降低协同创新中的信息搜集成本、促进区域创新效率都发挥着积极作用。集群内的中小企业通过合作与竞争的不断互动、技术和知识的溢出所带来的研发创新能力提升，能够在更大程度上增强集群的竞争能力，进而实现产业集群的转型升级。因此，依托较为雄厚的地区工业基础和密集的国内顶尖科研院所与专业技术人才，发挥孵化器"造血器官"功能，是促进京津冀产业集群转型升级的重要战略之一。

---

① 盛昭瀚、卢锐：《区位优势理论与我国企业孵化器的发展》，《财经研究》2001年第10期，第47页。

② 王建伟：《孵化器的理论综述及近期研究重点》，《西安交通大学学报》2001年第12期，第72页。

③ 王水莲：《国内孵化器研究文献综述：1989－2012》，《甘肃联合大学学报（社会科学版）》2013年第4期，第53页。

第二节 促进京津冀地区产业集群转型升级政策建议

本书实证分析结论显示，产业集群可以在多个方面影响区域发展，可以有力地拉动区域基础设施建设、促进区域创新环境的优化，以及推动区域创新孵化体系的形成。区域创新环境改善、区域内企业参与全球化分工、区域内孵化机构运营等因素对推动区域创新能力的大幅提升均存在正向的影响，而区域创新能力的提升会积极地推动区域产业转型升级。因此，促进京津冀地区产业集群转型升级过程中，首先要解决的是地区创新能力的提升问题，即需要从创新环境、人力资本、参与全球化分工、企业孵化器等角度提出与构建相应的政策建议体系，以促进京津冀地区产业集群的转型升级。

一 积极促进创新环境发展

本书实证研究章节以政府支持、产业政策、基础设施、市场环境作为创新环境的测量指标，选用北京、天津、唐山、石家庄四个城市10年以来的40个样本数据，运用偏最小二乘结构方程对区域创新环境对创新绩效的影响做实证分析，结果显示，在1%的显著水平上创新环境对于创新绩效的影响为正，说明创新环境对于创新能力的提高作用积极而明显，因此，促进创新环境发展政策应该从如下方面着手：

（一）加大产业扶持、促进创新环境发展

1. 加大产业政策及资金扶持

美国匹兹堡州政府和联邦政府大力扶持医药产业发展，制定了包括减税、立法、贷款资助在内的一系列政策，最终促进了医药行业的商业化起步。20世纪的两次石油危机使得石油和原材料价格骤然上涨，面临重大转折时，日本政府资金及政策的大力支持使得太平洋沿岸地区附加值、加工程度较高的技术密集型产业得以发展，诸如半导体集成电路等高技术产业得到迅速成长。目前，京津冀诸多产业均处于全球价值链中低端位置，虽然都有着较为久远的产业历史，但是长期以"低端嵌入"的方式处于全球产业链低端，长远来看极有可能被固化在高能耗、高污染的生产环节，亟待通过政府直接的资金以及产业扶持政策来推动此类传统优势产业创新并实现高端嵌入，进而推动京津整体创新水平的提升及创新环境的改善。目前，以支持京津冀三地开发区基础设施建设及产业升级项目、规模达 1000 亿元的"京津冀开发区产业发展基金"已经成立，《关于加强京津冀产业转移承接重点平台建设的意见》等政策也已经实施，将极大地促进京津冀创新环境的发展。

2. 加快产业配套教育的发展

日本太平洋沿岸工业带的发展除了得益于政府的直接支持外，也得益于雄厚的教育资源基础，东京圈内大学的数量占到日本大学总数的 1/3，成人教育、终生教育和职业教育为主的继续教育机构数量也在不断增加，为企业提供了充足的技术人员保障。同时，日本政府也制定和实施了一系列保护与促进产学研合作的优惠政策措施，从 1981 年日本科技厅和通产省确立产学官三位一体的科研体制到 2002 年制定《产学官合作促进税制》，一系列措施的颁布和执行极大地促进了产学研的结合及产业集群的发展。虽然京津地区是我国高校与科研院所较为集中的区域，但是受我国教育资源分布不均、职业教育发展不足的影响，技术人才缺口仍然较大，产学研合作机制也需要进一步理顺。因此，制定政策促进与产业相关的教育事业的发展以及促进产学研平台的构建显得尤其重要。

(二) 加强基础设施建设、促进创新环境发展

1. 加强交通基础设施投入

经验显示，美国大西洋沿岸城市圈产业集群转型升级的过程中交通体系的建设发挥了重要作用。20 世纪 90 年代中期以来，我国加大了对交通基础设施建设投资力度，国家发改委、交通运输部制定的《交通基础设施重大工程建设三年行动计划》显示，仅 2016—2018 年我国铁路、公路、水路、机场、城市轨道交通等投资项目即达 4.7 万亿元，截至 2017 年年底，我国已有铁路营业里程 12.7 万千米（高铁 2.5 万千米）、公路里程 477.35 万千米（高速公路 13.65 万千米）。京津冀地区是我国交通网络最为密集、硬件基础设施最好的地区之一，目前铁路的运营里程是全国平均水平的 3.4 倍，高速铁路覆盖了近 80% 地级及以上的城市，高速公路的平均密度也是全国水平的 3.1 倍，区域内已经建成京沪、京广等放射性干线公路、铁路，初步形成以北京为中心、以高铁和高速公路为

骨干、普速铁路与港口机场共同组成的放射全城的综合交通网络。但是，京津冀交通建设不平衡问题也比较突出：铁路网仍呈现以北京为中心的单核放射状结构，公路网建设中疏解首都地区的环线高速公路、天津和石家庄直通高速公路均未建成，北京机场严重超负荷的同时天津机场"吃不饱"、河北机场"吃不着"现象仍然严重，作为北方国际航运中心和国际物流中心的天津港作用也不突出。因此，更进一步加强京津冀区域内交通基础设施的投入、提升区域现有设施利用率，是营造良好创新环境的又一个重要问题。

2. 加强信息网络基础设施投入

信息网络是当前社会经济发展的"标配"，信息技术的飞速更新、信息化建设的不断推进、信息网络快速普及和渗透对促进经济发展、社会进步、科技创新作出巨大贡献。京津冀三地中，北京市是我国首屈一指的知识型城市，高校和科研机构林立、各类高精尖人才高度密集，天津市也有多所国内知名高校为当地社会经济发展提供服务，而河北省则是国内少有的境内无958、211高校的省区之一。信息网络基础设施的建设投入可以有效克服空间上的距离，极大地发挥京津地区资源优势，有效缓解河北人才相对欠缺的困境，有效缩小京津冀地区差异、提升三地协同水平。因此，加强信息网络投入的同时还需要着力打造京津冀数据服务中心、云计算中心、公共性科技服务平台等功能性平台，在提高信息网络利用率、提升区域信息数据存储和服务能力的同时，满足区域间信息分享、在线答疑、线上合作交流等需求，有效缓解人才资源分布不均问题。

(三) 加强市场环境建设

1. 加强创新产出保护立法

健全的法律法规是保护创新产出的最有力手段，诺贝尔经济学奖获得者、新制度经济学的代表人物道格拉斯·诺斯认为："技术的革新固然为经济增长注入了活力，但人们如果没有制度创新和制度变迁的冲动，并通过一系列制度构建把技术创新的成果巩固下来，那么人类社会长期经济增长和社会发展是不可设想的。"[1] 纵观美、欧发达国家，无一不是

---

[1] 费艳颖、王越、刘琳琳：《以法律促进科技创新：美国的经验及启示》，《东北大学学报（社会科学版）》2013年第5期，第299页。

以健全的法律法规作为盾牌保护技术创新、促进本国产业的持续健康发展。相较于科技创新步伐的日益加快，我国较为普遍地存在部分领域立法真空，已有法律体系不完善、内容不完备、滞后于时代需求，科技立法"法律法规制定的往往过于原则化、纲领化、大多停留在政策呼吁层面之上、条文内容大多是原则纲领性的条文、在实践中缺乏实际可操作性"①等现象。自20世纪80年代以来，美国先后制定了《史蒂文森—韦德勒技术创新法》（1980）、《小企业创新发展法》（1982）、《国家技术转移促进法》（1995）、《联邦技术转让商业化法》（1997）、《技术为经济增长服务：增强经济实力的新方针》（1993）、《科学与国家利益》（1994）、《奥巴马总统的创新战略》（2009）等法律法规，旨在促进科技成果在更广泛的范围内转让、扩散，以及以中小企业为代表的私营部门科技创新能力的激发。克林顿政府、奥巴马政府更是将科技立法提到了前所未有的高度，保证全社会各部门的资源向创新领域汇集和国家科学前沿的领先地位不动摇。日本也在世纪之交集中出台了《大学等技术转让促进法》《产业技术力强化法》等法律法规保障创新者权益。京津冀地区需要大力呼吁国家与地方立法部门在创新市场环境的打造过程中，一方面，提高法律法规的可操作性和实效性、提升法律法规的保护力度，另一方面，健全执法、监督和法律服务系统，尽快填补立法的真空地带，通过普及法律知识以形成良好的法律环境，最大限度地保护创新行为人和企业的合法利益。

2. 加快促进创新行为经济政策出台

健全的法律法规是保护创新产出的最有力手段，合理的经济政策是激励创新行为的动力源泉。为了大力促进技术研发绩效，日本实施了一系列的经济政策对此加以扶持：1981年科技厅和通产省确立了产学官三位一体的科研体制、1982年学术振兴会成立了"综合研究联络会议"和"研究开发专业委员会"、1983年文部省建立了"国立学校与民间企业等的共同研究制度"、1986年制定了《研究交流促进法》，甚至在1996年制定的《科学技术基本计划》中把产学官合作作为基本国策来推动技术创

---

① 李佳青、韩剑颖：《法律促进科技创新发展路径初探》，《法制与社会》2018年第8期，第140页。

新,上述政策措施的颁布和执行极大地促进了区域创新绩效。京津冀地区应该结合本区域现有条件与特征制定相应的经济政策,尤其要关注京津冀三地间创新资源的流动与互助,推动区域内创新环境的优化与创新绩效的提升,具体包括创新研发鼓励政策、优秀成果奖励政策、区域间创新协同政策、成果转化政策、信息平台建设政策等,以此推动区域创新市场环境的加速形成。

二 加快人力资本培育与引进

本书案例研究结果表明,人力资本是区域产业集群创新发展中的决定性因素,决定着产业集群创新发展的速度与层次。因此,加快人力资本培育以推动区域产业集群创新发展在当前尤为重要。

(一)加大人才培育力度

1. 推动"产、学、研"人才培育合作机制的完善和发展

产学研合作是指高校、科研院所和产业相互影响,进而提升各自发展潜能的合作过程。在这一过程中,三者发挥各自优势,形成强大的研究、开发、生产一体化系统,并在运行过程中体现出综合优势。京津冀虽然是我国高校与科研院所较为集中的区域,但是分布极为不均匀,北京资源密度最高、天津次之,河北省优质教育资源相对匮乏。因此,京津冀推动"产、学、研"人才培育合作机制的完善和发展,首先,要由政府牵线搭桥实现三地间的企业、高校、研发机构跨区域的定向联系,搭建跨区域产、学、研合作平台以攻克技术难题,形成跨区域的合作机制。其次,鼓励跨区域高校、研发机构、企业人员灵活流动,鼓励高校及研发机构人员跨区域到企业中担任技术顾问、开办学习班,企业高级技术人员到高校、研发机构担任学业导师、参与学生培养,以此推动并加强区域内产、学、研合作。最后,构建跨区域的成果信息发布平台,促进供需信息沟通共享,鼓励企业向高校、技术研发机构等订单式购买科技成果,激励新技术的不断出现和创新成果的不断更新换代,尤其要加强北京市向天津市、河北省的信息发布与定向交流,推动区域创新能力提升。

2. 坚持专业技术人才与管理人才并重对策

专业技术人才是京津冀区域产业集群创新发展的重要保障,管理人

才更是产业集群创新发展的必备条件,如何在遵循客观规律的前提下科学、合理、高效、有序地计划、组织、领导和控制企业各项创新活动,协调京津冀区域产业集群创新发展,需要拥有一批懂技术、懂市场、懂管理的复合型人才及专业技术领军人才。因此,在人才培养过程中,既要注重专业技术人才的培养,更不能忽视管理人才的培育。京津冀三地中京津教育资源相对优厚,具有大力培养优秀管理人才的优势,在做好专业技术人才的培养的同时应该加大管理人才的输出。同时,在引进海外优秀人才的过程中,也应该注重管理类优秀人才的引进,以在区域内形成专业技术人才与管理人才并进的良好形势。

(二)加大人力资本弱势区域人才引进力度

河北省受制于自身的发展基础和条件,高端人才需求缺口较大而且引进和留用难度也很大,成为三地中高端人才洼地。京津冀实施人力资本推动产业集群创新发展政策过程中,必须针对人力资本弱势区域加强人才引进力度,以提高京津冀整体的人力资本水平,推动产业集群创新发展。

1. 加大人力资本弱势区域优秀人才直接引进力度

人力资本弱势区域优秀人才直接引进的障碍主要表现在优秀人才对收入、子女教育、个人发展空间与机会等存在较多担忧。因此,大力推动人力资本弱势区域优秀人才直接引进,首先,应该增加相应岗位的收入水平,通过完善岗位补贴、增加专项补贴等方式提高收入。其次,设立住房、户籍、家属就业、子女入学、就业等优惠政策以吸引优秀人才落户扎根。最后,制定专门政策为引进的优秀人才提供良好的工作平台和晋升机会,通过宽松的环境和足够的发展空间留住人才。

2. 加大人力资本弱势区域优秀人才灵活引进力度

鉴于多种特殊情况的存在,对于部分确实无法直接引进的优秀人才,应采取灵活的方式引进。首先,采用兼职、人才资源共享等灵活、柔性方式引入产业发展急需人才、技术顶尖人才,实现人才资源共享,借脑引智;其次,进一步松绑现有技术人才,鼓励企事业单位专业技术人员在完成本职工作、不损害国家和单位合法权益的前提下到企业兼职,按工作业绩计酬,并允许企事业单位高级人才为两个或两个以上单位供职,也可实行"临时工程师"和"星期日工程师"等办法,其工作按与用人单位签订协议或国家有关规定取酬，以此提高人才工作效率和积极性，缓解人力资本弱势区域人才缺口。

三　积极参与国际分工

现有的研究表明，借助参与国际分工、嵌入国际产业价值链体系是产业集群创新发展的有效外部途径。但是京津冀产业集群在参与国际分工的早期阶段往往面临无法掌握核心技术、缺乏自主知识产权的情况，同时，由于品牌意识淡薄、不重视打造高品质的全产业链生产，从而导致难以形成知名产业集群。因此，京津冀产业集群应积极做好如下工作：

（一）立足自主创新掌握核心技术

技术创新是产业发展的持久动力，更是市场垄断优势和竞争优势的重要来源。单纯依赖技术授权往往只能解决某一方面或者某一时期的问题，难以掌握核心与尖端技术的同时容易令企业产生技术依赖，从而丧失自主创新的动力与能力，影响后发优势的发挥。因此，京津冀地区产业集群必须依托于京津优厚的教育与人才资源以及区域内庞大的创新市场需求，通过不断学习消化和吸收美、日、欧等国家和地区的先进技术和创新促进机制，在此基础之上实现再创新，最终实现自主创新和掌握核心技术目标。

（二）实施品牌战略

京津冀虽然是我国经济发达区域的重要代表，但是自有国际知名品牌依然欠缺，严重影响产业集群参与国际分工及创新升级。产品品质是品牌的基础，更是品牌影响力的源泉，品牌战略的实施必须首先以产品品质提升作为基础，以系统化思维对产品设计、原材料选择、生产加工、包装完善、运输监管直至售后服务全产业链展开全面控制，最终打造出高品质产品从而为品牌打造打下坚实基础。同时，品牌的建立本身是个长期的投资过程，需要企业长期的坚持。国内多次出现企业无法正确认知品牌建设长周期问题而将经营多年的品牌贱卖或者无偿转让给跨国集团的现象。因此，京津冀产业集群转型升级过程中必须要正确看待品牌建设长周期问题，正确评估品牌价值，培育新品牌的同时保护好已有品牌。

（三）注重集群类型划分

京津冀地区不同类型的产业集群发展阶段不同，参与国际分工的模式也应不同。传统产业集群的发展已进入成熟期，部分达到融入国际分工门槛的集群的首要任务是嵌入国际分工体系之中，通过合作提升自身的创新能力，通过吸收先进的技术和技能促进集群转型升级。制造业产业集群具备参与国际分工的能力，但仍然会面临被锁定于全球价值链的低附加值环节的风险，需要更多地参与全球价值链竞争，通过竞争中的不断学习缩小与前沿技术的差距，提升研发创新能力，实现产业集群的转型升级。高新技术产业集群的技术创新能力较强，但在全球价值链中往往受制于发达国家，应通过更加深入的合作与竞争推进产业集群的转型升级发展。

四　加快推进企业孵化器发展

企业孵化器对于降低创新风险、降低协同创新中的信息搜集成本、促进区域创新效率都发挥着积极作用。集群内的中小企业通过合作与竞争的不断互动、技术和知识的溢出所带来的研发创新能力提升，能够在更大程度上增强集群的竞争能力，进而实现产业集群的转型升级。因此，依托于较为雄厚的地区工业基础和密集的国内顶尖科研院所与专业技术人才，发挥孵化器"造血器官"功能，是促进京津冀产业集群转型升级的重要战略之一。针对当前京津冀企业孵化器面临的普遍性与特殊性问题，推动企业孵化器建设应注重如下问题的解决：

（一）打造跨区域企业孵化器

京津冀之间天然的地理距离以及不同的发展机遇与条件，使得三地间部分领域差距悬殊、优势各异。互联网技术的不断发展，能有效地克服京津冀三地间空间上的藩篱以及资源条件的不均等障碍，打破区域内产业集群转型升级驱动要素空间上的限制，实现三地之间协同发展，因此，打造依托于信息网络基础之上的跨区域企业孵化器十分必要。目前，京津冀跨区域企业孵化器实践日渐成熟，以"飞地孵化"为主要代表的企业孵化形式，一方面，充分利用北京市优越的创业环境完成企业萌芽，另一方面，企业粗具实力和规模后再"移植"到京外园区，为当地经济发展注入新鲜血液，有效弥补天津市、河北省资源不足劣势的同时也有效克服了首都产业结构、空间规划等的现实约束，更有利于市场空间的扩大和优势资源的整合。因此，充分发挥三地优势、积极打造跨区域企业孵化器是推动京津冀产业集群创新升级的有效路径。

(二) 加大创新创业支持力度

近年来，京津冀突破地域限制联合签署了《京津冀创新券合作协议》，以共享创新券等方式给予三地创新企业相应补贴。除三地间的联合补贴外，作为"双创策源地"的北京市推出了"双创政策补贴"，专门针对留学人员回国创业项目启动、中关村高端和创业领军人才、国家高新技术企业、国家高新技术企业培育、北京市优秀创业项目等提供专门的创业补贴，海淀区还专门出台《关于加快推进中关村科学城建设的若干意见》《关于进一步加快核心区自主创新和战略性新兴产业发展的意见》给予创新企业相应补贴。天津市和河北省也相继下发《天津市创新型企业领军计划》《河北省科技创新三年行动计划》等政策文件加大创新成果的奖励与补贴。不断加大的创新创业支持力度对依托于企业孵化器推动产业集群的创新发展发挥了积极作用。

(三) 加强银企对接

企业孵化器以为科技型中小企业提供支持、降低创业成本和创业风险、提升创业成功率为宗旨，这一宗旨的实现要以一定的物质基础作为保障，因此，资金投入的不断加强是保障孵化器功效正常发挥的重要基础。由于我国天使投资发展较为缓慢、风投机制还存在诸多问题，因此，在争取政府资金支持的同时商业银行信贷资金是企业孵化器重要的资金来源。但是在孵企业多为初创新企业，市场前景未明、资产实力薄弱、盈利模式尚不清晰，难以满足商业银行信贷资金放款基本要求，需要孵化器作为中介对接商业银行与在孵企业，以自有资源作为保障拓宽在孵企业的银行信贷渠道，确保在孵企业可以获得充足的银行资金支持。

(四) 鼓励与加强"产学研"合作

企业、科研院所和高等学校之间的产学研合作是充分利用现有的科研资源的最佳形式，通过产、学、研的对接，就高等学校和科研院所而言极大地释放了创新能力，有的放矢的研究也解决了研究选题与研究成果转化的难题。对在孵企业而言，产学研合作的加强有利于企业释放其创新需求，在吸纳科研院所和高校研究能力、快速提升从业人员综合素质的同时，减轻企业创新投入的成本，提升创新效能。以互联网、跨境电商、智能硬件等产业为主导方向，涉及跨境电商运营、产业联盟交流、人才培养等多项功能为一体的中关村 e 谷（南开）创想世界就是通过盘活天津南开区闲置楼宇，利用北京市与天津市高端科技人才打造新型孵化服务平台的一个缩影，作为京津冀协同发展的合作成果，它在整合产学研资源、鼓励创新创业方面发挥了重要作用。

参考文献

一 英文文献

Adebanjo D. and Michaelides R., "Analysis of Web2. 0 enabled e-clusters: a case study", *Technovation*, Vol. 4, No. 30, 2010.

Agostino M., Gounta Anna, Nugent J. B., Scalera D and Trivieri F, "The importance of being a capable supplier: Italian industrial firms in global value chain", *International Small Business Journal*, 2014.

Ahokangas P., Hyry M. and Rasanen P., "Small technology-based firms in a fast-growing regional cluster", *New England Journal of Entrepreneurship*, 1999.

Anja Leckel, Sophie Veilleux, Leo Paul Dana, Local open innovation: a means for public policy to increase collaboration for innovation in SMEs. *Technological Forecasting & Social Change*, 2020.

Ann Hipp, Christian Binz. Firm survival in complex value chains and global innovation systems: evidence from solar photovoltaics. *Research Policy*, 2020.

Arndt S. W. and Kierzkowski H., "Fragmentation: new production patterns in world economy", *Oup Catalogue*, 2001.

Audretsch D. B., Kurakto D. F. and Link A. N., "Dynamic entrepreneurship and technology-based innovation", *Journal of Evolutionary Economics*, 2016.

Backer K. D., "Global value chains: evidence, impacts and policy issues", *Review of Business & Economic Literature*, 2011.

Bair, Jennifer, "Frontiers of commodity chain research", *Stanford University*

Press, 2009.

Bathelt, H. and Li, P. F. , "Global cluster networks – foreign direct investment flows from Canada to China", *Journal of Economic Geography*, 2014.

Bazan L. and Navas – Alemán L. , "Upgrading in global and national value chains: recent challenges and opportunities for the Sinos Valley footwear cluster, Brazil", *Aleman*, 2003.

Bolwig S. , Ponte S. and Toit A. D. , et al. , "Integrating poverty and environmental concerns into value – chain analysis: a conceptual framework", *Development Policy Review*, 2010.

Buenstorf G. , "Schumpeterian incumbent and industry evolution", *Journal of Evolutionary Economics*, 2016.

Cai Y. and Liu C. , "The roles of universities in fostering knowledge – intensive clusters in Chinese regional innovation systems", *Science and Public Policy*, 2014.

Cattaneo O. , Gereffi G. and Staritz C. , "Global value chains in a postcrisis world: a development perspective", *International Labour Review*, 2011.

Coe N. M. , Hess M. and Yeung H. W. , et al. , " 'Globalizing' regional development: a global production networks perspective", *Transactions of the Institute of British Geographers*, 2004.

Cooke P. , "Regional innovation systems: competitive regulation in the new Europe", *Geoforum*, 1992.

Delgado, M. , Porter, M. E. and Stern, S. , "Cluster and entrepreneurship", *Journal of Economic Geography*, 2010.

Denis Maillat, "Territorial dynamic, innovative milieus and regional policy", *Entrepreneurship & Regional Development*, 2009.

Derick J. and kraemer K. L. , "Who capture value from science – based innovation? The distribution of benefits from GMRin the hard desk drive industry", *Research Policy*, 2015.

Dieter Ernst, "Global production networks and the changing geography of innovation systems: implications for developing countries", *Economics of Innovation & New Technology*, 2002.

Dosi, G., "Sources, procedures, and microeconomic effects of innovation", *Journal of Economic Literature*, 1988.

Dyer J. H., Singh H. and Kale P., "Splitting the pie: rent distribution in alliances and networks", *Managerial & Decision Economics*, 2010.

Fagerberg, J. and Srholec, M., "National innovation systems, capabilities and economic development", *Research Policy*, 2008.

Feldman, M., "The new economics of innovation, spillover and agglomeration: review of empirical studies", *Economics of innovation and mew technology*, 1999.

Fiss P., "Building better causal theories: a fuzzy set approach to typologies in organization research", *Academic of Management Journal*, 2011.

Gary Gereffi, John Humphrey and Timothy Sturgeon, "The governance of global value chains", *Review of International Political Economy*, 2005.

Geneva W. T. O., "Trade patterns and global value chains in East Asia: from trade in goods to trade in tasks", *General Information*, 2011.

Gereffi G., "Commodity chains and global capitalism", 1994.

Gereffi G., Humphrey J and Kaplinsky R, et al., "Introduction: globalisation, value chains and development", *Ids Bulletin*, 2010.

Gereffi, G., "International trade and industrial upgrading in the apparel commodity chains", *Journal of International Economics*, 1999.

Gereffi G., "The new offshoring of jobs and global development", *Blackwell Publishers Ltd*, 2006.

Gertner D. and Bossink B. A. G., "The evolution of science concentrations: the case of Newcastle science city", *Science and Public Policy*, 2015.

Hair, J. F., Anderson, R. E., Tatham, R. L. and Black, W. C., "Multivariate data analysis", Upper Saddle River, NJ: Prentice Hall, 1998.

Hidalgo, C. A., Klinger, B., Barabási, A. L., & Hausmann, R., "The product space conditions the development of nations", *Science*, 2007.

Hong J., Feng B., Wu Y. and Wang L., "Do government grants promote innovation efficiency in China's high-tech industries", *Technovation*, 2016.

Jacobs J., "The economy of cities", *New York: Random House*, 1969.

Janger, J. Schuber, T. Andries, P. Rammer, C. and Hoskens, M., "The EU 2020 innovation indicator: a step forward in measuring innovation outputs and outcomes", *Research Policy*, 2017.

Jeffrey Henderson, Peter Dicken and Martin Hess, et al., "Global production networks and the analysis of economic development", *Review of International Political Economy*, 2002.

Kim J. Y. and Lee M. J., "Living with casinos: the triple helix approach, innovative solutions and big data", *Technological Forecast and Social Change*, 2016.

Kogut B., "Designing global strategies: profiting from operating flexibility", *Thunderbird International Business Review*, 2010.

Krugman, P., "Geography and trade", The MIT Press, London, 1991.

Lavie D., "The competitive advantage of interconnected firms: an extension of the resource-based view", *Academy of Management Review*, 2006.

Lee S., Nam Y., Lee S. and Son, H., "Determinates of ICT innovations: a cross-country empirical study", *Technological Foresting and Social Change*, 2016.

Maietta O. W., "Determinants of university-firm R&D collaboration and its impact on innovation: a perspective from a low-tech industry", *Research Policy*, 2015.

Martain, R. and Sunley, P., "Deconstructing clusters: chaotic concept or policy panacea?", *Journal of Economics Geography*, 2003.

Mas-Verdú F., Ortiz-Miranda D. and Garcia-Alvarez-Coque J., "Examining organizational innovations in different regional settings", *Journal of Business Research*, 2016.

Mostafa Mohamad, Veerasith Songthaveephol, "Clash of titans: the challenges of socio-technical transitions in the electrical vehicle technologies-the case study of Thai automotive industry", *Technological Forecasting & Social Change*, 2020.

Ostergard, C. R. and Park, E. K., "What makes clusters decline: a study of disruption and evolution of high-tech cluster in Denmark", *Regional Stud-*

ies, 2015.

Porter M. E., "Cluster and the new economics of competition", *Harvard Business Review*, 1998.

Poter, M. E., Delgado, S. and Stern, S., "Defining clusters of related industries", *Journal of economic Geography*, 2016.

Qiu, "Promotion or hindrance? The threshold effect of services on global value chains", *Applied Economics Letters*, 2020.

Qiu S., Liu X. and Gao T., "Do emerging countries prefer local knowledge or distant knowledge? Spillover effect of university collaborations on local firms", *Research Policy*, 2017.

Ram Mudambi, Susan M. Mudambi, Debmalya Mukherjee et al, "Global connectivity and the evolution of industrial clusters: from tires to polymers in Northeast Ohio", *Industrial Marketing Management*, 2017.

Regin C., "Set relations in social research: evaluating their consistence and coverage", *Political Analysis*, 2006.

R. Kaplinsky, "Globalisation and unequalisation: What can be learned from value chain analysis?", *Journal of Development Studies*, 2000.

Roper S., Love J. H. and Bonner K., "Firm's knowledge search and local knowledge externalities in innovation performance", *Research Policy*, 2017.

Sacchetti S. and Sugden R., "The governance of networks and economic power: the nature and impact of subcontracting relationships", *Journal of Economic Surveys*, 2010.

Schaeffer V. and Matt M., "Development of academic entrepreneurship in a non-mature context: the role of university as a hub-organization", *Entrepreneurship and Regional Development*, 2016.

Silvia Rocchetta, Andrea Mina, "Technological coherence and the adaptive resilience of regional economies", *Regional Studies*, 2019.

Sternberg, R. and Litzenberger, T., "Regional cluster in Germany: their geography and the relevance for entrepreneurial activities", *European Planning Journal*, 2004.

Sturgeon T. J., "How do we define value chains and production networks?",

Ids Bulletin, 2010.

Wang C. and Wang L., "Unfolding policies for innovation intermediaries in China: a discourse network analysis", *Science and Public Policy*, 2017.

Wang, Y., Sutherland, D. Ning, L. and Pan, X., "The evolving nature of China's regional innovation systems: insight of exploration – exploitation approach". *Technical Forecasting and Social Change*, 2015.

Wonglimpiyarat J., "Exploring strategic venture capital financing with Silicon-Valley style", *Technological Forecasting &Social Change*, 2015.

Ying Ge, David Dollar, Xinding Yu, "Institutions and participation in global value chains: evidence from belt and road initiative", *China Economic Review*, 2020.

二　中文文献

［美］埃托科维茨：《三螺旋》，周春彦译，东方出版社2004年版。

蔡皎洁：《基于知识挖掘的产业集群竞争力评价指标体系构建》，《统计与决策》2014年第1期。

陈国亮、唐根年：《基于互联网视角的二、三产业空间非一体化研究——来自长三角城市群的经验证据》，《中国工业经济》2016年第8期。

陈诗一：《中国工业分行业统计数据估算：1980—2008》，《经济学（季刊）》2011年第3期。

［英］大卫·李嘉图：《政治经济学及赋税原理》，郭大力、王亚南译，商务印书馆1985年版。

邓宏兵：《产业集群研究》，中国地质大学出版社2014年版。

杜龙政、林润辉：《对外直接投资，逆向技术溢出与省域创新能力：基于中国省际面板数据的门槛回归分析》，《中国软科学》2018年第1期。

傅利平、何兰萍：《从产业集群到创新集群——全球价值链视角下的产业集群发展》，经济科学出版社2016年版。

傅利平、涂俊：《技术转移视角下大学对企业技术创新的空间知识溢出效应研究》，《研究与发展管理》2015年第2期。

盖文启：《创新网络：区域经济发展新思维》，北京大学出版社2002年版。

黄荣贵、郑雯、桂勇:《多渠道强干预、框架与抗争结果——对 40 个拆迁抗争案例的模糊集定性比较分析》,《社会学研究》2015 年第 5 期。

鞠芳辉、谢子远、谢敏:《产业集群促进创新的边界条件解析》,《科学学研究》2012 年第 1 期。

黎文靖、郑曼妮:《实质性创新还是策略性创新:宏观产业政策对微观企业创新的影响》,《经济研究》2016 年第 4 期。

李梅、柳士昌:《对外直接投资逆向技术溢出的地区差异和门槛效应:基于中国省际面板数据的门槛回归分析》,《管理世界》2012 年第 1 期。

林迎星:《中国区域创新系统研究综述》,《科技管理研究》2002 年第 5 期。

柳卸林、胡志坚:《中国区域创新能力的分布与成因》,《科学学研究》2002 年第 5 期。

柳洲:《"互联网+"与产业集群互联网化升级研究》,《科学学与科学技术管理》2015 年第 8 期。

罗奎、李广东、劳昕:《京津冀城市群产业空间重构与优化调控》,《地理科学进展》2020 年第 2 期。

罗掌华、杨志江:《区域创新评价——理论、方法与应用》,经济科学出版社 2011 年版。

《马克思恩格斯选集》(第 1 卷),人民出版社 1972 年版。

[美]迈克尔·波特:《国家竞争优势》,李明轩、邱如美译,中信出版社 2007 年版。

齐建国:《技术创新——国家系统的改革与重组》,社会科学文献出版社 2007 年版。

孙早、刘李华:《中国工业全要素生产率与结构演变:1990—2013 年》,《数量经济技术经济研究》2016 年第 10 期。

谭清美、王子龙:《区域创新经济研究》,科学出版社 2009 年版。

万君康:《创新经济学》,知识产权出版社 2013 年版。

王缉慈:《关于地方产业集群研究的几点建议》,《经济经纬》2004 年第 2 期。

王文成、杨树旺:《中国产业转移问题研究:基于产业集聚效应》,《中国经济评论》2004 年第 8 期。

魏津瑜：《"互联网+"环境下集群创新趋势与对策研究》，《科技进步与对策》2017年第6期。

[美] 熊彼特：《经济发展理论》，何畏等译，商务印书馆2000年版。

杨水利、杨祎：《技术创新模式对全球价值链分工地位的影响》，《科研管理》2019年第12期。

衣保中、王志辉、李敏：《如何发挥区域产业集群和专业市场的作用——以义乌产业集群与专业市场联动升级为例》，《管理世界》2017年第9期。

易经章、胡振华、朱豫玉：《基于企业竞争合作行为的产业集群可持续发展模型构建》，《软科学》2013年第1期。

[美] 约瑟夫·熊彼特：《经济发展理论对于利润、资本、信贷、利息和经济周期的考察》，何畏、易家详译，商务印书馆2000年版。

[美] 约瑟夫·熊彼特：《资本主义、社会主义及民主》，吴良健译，商务印书馆1999年版。

张宏丽、袁永、李妃养：《基于国家创新体系的美国科技创新战略布局研究》，《科学管理研究》2016年第5期。

张宏丽、袁永、李妃养：《基于国家创新体系的美国科技创新战略布局研究》，《科学管理研究》2016年第5期。

张辉：《全球价值链理论与我国产业发展研究》，《中国工业经济》2004年第4期。

张乃也、刘蕾、鄢章华：《"互联网+"对产业集群转型升级的作用机制研究》，《管理现代化》2017年第2期。

赵立龙、陈学光：《区域产业集群理论及演化研究述评》，《西安电子科技大学学报》2011年第6期。

郑准、王炳富、王国顺：《知识守门者与我国开放式产业集群的构建——基于"本地溢出—全球管道"模型的案例研究》，《科学学与科学技术管理》2014年第4期。

周灿、曾刚、尚勇敏：《演化经济地理学视角下创新网络研究进展与展望》，《经济地理》2019年第5期。

附　　录

NO.	层级	文件名	文号	时间
1	天津	天津市人民政府关于印发天津市万企转型升级行动计划（2014—2016年）的通知	津政发〔2014〕2号	2014
2	天津	天津市人民政府关于天津市高端装备产业等15个重点产业发展三年行动计划的批复	津政函〔2015〕17号	2015
3	天津	市发展改革委关于印发天津市促进有色金属工业调结构促转型增效益实施方案的通知	津发改工业〔2016〕1218号	2016
4	天津	天津市人民政府办公厅转发市工业和信息化委关于促进我市建材工业转型升级健康发展实施方案的通知	津政办发〔2016〕93号	2016
5	天津	天津市发展改革委关于印发天津市石油和化学工业发展"十三五"规划纲要的通知	津发改规划〔2017〕125号	2017
6	天津	市发展改革委市工业和信息化委关于印发促进我市食品工业健康发展的实施方案的通知	津发改工业〔2017〕328号	2017
7	天津	天津市人民政府办公厅关于印发天津市新一代人工智能产业发展三年行动计划（2018—2020年）的通知	津政办发〔2018〕40号	2018
8	天津	天津市人民政府办公厅关于印发天津市生物医药产业发展三年行动计划（2018—2020年）的通知	津政办发〔2018〕41号	2018
9	天津	市工业和信息化委关于印发天津市高档数控机床等六个产业发展三年行动方案（2018—2020年）的通知	津工信装备〔2018〕12号	2018

续表

NO.	层级	文件名	文号	时间
10	天津	市工业和信息化委关于印发航空航天产业发展等两个三年行动方案（2018—2020年）的通知	津工信军推〔2018〕5号	2018
11	北京	北京技术创新行动计划（2014—2017年）	京政发〔2014〕11号	2014
12	北京	北京市人民政府关于印发《〈中国制造2025〉北京行动纲要》的通知	京政发〔2015〕60号	2015
13	北京	北京市科学技术委员会关于促进北京市智能机器人科技创新与成果转化工作的意见	京科发〔2015〕286号	2015
14	北京	北京市人民政府办公厅关于加快推进中关村生物医药医疗器械及相关产业发展的若干意见	京政办发〔2015〕9号	2015
15	北京	北京制造业创新发展领导小组关于印发《北京绿色制造实施方案》的通知	京制创组发〔2016〕1号	2016
16	北京	北京市人民政府关于印发《北京市"十三五"时期现代产业发展和重点功能区建设规划》的通知	京政发〔2017〕6号	2017
17	河北	河北省人民政府办公厅关于印发河北省工业领域推进创新驱动发展实施方案（2015—2017年）的通知	冀政办字〔2015〕50号	2015
18	河北	河北省人民政府关于贯彻落实环渤海地区合作发展纲要的实施意见	冀政发〔2015〕49号	2015
19	河北	河北省人民政府关于深入推进《中国制造2025》的实施意见	冀政发〔2015〕42号	2015
20	河北	河北省人民政府关于大力推进大众创业万众创新若干政策措施的实施意见	冀政发〔2015〕41号	2015
21	河北	关于印发《河北省新兴产业"双创"三年行动计划》的通知	冀发改高技〔2016〕1017号	2016
22	河北	关于印发《关于提升产业创新能力实施细则（试行）》的通知	冀发改高技〔2016〕893号	2016
23	河北	河北省人民政府关于支持大健康新医疗产业发展的意见	冀政字〔2016〕57号	2016
24	河北	河北省人民政府关于印发河北省全国产业转型升级试验区规划（2016—2020年）的通知	冀政发〔2016〕52号	2016

续表

NO.	层级	文件名	文号	时间
25	河北	河北省人民政府关于加快制造业与互联网融合发展的实施意见	冀政发〔2016〕39号	2016
26	河北	河北省人民政府关于加快农产品加工业发展的意见	冀政发〔2016〕35号	2016
27	河北	河北省人民政府关于促进加工贸易创新发展的实施意见	冀政发〔2016〕32号	2016
28	河北	河北省人民政府关于加快知识产权强省建设的实施意见	冀政发〔2016〕16号	2016
29	河北	河北省人民政府关于主动融入国家自由贸易区战略 进一步提高开放水平的意见	冀政发〔2016〕15号	2016
30	河北	河北省人民政府办公厅印发关于加快推进工业转型升级建设现代化工业体系的指导意见任务分工方案的通知	冀政办字〔2018〕46号	2018
31	河北	河北省人民政府关于推动互联网与先进制造业深度融合加快发展工业互联网的实施意见	冀政发〔2018〕8号	2018
32	河北	河北省人民政府关于印发河北省技术转移体系建设实施方案的通知	冀政发〔2018〕5号	2018
33	河北	河北省人民政府关于加快推进工业转型升级建设现代化工业体系的指导意见	冀政发〔2018〕4号	2018
34	河北	河北省人民政府关于印发河北省科技创新三年行动计划（2018—2020年）的通知	冀政发〔2018〕6号	2018
35	国家	国务院关于印发《中国制造2025》的通知	国发〔2015〕28号	2015
36	国家	国务院关于京津冀系统推进全面创新改革试验方案的批复	国函〔2016〕109号	2016
37	国家	国务院关于印发"十三五"国家战略性新兴产业发展规划的通知	国发〔2016〕67号	2016
38	国家	工业和信息化部办公厅 财政部办公厅关于发布2016年工业强基工程实施方案指南的通知	工信厅联规〔2016〕83号	2016
39	国家	两部门关于印发智能制造发展规划（2016—2020年）的通知	工信部联规〔2016〕349号	2016

续表

NO.	层级	文件名	文号	时间
40	国家	关于印发《医药工业发展规划指南》的通知	工信部联规〔2016〕350号	2016
41	国家	工业和信息化部关于印发信息化和工业化融合发展规划（2016—2020年）的通知	工信部规〔2016〕333号	2016
42	国家	工业和信息化部关于印发产业技术创新能力发展规划（2016—2020年）的通知	工信部规〔2016〕344号	2016
43	国家	工业和信息化部关于印发有色金属工业发展规划（2016—2020年）的通知	工信部规〔2016〕316号	2016
44	国家	工业和信息化部关于印发稀土行业发展规划（2016—2020年）的通知	工信部规〔2016〕319号	2016
45	国家	工业和信息化部关于印发石化和化学工业发展规划（2016—2020年）的通知	工信部规〔2016〕318号	2016
46	国家	工业和信息化部 质检总局 国防科工局关于印发《促进装备制造业质量品牌提升专项行动指南》的通知	工信部联科〔2016〕268号	2016

后　　记

本书依托全球价值链视角，结合我国经济发展的实际，紧紧围绕着区域—产业双重视角，以京津冀地区典型产业集群为研究主体，以区域联动为路径，转型升级为出口，为现实中京津冀产业集群的转型发展提供政策建议，推动区域产业集群的创新发展。

在查阅相关国内外文献、梳理产业集群发展现状及特点、构建京津冀产业集群转型升级机理模型的基础上，本课题组多次对北京、天津、河北的典型产业集群进行实地考察调研，基于实践情况和调查结果修正理论模型并进行实证检验，进而厘清京津冀产业集群转型升级的战略选择，为促进京津冀地区产业集群转型升级提供政策建议。

当前，全球贸易发展进入低迷期，我国经济发展进入新常态，面对国际国内各种不利因素的长期性、复杂性特点，为推动中国经济高质量发展，以习近平同志为总书记的党中央提出要深化改革开放，加快产业转型升级，大力加强科技建设，防范重大风险，继续推进"一带一路"，继续促进民间投资和民营经济发展，优先发展教育事业，全面提升国家治理体系和治理能力现代化水平。在此过程中，作为国家发展的重要区域，京津冀产业集群的转型升级对于促进经济社会高质量发展具有十分重要的意义。在全球价值链视角下，推动京津冀产业集群转型升级，有利于解决我国产业发展困境、促进区域协同发展，同时也有利于提升区域资源配置效率，探寻产业结构与空间布局的优化路径，进而构建现代化经济体系。随着社会经济的不断发展进步，京津冀协同发展进一步深化，转型升级基础不断完善，相信不久的将来能够在本书基础上作出延伸性的新成果。

本书由傅利平、何兰萍、姜晓笛、吴凡、李燕、王正民、黄修齐、刘闯、徐英华、张珊、高歌等共同完成，课题组成员在课题研究和书籍撰写过程中，深入调研、积极思考、潜心探索，取得了阶段性的成果。同时，感谢在这一领域不断探索钻研的专家和学者们，是他们的研究成果给了我们重要启示。感谢出版社的编辑同志，感谢他们的辛勤工作，让本书得以面世。也感谢天津大学管理与经济学部对专著出版的支持与指导。

由于笔者的水平、能力和时间有限，本书还有很多不足和有待进一步研究的地方，未来仍需继续深入探索。本书不妥之处，敬请广大读者不吝指正。